道路和桥梁检测
方法与实践应用研究

胡伟辉　马宗利　范立朋　著

吉林科学技术出版社

图书在版编目（CIP）数据

道路和桥梁检测方法与实践应用研究 / 胡伟辉，马宗利，范立朋著． -- 长春：吉林科学技术出版社，2022.8

ISBN 978-7-5578-9486-3

Ⅰ．①道… Ⅱ．①胡… ②马… ③范… Ⅲ．①道路工程－检测－研究②桥梁工程－检测－研究 Ⅳ．①U41 ②U446

中国版本图书馆 CIP 数据核字（2022）第 115972 号

道路和桥梁检测方法与实践应用研究

著	胡伟辉 马宗利 范立朋
出 版 人	宛 霞
责任编辑	金方建
封面设计	树人教育
制 版	树人教育
幅面尺寸	185mm×260mm
开 本	16
字 数	280 千字
印 张	12.875
印 数	1-1500 册
版 次	2022年8月第1版
印 次	2022年8月第1次印刷

出 版	吉林科学技术出版社
发 行	吉林科学技术出版社
地 址	长春市南关区福祉大路5788号出版大厦A座
邮 编	130118

发行部电话/传真　0431-81629529　81629530　81629531
　　　　　　　　　81629532　81629533　81629534
储运部电话　0431-86059116
编辑部电话　0431-81629510
印　　刷　廊坊市印艺阁数字科技有限公司

书 号	ISBN 978-7-5578-9486-3
定 价	55.00 元

版权所有　翻印必究　举报电话：0431—81629508

前 言

道路桥梁工程是交通系统的基础设施,在人们的出行和运输方面起着重要的作用,所以,只有保证工程的质量,才能保证交通系统的通畅。要保证工程质量,必须重视道路与桥梁的检测工作,通过改进和应用检测技术,对道路与桥梁工程的建设质量进行有效控制,并提高工程的使用年限,降低成本,提高社会的满意度。试验检测技术就是对一项工程的质量进行检测。在道路与桥梁工程中,一定要把试验检测技术运用上来,这样不仅可以让道路与桥梁工程的质量有所提高,还可以使交通相对便利。尽管这样,道路桥梁工程在实施过程中也会出现一些问题,我国还是要在道路与桥梁工程方面多重视,对于发现的问题要及时修改和调整,要制定出更具体化的解决措施。

道路桥梁施工是一个综合性的过程,涉及多个操作环节,需要做好每个环节的对接工作。在检测阶段,要注重细节方面的处理,任何一个环节没做好,都会影响工程正常的施工进度,检测中出现的最为频繁的问题就是道路桥梁裂缝问题,应该明确重点检测方向,检测的时候将重心偏移到问题比较突出且频繁的地方。此外,还应做好前期安全排查工作,保证建筑外观的整体性;同时做好人员的调配,让工作人员各司其职。

道路桥梁的检测是一个阶段性的过程,可以采用分级的方式进行检测,将需要检测的区域进行规划,划分的同时要明确重点区域,然后根据层级顺序依次检测。划分的检测区域具有层级性特点,根据重要程度的不同可以划分为三个等级,不同等级区域其检测方式有所差异,要注意合理地调控,检测过程中要严格根据规定的标准执行,不能以工作人员个人看法为主,要保证检测结果的合理性。检测区域比较多,所以检测数据也比较多,要将这些检测数据整合起来,做好备案,不能有所遗漏,如果检测到有质量问题的区域,需要重点标记,后期再采取措施进行补救,如果是特别严重的情况,可以二次返工。

目 录

第一章 道路建设 ·· 1

第一节 村内道路建设与管护 ·· 1

第二节 城市规划与道路建设规划 ·· 5

第三节 生态思想与道路建设发展 ·· 7

第四节 基于海绵城市理念的市政道路建设 ·· 11

第五节 城市道路建设与环境保护 ··· 16

第六节 道路建设与水土保持方案 ··· 19

第七节 BIM技术与城市道路建设 ·· 22

第二章 桥梁工程 ·· 26

第一节 桥梁工程测量技术的现状及发展方向 ·· 26

第二节 市政桥梁工程质量的控制要点 ··· 28

第三节 桥梁工程机械维护"三原则" ··· 32

第四节 桥梁工程质量监督 ··· 34

第五节 桥梁工程监理工作的有效方法 ··· 37

第六节 桥梁工程建设现场管理 ·· 40

第三章 道路与桥梁检测概述 ··· 44

第一节 道路桥梁工程检测存在的问题 ··· 44

第二节 道路桥梁检测技术的要点 ··· 46

第三节 道路桥梁检测关键技术 ·· 51

第四节 道路与桥梁工程检测及管理 ·· 54

第五节 道路桥梁隧道检测的几何标定法 ·· 58

第四章 道路检测方法 … 61

第一节 道路检测技术现存问题 … 61

第二节 自动化道路检测系统 … 64

第三节 无人驾驶汽车道路检测 … 67

第四节 城市混凝土道路检测技术 … 69

第五节 智能车辆中道路检测与识别 … 71

第五章 桥梁检测及监测 … 75

第一节 桥梁检测及监测的内容和方法 … 75

第二节 影响桥梁检测及监测质量的因素 … 78

第三节 桥梁检测数据的采集及处理 … 81

第四节 无人机在桥梁检测中的应用 … 84

第五节 桥梁检测与监测技术智慧化 … 89

第六章 道路与桥梁工程试验检测 … 94

第一节 试验检测的目的和试验检测规程 … 94

第二节 试验检测人员配置及检测机构资质要求 … 95

第三节 试验检测数据处理及评定 … 102

第七章 大跨径桥梁施工监控 … 106

第一节 大跨径桥梁施工控制温度应力分析 … 106

第二节 大跨径连续混凝土梁桥的施工监控 … 108

第三节 大跨径悬臂浇筑桥梁施工线形监控 … 112

第四节 大跨径桥梁工程主梁浇筑施工监控 … 115

第五节 大跨径钢桁架上承式拱桥的施工监控技术 … 117

第八章 道路与桥梁地基基础检测 … 121

第一节 地基承载力检测 … 121

第二节 钻孔灌注桩成孔质量检测与质量标准 … 123

第三节 桩身完整性检测 … 127

第四节　灌注桩钢筋笼长度检测 130

第九章　桥梁预应力施工控制及检测 133
　　第一节　预应力混凝土后张法施工技术 133
　　第二节　后张法预应力张拉质量的控制及检测 137

第十章　桥梁检测与评估 141
　　第一节　桥梁技术状况评定 141
　　第二节　桥梁构件材质状况无损检测 144
　　第三节　桥梁静载试验 147
　　第四节　桥梁动载试验 150
　　第五节　桥梁承载能力评定 154

第十一章　道路与桥梁检测技术 157
　　第一节　道路桥梁的桩基施工检测技术 157
　　第二节　市政道路桥梁检测与加固技术 159
　　第三节　道路桥梁检测中无损检测技术 162
　　第四节　道路桥梁的桩基施工检测技术 164
　　第五节　道路桥梁检测数据结合 BIM 技术 167
　　第六节　道路桥梁工程原材料试验检测技术 171

第十二章　道路与桥梁检测方法的实践应用研究 175
　　第一节　道路综合检测车在公路检测中的应用 175
　　第二节　道路综合检测车在高速公路检测中的应用 177
　　第三节　MALA 地质雷达在城市道路检测中的应用 180
　　第四节　探地雷达在道路无损检测技术中的应用 183
　　第五节　雷达检测技术在桥梁检测中的应用 187
　　第六节　桥梁结构检测技术的要点及应用 191
　　第七节　基于图像处理技术的无人机在桥梁检测中的应用 194

参考文献 198

第一章 道路建设

第一节 村内道路建设与管护

"要想富，先修路。"村内道路建设是村镇公路的延伸，是直接服务于农村、造福于农民的基础设施，是一项民心工程、民生工程。2019年中央一号文件指出，"实施村庄基础设施建设工程，加强村内道路建设，健全村庄基础设施建管长效机制"。目前全国99.6%的乡镇和99.47%的建制村通了硬化路，但村内道路建设滞后，道路缺乏有效管护。加快构建"多方参与、布局合理、供需衔接、管护高效"的村内道路建管机制具有重要意义。

一、村内道路建管的制度变迁

村内道路是指在农村范围内，用于自然村间、田间道路交通运输，并在国家公路网络体系之外，以服务于农村农业生产为主要用途的道路（含机耕道）。根据2017年国土资源部组织修订的国家标准《土地利用现状分类》，南方村内道路宽度≥1米、≤8米，北方宽度≥2米、≤8米。各地结合实际，根据地理条件、社会经济发展水平建立了不同的村内道路建设标准。如江苏省徐州市规定，村内主干道的路面宽度一般不低于4米，水泥混凝土路面面层厚度不低于18厘米，沥青混凝土路面面层厚度不低于4厘米。

新中国成立以来，我国村内道路建设与管护大致经过了四个阶段。

村集体自我供给阶段（1949年到1957年）。这一时期，村内道路停留在局部、小范围、自发式建设阶段，主要是靠农民自我供给，通过将农民在较大范围内动员和组织起来，走用劳动力最大限度地替代资金的道路。

公社统一供给阶段（1958年到1978年）。该时期村内道路建设与管护没有进入国家公共财政支出系统，仍以人民公社为主体。人民公社具有统一管理劳动力、大规模调动劳动力的权力，因而可以组织大量劳动力参与村内道路建设。在计划经济体制条件下，村内道路建设与管护实行的是自上而下的供给决策机制。

村集体自我供给阶段（1979年到2005年）。这一阶段，村内道路建设由镇村组织实施，建设资金来自农民。村内道路建设仍然承袭了以往时代的自上而下的决策机制，但一些经济发达地区的村集体，村干部在村内道路建设中有了一定的决策权。同时，农民变成独立的生产经营主体后，逐渐有了自己对村内道路建设与管护的需求意识。

政府资助、多元供给阶段（2006年至今）。2008年，我国推行村级公益事业建设"一事一议"财政奖补试点工作，对农村基础设施建设进行财政补助。由于村民"一事一议"自筹的资金常常不足以应付，村内道路建设往往需要政府项目资金的辅助或者通过其他途径支撑（如乡贤捐款、企业主捐款等），投资主体实现多元化。通过"一事一议"的方式，村民表达需求偏好的渠道更加畅通、机制更加规范，一定程度上实现了村内道路建设决策的自主性。

二、村内道路建管的现状分析

各地结合自身实际，积极探索村内道路建管模式，主要有以下几种类型。

专项资金为主建设模式。该模式在贫困村较为典型。村内道路建设的资金主要来自政府财政专项资金，其他渠道资金为辅。如江苏徐州A村是省级贫困村，2018年村集体经济收入约20万元。2018年该村筹资60万元，其中50万元是"一事一议"财政奖补省考核奖励资金，10万元为省级对口支援单位支持、"一事一议"筹资筹劳和村民捐款。村内道路建设都是由镇政府相关部门到农村产权交易市场平台上进行立项、招标、双方签合同（村集体与施工方），县部门审计后正式完成。2018年共修村内水泥路800米，路宽3.5米。

财政全兜底模式。该模式在拆迁改造村较为典型。2018年开始，江苏省委、省政府大力推进"苏北农村集中居住"工程，每年投入约100亿元财政资金建设新型村社区，村内道路建设自然涵盖其中。苏南地区市委市政府自掏腰包，自主推进"农村住房条件改善"工程。无锡市锡山区将在2020年前完成对全区1000个左右自然村的改造，每个村基础设施建设补助标准为20万元/户。

社会资本介入模式。该模式在旅游村等资源型村庄较为典型。主要表现为，村内道路建设与管护由村集体一手操办，但建设成本通过提高房租等形式向社会资本分摊。如无锡市锡山区东港镇山联村，是首批全国乡村旅游重点村，通过发展旅游特色产业，吸引社会资本进入村内投资。

目前村内道路建设与管护存在以下几个方面的问题。

缺乏科学规划，无法较好地形成路网协同效应，如一些地区村内道路建设与乡村公路建设不匹配，无法相互衔接形成健全的农村公路网络。一些地区村内公路建设与配套设施在资金分配、施工工期安排等方面存在不合理现象，如在资金不够丰裕的情况下，排水沟等配套设施没有与村内道路建设同步完成，阻碍了村内道路服务功能的充分发挥。此外，自然村之间的村内道路建设条块分割，无法形成系统化、规模化，难以实现资源配置的规模效应。

建设资金缺口大，村内道路建设难落实。2018年，江苏省"一事一议"省级财政资金奖补额度为13亿元，平均每县奖补资金近2000万元，实施项目近80%是村内道路。县（市）按"一次规划、分年实施"的要求建立项目库，每年覆盖1/3的行政村。虽然政府财政投入力度非常大，但是对于老百姓的道路需求而言，资金缺口仍然非常大。虽然村内道路建设的决策村民一致认同，也非常愿意参与"一事一议"筹资筹劳，但是在具体落实先修哪条路时，村民间常存在分歧。

重建轻管现象普遍，村内道路建设的长期绩效弱化。目前农村对村内道路建设普遍存在重建轻管的现象，基本没有专人或专门的资金用于管护。村领导对村内道路管护的意识也不强。提到村内道路的管护，村书记大多只能想到道路保洁。此外，缺乏可持续的道路管护资金投入是道路无人管护最重要的障碍。

农民参与度不够，主人翁意识没有充分发挥。近年来村民参政议政的话语权和积极性得到了明显提高。但由于优秀人才和青壮年农村劳动力外流，以及自身文化程度和综合素质的限制，多数农民在参与决策时，都是从短期收益和自身利益出发。此外，村民的重心更多在自身的家庭和事业发展，主动关心村庄发展、参与建设决策的积极性还不够高。

监督管理不够，缺少"事前""事后"的科学评价。村内道路建设"一事一议"项目虽然通过了召开村民代表会、公开公示等必要的程序，但因缺乏专业团队的"事前"评价，难以保证建设规划、施工方案等的规范化和科学性，容易造成项目实施的随意性和主观性。同时，村内道路建设资金来源渠道多、项目总体规模较小，工程概算、预决算及监理程序比较弱化，多数工程缺乏工程量的详细核算，难以用统一标准对项目建设质量进行现场勘验，也给工程造价审核造了成较大困难，项目工程质量和资金投入的合理性难以客观地"事后"评价。

三、村内道路建管路径探索

加快推进村内道路建设，建立符合国情农情的管护体制机制是改善农村人居环境、推进乡村振兴的重大任务，为此，提出以下对策建议。

规划先行，提高村内道路的供给效率。村内道路规划设计必须与当地时空信息完美结合。一方面，村内道路建设规划应与美丽乡村规划相协调，使其成为美丽乡村建设总体规划的有机组成部分；另一方面，村内道路建设应注重农村公路网络的协调性，充分考虑村庄内外部道路网络的系统性，使农村公路建设连成片、串成串，形成规模化、系统化。村内道路建设可采取政府补助、合同承包等多样化的供给服务方式，有效地降低政府运营成本。要完善村内道路建设的民主决策机制，赋予农户主体地位，允许农户拥有决策权、知情权和发言权，建立自下而上的需求传达机制。

多元投入，积极引入社会投资建设主体。加快形成以中央和地方政府的公共财政为主、市场力量供给为辅、当地农民适当参与的多元化格局，保障村内道路建设资金的稳定落实。继续加大中央和地方财政投入，每年在农村基础设施建设资金中固定划出稳定比例用于村内道路建设，并且每年资金量要与财政收入同步增长。地方政府要强化整合来自上级不同部门的项目资金，统筹规划，充分发挥财政资金的聚集效应和规模效益。此外，要积极引导社会资本参与村内道路建设。研究制定相关优惠政策，创新融资主体，丰富融资模式，拓展融资渠道，充分利用工商资本、银行贷款、社会捐赠等资金投入村内道路建设。

建管并重，加快建立健全道路管护制度。在加大村内道路建设的同时，加快建立健全"有路必管、有路必养"的管护制度，明确管护主体、管护责任、管护范围等。通过宣传、培训等方式增强农民对村内道路管护的意识，设计合理的渠道和机制，让村民积极参与管护，利用社区道德规范引导农户自愿合作，爱护村内道路。探索建立村内道路"路长制"，在镇村两级中逐层签订维护与管理的目标责任制，分解具体任务，保证任务明确、奖惩分明、保障有力。加快发展多种形式的管护组织，将村内道路的管护纳入专业的管护组织之下，提高管护水平。强化村内道路管护资金的落实，以县乡两级地方政府为主，每年根据村内道路建设里程，在农村基础设施建设资金中划出一定比例支撑。

强化监督，确保村内道路建得好质量高。充分发挥政府自身的管理优势，切实为农村基础设施建设把好"质量关""资金关"。加强村内道路建设的"事前"评价。充分发挥财政、农业、住建等部门的职能作用，引入社会第三方专业团队积极参与，探索建立必要的"事前"论证和评价工作机制。针对项目规模小、施工环境差异大、资金来源多元化的情况，依托镇级政府探索建立必要的工程监理机制，并完善工程造价手续与结算制度，必要时可聘请第三方审计机构，为提高村内道路建设质量和资金使用效果创造更好的条件。此外，还可以组织当地具有一定社会影响力、热心公共事业的农民参与村内道路建设工程资金使用和质量监督等。

第二节　城市规划与道路建设规划

　　重视交通运输就是重视人类生活品质的提升。随着时代的进步，城市化建设不断优化与完善，为了保证人们的生活品质能够得到提升，就应该对人民的交通运输方式以及日常城市化需求提高重视，这样就能够满足越来越多人的生活需求，从而使得人们生活幸福感得到提升。总之，城市与交通建设和发展越来越复杂，需要的规划与设计就会越来越全面，所以，应用最合理的理念与技术，不断地强化城市与交通建设才是社会发展的核心。

　　城市化建设逐渐完善预示着城市规模建设越来越大，为了保证与日俱增的城市人口都能够在城市中过着满意的生活，就应该重视城市规划，在城市建设之前不断完善城市与道路建设，这样就能够使越来越多的人在城市中的生活品质得到提升。但是目前我国的城市建设还存在一定的问题，由于城市建设的配套设施不够完善，而且城市规划没有太多的远见，因而导致越来越多的城市建设水平不够高，时常会出现城市中心交通拥挤的情况。而这又多是由于城市道路建设与规划不够合理，导致道路交通问题与日俱增。所以，城市规划与道路规划之间是存在复杂联系的，相关部门对此应该予以更多的重视才能够从根本上解决问题。

一、我国道路交通规划存在的历史问题

　　为了更加透彻地理解我国城市规划中存在的交通问题，就应该对道路交通规划存在的历史问题予以重视。新中国成立之前，国家发展属于封闭性，所以，经济建设十分陈旧而落后，那个时候的城市建设并不能够考虑到道路的规划概念，所以，新中国成立以来的城市建设，一直对道路规划缺乏重视，直到现代化建设不断优化，我国相关部门对城市建设中的道路规划才开始提高重视，但是城市道路建设一直以来都受经济发展的制约，因此，我国道路建设整体程度都比较落后的。

　　从历史发展情况进行总结得出，我国在道路建设方面的认识还是存在缺陷的，与国外发达城市相比较，道路的功能分工还是不太明确，由于城市化建设逐渐普及，城市道路越来越宽广，所以重视主干道以及次干道的功能分布是非常关键的，只有做好道路的分流建设才能够从根本上缓解交通压力。另外，我国城市道路的布局不算合理，城市道路的密度过大会提升交通压力，与此同时还会影响城市环线设计，没能做到道路资源的

充分利用，从而阻碍众多道路的通行能力提升。最后一点就是城市规划过程中道路规划面积远远不够，这样就会直接影响道路建设成果，虽然能够在短时间内完成，但是不久之后就会由于道路规划面积不够而出现全新的问题，这样一来就会影响道路的使用寿命和道路使用质量，致使城市建设与道路规划意义得不到施展。

二、TOD模式简介

TOD 模式，是 Transit-oriented development 的简称，即公共交通导向的城市发展，被认为是提高智能化水平、拉动经济发展、转变市场需求与人民出行方式的工具。TOD 模式在不同地方的定义与侧重不同，但其共同点在于在城市规划上主要采用道路网格化、功能混合使用、适宜的开发密度、居住区内步行可达及设施开放等方式。作为城市规划的重要部分，道路建设规划中应把土地使用规划和交通规划配合起来，城市的居住和工作的相互关系安排得好，可以避免产生许多不必要的交通。应该把各种不同性质的交通（汽车、公共汽车或无轨电车、自行车、行人等交通）尽可能地组成它们各自的交通网，使人们的工作和生活不受交通的干扰，给予人们最大的活动自由，这才是城市规划与道路建设的目标。研究表明，在某一个区域内的居民，如果住在车站附近，使用公共交通的可能性会增加 4~5 倍，TOD 模式还能够缓解拥堵，节约土地，减少道路建设支出，提高自行车与行人出行者的安全性。

TOD 模式有很多不同的形式，目前在美国有超过 100 个正在实施的 TOD 项目，大部分位于地铁、轻轨车站内部或周边，周边的土地利用有政府、商业、学校等多种形式。以美国圣地亚哥湾区为例，通过 2000 年的普查数据及地理信息系统的帮助建立的统计模型显示，在车展周边提高开发密度，能增加土地利用多样性，同时城市居住密度与街区大小存在明显的交互效应。统计模型建议将目前的居住密度从每 4046.86 平方米 10 个居住单元翻倍到 20。

通过上文的详细论述，我们能够十分清楚地看出我国在建设的过程中，需要时时刻刻关注城市建设与道路建设的情况，在此过程中需要及时地利用最新的技术与理论，不断强化技术应用，优化城市与道路建设，而确保城市建设效果最好的方式就是重视城市规划与道路规划，保证我国越来越多的地区能够建设出符合国情的城市，与此同时还能够符合可持续发展的要求。总而言之，重视城市规划与道路建设规划不仅仅要从理论上提高重视，最关键的是落实在实际行动上，从而确保人们日后的生活与生产能够得到最高的质量保障。

第三节 生态思想与道路建设发展

20世纪后半叶，随着西方工业化的高速发展，大气污染日益严重，水污染加剧，生物多样性下降，森林锐减，各种生态环境问题日渐凸显，频频发生的环境公害事件威胁着人类的健康。《寂静的春天》一书的出版，也使得人们意识到全球生态安全已危机四伏。此外，能源危机制约着人类的生存和可持续发展，一些重要的矿产资源和石油等化石能源也逐步面临枯竭。在此背景下，资源环境问题在国内外理论界受到广泛关注，生态文明的概念应运而生。

生态文明建设是中国特色社会主义必然的奋斗目标，是关系人民福祉、关乎民族未来的大计。基于"可持续城市交通"理念，生态环境的可持续是城市交通可持续性的前提和根本，由此以生态环境保护为目标的"绿色生态道路"应运而生。上海2035规划提出了"建成创新之城、人文之城和生态之城"的目标。道路作为城市的重要设施，其生态化建造与生态城市的建设关系密切。为探究生态的具体含义以及生态与道路建设的关系，本节阐述了生态的释义，总结了我国生态思想和近年来提出的生态设计理念，梳理了我国道路建设技术和理念的发展历程，以期为生态道路的建设提供参考。

一、"生态"释义

"生态"一词源于希腊文"Oikos"，原意为"家"和"住所"。"生态"一般指生物的生存状态，以及生物之间、生物与环境之间的相互关系。现今，以"生态"来定义的范畴越来越广。健康、美好、和谐的事物可用"生态"来修饰，如生态文明、生态城市、生态园区、生态建筑、生态景观等。

我国古代及现代文学中有用到"生态"一词。我国南朝梁简文帝的《筝赋》："丹荑成叶，翠阴如黛。佳人采掇，动容生态。"《东周列国志》第十七回："〔息妫〕目如秋水，脸似桃花，长短适中，举动生态，目中未见其二。"唐朝杜甫的《晓发公安》："邻鸡野哭如昨日，物色生态能几时。"明朝刘基的《解语花·咏柳》："依依旖旎、嫋嫋娟娟，生态真无比。"文中"生态"均为美好、生动之意。

二、生态思想

（一）"天人合一"思想

儒家学派提出了"天人合一"的生态思想，"天人合一"的核心是强调人与自然的统一性，人与天地、自然界的万物不仅是平等的，而且是相融一体的。"天地合而万物生，阴阳接而变化起"，讲的就是自然与人类的平等关系。汉代王充认为"一天一地，并生万物，万物之生，俱得一气"，即自然万物和人类在本质上是一致的，在处理人类和自然界的关系上应做到"仁"。

道家学派指出"道生一，一生二，二生三，三生万物"，认为世间万物都来自"道"。由此，万物皆来自"道"，则从源头上看是平等的。"万物并作，吾以观复，夫物芸芸，各复归其根"，其意为：有了和谐的生存环境，才能万物兴旺繁荣，自然和谐循环，永无止境。"人法地，地法天，天法道，道法自然"体现了道家对自然的尊重和热爱。

佛家讲究机缘，认为万物聚合是一种"缘"，是各种条件成熟的结果，因而要珍惜这种缘分。佛家认为"一切都无生，亦无因缘灭"，普罗大众与万物皆无边无际，无始无终。佛家"无情有生，众生平等"的生命观与道家"道生万物，周行不殆"的整体观，"天地与我并生，而万物与我为一"的齐万物境界有异曲同工之妙。只有达到"天地同根，万物一体，法界同融"的状态，人与自然的关系才能达到和谐统一。

（二）"风水"思想

风水理论中的科学内容是中华民族在几千年历史文化进程中积累的人居住经验，因其朴素的生态和谐观和独一无二的生态美学内涵而受到国内外学者的关注。风水的最终目的是寻求宇宙、地球和人类在纷繁复杂的变化中达到在规律上、能量上、位置上最佳的统一。

风水选择的意识始终贯穿着人类对居住环境的选择和营造。中国古代一直对此重视并有大量的实践研究，主要应用于建筑的朝向、建筑的形式和人居小环境建设上。当代建筑学界在理论层次上还停留在对风水理论的简单借鉴上，比较注重其生态思想和理想景观模式的探讨。

在城市规划方面，风水理论中的山水城市思想在城市规划方面得到了很好的体现。风水理论认为，城市应负阴抱阳，冲气以为和。这一理念的中心是城市选址应背山面水，与时下流行的以建设山水城市为主要取向的城市规划思想一致。另外，由于生态的内涵和山水组合的思想，理想风水空间模式也被视为生态城市的空间结构之一。

三、道路建设发展与生态理念

（一）我国道路建设的发展脉络

《古史考》载"黄帝作车，任重道远，少昊时略加牛，禹时奚仲驾马"，说明我国在公元前两千多年前的少昊金天氏时期，就已有车马与道路了。《周语》载"列树以表道，立鄢食以守路"，指出了道路绿化和养路配备的问题。《诗经》载"周道如砥，其直如矢"，表明当时道路平整，路线甚直。《周礼》载"匠人营国，国中九经九纬，经涂九轨，环涂七轨，野涂五轨"，说明周朝在道路修建上已关注道路线网和宽度的设计。

战国时期，道路建造技术有所提升。《史记·高祖本纪》载"栈道，阁道也。绝险之处，傍凿山岩，而施版梁为阁"，说明战国时期，开创了一种开辟山路的方法。《汉书·贾山传》载"为驰道于天下，东穷燕齐，南临吴楚，江河之山，濒海之观毕至。道广五十步，三丈而树，厚筑其外，隐以金椎，树以青松"，说明秦朝"驰道"通达极广，道路宽且路旁植树。而后的唐、宋、元、明、清，不断发展路网建设，并配备了驿站。

1913 年，修筑了长沙至湘潭一段的通行汽车的公路。1921 年，孙中山提出百万英里公路建设计划，规定道路分"干路""支路"两种。至 1949 年，我国公路总里程达 21 万多公里。1951 年，在江苏省南部松江至金山公路上，铺筑级配石沙试验路。1952 年，在北京至十三陵公路上，修筑沥青贯入碎石面层试验路。1954 年，在石家庄至德州公路上，铺筑水泥、石灰稳定土沥青面层试验路。自此，采用不同种路面材料的试验路在我国公路建设中铺筑和使用。

1980—1990 年，我国开展了大量沥青路面、水泥路面材料强度研究，以及路面结构力学行为的计算与分析，设计上侧重于道路的结构设计，包括路面结构、支挡结构、路基处理、交叉口竖向设计等，以确保路面"不塌"。1990—2000 年，设计上侧重于道路的交通分析。2000 年以后，设计上开始考虑生态因素和环境保护，如采用生态边坡防护、温拌沥青及透水路面材料等，以实现"环境友好"。

我国公路建设绿色理念的实践和探索大致可分三个阶段：第一阶段为 2006 年以前，以思小高速、渝湛高速粤境段等高速公路为代表，开展了有关生态环保方面的探索；第二阶段为 2006—2012 年，依托神宜公路、韶山高速、武神公路、长湘高速等公路，开展"资源节约型、环境友好型道路"的实践；第三阶段为 2013 年至今，绿色公路作为推进绿色交通发展的突破口和引领，在全国范围内进行典型示范工程建设。

2016 年，交通运输部印发了《关于实施绿色公路建设的指导意见》，明确了绿色公路建设的指导思想和基本原则，提出了五大措施来保证绿色公路建设的顺利开展。任务涉及资源利用、自然生态保护、科技创新、品质优越和功能多元五个方面。据此，绿色公路可定义为：在公路全寿命周期内，以创新、协调、绿色、开放、共享为发展理念，最大限度地节约资源、保护环境和减少污染，注重智慧化管理与服务品质提升，为人们提供安全、舒适、便捷、美观的公路使用环境，与自然和谐共生的公路。

同年，上海市发布了《上海市街道设计导则》，是我国首个城市级街道设计导则。《上海市街道设计导则》的基本理念是"坚持以人为本，将街道塑造成为安全、绿色、活力、智慧的高品质公共空间，复兴街道生活"。作为上海城市数量最多、最为密集的公共开放空间，《上海市街道设计导则》明确提出，街道从"以车为本"向"以人为本"转变，将人的需求放在第一位，将市政设施、景观环境、沿街建筑、历史风貌等要素有机整合，塑造特色街道。在评价上，从"强调交通效能"向"促进街道与街区融合"发展，街道不仅仅具有交通功能，还需要重视其促进街区活力、提升环境品质等方面的综合功能。

（二）生态设计理念

基于全球性生态危机对人类生存和发展的威胁，城市设计与发展呈现"生态化"趋势。以生态问题为中心，产生了研究自然规律和社会规律相互作用的各类交叉科学，如城市生态学、人类生态学、文化生态学、生态伦理学、生态美学、景观生态学等，形成了城市规划、建筑学、风景学与生态学综合的态势。

生态学成为设计思想的重要部分，是设计思想的重大变革。设计师按照生态学思想或生态学原理，按照自然环境存在的原则和规律，设计人类的居住形式和居住环境，拟定所设计事物的蓝图，对城市的社会、经济、技术和生产环境进行全面综合的设计，称为生态城市设计。

生态建筑设计是根据当地的自然生态环境，运用生态学、建筑学及生态技术，合理组织和处理建筑与其他领域相关因素之间的关系，与自然环境形成一个有机整体，实现向自然索取与回报之间的平衡，寻求人、建筑、自然之间的和谐统一。

生态建筑与绿色建筑的辨识：生态建筑反映了建筑发展的宏观层面，将建筑包含的要素融入自然、社会、经济、文化的大循环中，使建筑业与其他方面相互融合渗透，并最终形成类似生命循环的结构；绿色建筑侧重于微观层面的技术和设计方法，强调人与自然的关系，重视绿色植物和其他生物在建筑中的伴生，促进物质和能量的合理流动。

（三）生态道路建设内涵

道路建设发展至今已进入"返璞归真"的阶段，自满足结构需求以后，便开始探寻最初的生态思想和概念。近年来提出的生态城市、生态建筑理念也体现出了这一点。道路作为交通建筑物，置身于生态城市之中，在一定程度上属于生态建筑。由此可知，生态道路应涵盖绿色道路,将道路建设要素与自然、社会、经济、文化相融合。

所谓"生态",不仅具有生态学意义,还具有一定的文学含义。我国自古以来的"天人合一""风水"思想均体现出了生态的理念和愿景。近年来的生态设计理念指出,无论是城市规划还是建筑设计均应注重与自然环境的交互作用,贯穿了"天人合一"的思想。我国道路建设发展是一个不断创新和挑战的过程,首先解决的是道路耐久性的问题,而后将关注点聚焦于道路的生态理念、生态设计上,如绿色公路、街道空间等概念的提出与研究发展。

根据本节所梳理的生态思想、理念、设计方法及建设技术发展脉络,所谓生态道路应是指:基于"天人合一"思想,注重环境保护,注重与自然、社会、经济和文化的交互作用,设计建造的自然、美好、可持续道路,也表达了人们对高品质道路交通的愿景。随着道路规划设计理念、施工建造技术的提升,未来必然会设计建造出符合人们对美好生活向往的生态道路。

第四节 基于海绵城市理念的市政道路建设

在剖析区域洪水灾害构成和洪水灾害成因的基础上,分析了不同模式下的城市年径流量去向,探讨了低影响开发和低影响开发设施配置,明确了海绵城市对路面建设的规划要求,确定了城市的综合径流系数,比对了几种常见透水性铺装材料的性能,结合某市政道路工程案例进行了海绵城市道路建设探究,可为其他城市海绵道路建设提供借鉴。

2016年我国城镇化率为57.35%,标志着我国已经进入城市化的工业大国。城市是人类社会发展的高度集成化表现,是拥有自然属性和社会属性的复合系统。这两方面属性的协调发展才能造就稳定、韧性的城市系统。在城镇化历程中,湖泊、湿地等天然气孔被填埋,水泥、混凝土硬壳迅猛地扩张,约70%的城市降雨形成径流。城市中"逢雨必涝、遇涝则瘫"的状况已成常态。当雨后水潮退去,城市硬壳下的地下水漏斗又宣告了水资源的危机。暴雨导致的洪涝和城市普遍的缺水两种状况的对立困扰和影响着我国的城市化进程。

自20世纪90年代以来,我国的湖泊面积减少了15%,湿地退化了28%。城市面临着内涝、水资源短缺、水体富营养化等一系列水生态问题。这些现象表明:城市发展历程与自然生态进程的平衡态势间发生了重大偏离。城市建设要从"人改造水"到"人适应水,人水和谐共处"的根本性观念转变。海绵城市立足于我国当前实际的水情特征和水问题,符合我国当前城市建设的需要。

一、洪水灾害分析

（一）洪水灾害的构成

洪水灾害是洪水作用于人类社会的产物，是由于异常天气及水利工事等原因引起了江、河、湖水量的快速上升和水位上涨，突破了河道的约束，给人们的日常生活和生产带来了极大的损失。洪水灾害是由承灾体、致灾因子、孕灾环境等组成的复杂大系统。城市洪水灾害可归结为地理位置、水文条件破坏、城市地表固化、下水道不足、城市小气候变化和其他因素等方面。洪水灾害的致灾因子通常是台风、暴雨等恶劣天气；孕灾环境包括地形地理、河流网络、植被土壤等。承灾体主要是人、建筑物、农业、经济、环境等。洪水灾害所造成的损失，不仅与洪水强度有关，而且与承灾体密切相关。

（二）洪水灾害成因分析

洪水是浙江发生的最频繁、损失最严重的自然灾害，造成的损失居各类灾害损失之首。降雨是洪水致灾的主要因素，浙江年降水量为 1 600～1 800 mm，是全国年降水量最大的地区之一。降雨强度越大、历时越长、范围越广，越容易形成特大洪水。浙江的经济发展快、人口密度大，一旦发生洪水灾害就会遭受巨大的损失。

浙江省每年 5—9 月的降水量占到全年的 60.61%。省会杭州年均降水量 1 540 mm，5—9 月的降水量占到全年降水量的 58.28%，强的夏季降水量是导致城市洪涝灾害的直接原因。如此大的降水量直接影响着城市的排水组织和设计，年径流总量的去向是研究路面排水时不可回避的问题。

（三）城市年径流量去向

城市年径流量去向有两个组织模式：传统排水组织模式和海绵城市排水组织模式。传统城市排水模式下，年平均径流量的去向有三个途径：水分蒸发、排入城市管网和渗入地下。其中年平均径流量的 70% 以上从城市各级管网排走。海绵城市设计中年径流量的 30% 排入管网，绝大部分降水量通过"下渗入地"和"收集贮备"方式来有效减排并加以利用。雨水下渗的主要设施有地面透水铺装、下沉式绿地、生物滞留带等；雨水收集贮备则可通过蓄水池、雨水罐、湿塘、雨水湿地等设施来实现。

在洪水灾害发生前后，采取适宜、有力的措施，就会减少洪水灾害可能造成的损失。低影响开发思想认为雨水是"资源"而不是造成麻烦的"废物"。海绵城市的创建对年降雨量大于 800 mm 的城市排水防涝效果明显。海绵城市建设中通过有效地组织径流量的合理去向，进行雨水的合理调蓄、切实减少雨水径流污染等，逐步改善水环境和水生态，保障城市发展与自然生态的和谐共存，使城市复合生态系统的水文功能趋于动态平衡，最终解决城市内涝问题。

二、海绵城市建设

内涝是我国60%以上城市必须面临的常态化问题。城市传统排洪涝的规划理念是将雨水"快速排除"和在"末端集中"，却忽视了城市整体水文过程的系统性，导致将上游洪水的破坏力快速、强化、放大地转移给下游地区，引发了"水"与"土"分离、"地表水"与"地下水"分离等环境问题。海绵城市建设指城市能做到在下雨时吸（蓄）水、渗（净）水，在城市需要时能释水。海绵城市这种在下雨时吸收并积蓄雨水，在需要时放出和利用水的新型排水防涝思想，给出了解决城市水生态循环的新思路和途径。

海绵城市在适应环境变化和应对雨水带来的灾害等方面具有良好的弹（韧）性。城市建设以建筑物、绿化用地、城市广场、交通道路、水系等基础设施为载体，利用渗透、滞留、蓄存、净化、回用、外排等多种生态化技术和手段，实现径流雨水控制目标，恢复城市良性的自然水文循环。基于源头的低影响开发和低影响开发设施是海绵城市建设的核心内容。

（一）低影响开发系统

低影响开发是按照对城市生态环境影响最低的建设理念来对城市进行开发、规划、建设、协调和管控。在此过程中，通过城市雨水径流源头控制机制和设计处理技术，有效地控制雨水所带来的径流量，维持开发前后城市的自然水文循环状态和水文特征基本不变。低影响开发主要指建构和优化城市水系，有效地发挥城市自然水体的调节作用；规划改造城市建设模块，通过雨水调蓄系统保留和积存雨水等。低影响开发理念对城市规划和管理产生了根本性的影响，实现人和自然的和谐共处，系统、可持续地解决城市水问题及水生态修复问题。

（二）低影响开发设施

低影响开发设施是低影响开发中"滞、蓄、渗、净、用、排"六维一体的综合排水工程设施的总称，包括透水铺装、人工湿地、生物滞留设施、渗井、下沉式绿地、植草沟、植被缓冲带等。

三、海绵城市道路建设

传统市政模式认为，雨水排得越多、越快、越通畅越好，传统排水模式没有考虑水的循环利用，提高了城市干旱和洪涝灾害的概率。海绵城市规划设计统筹考虑城市建设中的内涝防治、雨水资源化和水生态修复等问题。

（一）海绵城市道路中的技术设施

透水砖、透水混凝土、鹅卵石等是常见的透水路面铺装形式。透水砖和透水混凝土铺装常用于人行道和非机动车道的铺装，透水沥青混凝土铺装可用于机动车道。透水路面铺装可补充地下水，削减峰值流量，并能初步净化雨水。道路路面铺装有半渗透性铺装和全渗透性铺装两种方式。路面构造层次为面层、基层、垫层和土基。通过改变水的表面张力，全透式路面面层把雨水吸收到透水砖内。透水性良好的基层主要起下渗作用。垫层不但排水，还能防止因毛细现象的水体上升，以保障路面的整体稳定性。土基则能保存地下水，解决地基沉降并满足植物水分补给问题。

植草沟在收集、输送、排放径流雨水方面具有一定的作用。植草沟建设及维护费用低，与景观结合性好，但易受场地条件制约。种植植草沟的场地要求为：边坡坡度宜在1∶3内，纵坡坡度宜在4%以内。

生物滞留设施常用于道路周边绿化，一般是在地势较低的区域，通过植物、土壤和微生物系统对雨水进行"蓄""渗""净"的设施。常见的设施有雨水花园、生物滞留带、生态树池等。

（二）城市径流系数

杭州位于杭嘉湖平原地带，区域内水网纵横、水域面积大，属于天然的海绵城市。但随着几年来人口的聚集和经济的腾飞，城市内的不透水区域快速攀升。后天的人力改变了整个区域内汇水的天然布局，造成径流系数的快速加大。

透水砖面层的透水性能远远优于传统的混凝土和沥青路面，透水砖路面雨水的下渗率为混凝土路面的6~7倍。根据杭州市城市规划管理技术规定：12~18层高层建筑的建筑密度≤24%，容积率≤3.0。新建住宅小区绿化率为30%~40%，建筑密度20%~30%，道路广场占地比重30%以上。如果能全部在广场、停车场、人行道铺设透水砖，保证径流量水平不大于小区未开发前的径流状态，就可以极大地减轻城市快速、大规模建设中的洪涝灾害所带来的社会压力。通过保证住宅小区内的绿化率，限制建筑密度比、增加透水地面比率等途径提高区域内路面的排水排涝能力。

2014年杭州年降水总量均值1 663.28 mm，地表水资源量161.31亿 m³，径流深为

965 mm，地表水资源量占浙江省地表水资源量的 14.4%。综合杭州 2014 年平均降雨量、径流系数等数据后，按照占地面积为 10 000 m² 计算得出年降雨量 (m³/a)，不同材质路面年雨水下渗量 (m³/a)。

综合考虑城区功能划分、人口密集程度等因素后，杭州综合径流系数为 0.6 ~ 0.8。实地抽样调研结果表明：城市化程度高的区域，其径流系数就大，两者间的变化趋势趋向于一致。

（三）透水性铺装材料

透水性铺装材料具有良好的透水性、透气性、高孔隙率等优点。采用透水性铺装材料进行路面、广场、人行道的铺贴能有效地减轻城市排水防涝系统的压力。下雨天时，雨水通过路面透水铺装快速下渗到土基并被贮备在土壤中，大大减少路面径流；天气放晴时，渗入透水地面下的水分蒸发入大气中，有效地补充空气湿度，改善地面植物生存条件，减缓城市热岛现象。由于其所带来的优良生态环境，透水性路面被形象地誉为"会呼吸"的路面。

目前常见的透水性铺装材料有混凝土透水砖、砂透水砖、陶瓷透水砖等。混凝土透水砖是将沙、石用胶凝材料或黏结剂搅拌混合后压制、养护而成。陶瓷透水砖以煤矸石、废瓷砖、石英、高岭土等工业废渣和建筑垃圾为主制作而成。这种发展理念既重复利用了材料，减轻了环境污染，又提高了经济效益，保护了整体的生态环境。

不同材质透水砖的性能指标。影响透水砖选择的主要因素是透水系数和透水持久性。砂基透水砖在透水系数和透水持久性中优势明显。透水性路面可以降低地面 70% ~ 80% 的径流量，可降低排水系统建设成本的 60%。

（四）工程案例

某市政道路全长 28.9 km，为东西走向。道路标准断面宽度为 24 m，道路横坡 2%。道路所在地区年降水量 1 712 mm。

在满足路面载重要求、减缓内涝和水灾、生态性和经济性好等业主要求的前提下，项目按照以绿色生态功能为导向，考虑低影响开发控制性指标，实现实用性和观赏性并重的原则进行设计。该道路设置 12 m 宽机动车道（沥青混凝土路面），两侧各 3 m 宽绿化带，3 m 宽非机动车道（人行道）。道路总面积为 63.58 万 ㎡。绿化带和人行道承担着路面雨水的调蓄作用。人行道为透水面砖铺装，雨水可快速渗入基层和土壤层中。绿化带中设置 LID 树池，树木四周满铺草皮（设置 1.5% 坡度）和碎石缓冲带，有效地提高绿化带对雨水的下渗量，减少水土流失，也赋予了道路丰富的立面效果。

根据本地的年均降雨量，得到年径流总量控制率所对应的设计降雨量。随后计算出道路降雨总量，接下来运用加权平均法计算得到综合雨量径流系数。本例计算得到综合雨量径流系数为 0.509，其中绿地、机动车道、人行道径流系数分别取 0.160、0.890 和 0.240。

进行道路海面城市低影响雨水系统设计出的道路标准断面。人行道铺装构造层次为：① 200 mm × 200 mm × 60 mm 透水砖面层；② 20 mm 中沙找平层；③ 180 mm 无沙透水混凝土基层；④ 120 mm 级配碎石垫层；⑤ 土基夯实平整。

依据构造层次的不同，人行道透水砖铺设综合单价为 150 ~ 180 元 /m²，其中无沙透水混凝土基层 50 ~ 60 元 /m²；级配碎石垫层 12 ~ 18 元 /m²；透水砖及找平层 80 ~ 120 元 /m²。本例中透水砖铺设综合单价为 155.82 元 /m²。透水砖铺设综合单价约为普通人行道地砖铺设单价的 1.2 ~ 1.4 倍。虽然在建设期透水砖路面的前期投入比传统路面大，但综合考虑路面的生态效益和寿命期内的整体建设效益，透水砖路面整体优势明显。

随着城市化和国民经济的快速发展，城市需要生态的、稳定的、可持续发展的方法来保持和恢复水生态系统的健康。在不增加末端基础设施的前提下，打造一个表面布满吸水孔洞的海绵城市，保证在降水期间雨水被饱满吸收并排入水体，在需要时释放和利用水，这是解决洪涝灾害和城市缺水两种状况并存的最好办法。通过分析城市年径流量去向及探讨低影响开发，结合某市政道路工程案例进行了海绵城市道路建设中路面建设的规划要求、城市综合径流系数、透水性铺装等问题的探究。

第五节 城市道路建设与环境保护

近年来，我国道路建设突飞猛进，给人民的生活带来了快捷与便利。但就道路建设而言，因其线长面广、破坏范围大、过去环保意识不强，在修建道路时对生态环境、人文景观、地形地貌等造成了很大的破坏。

现今国家建设主管部门在环境保护设计规划中，提出道路工程设计必须做到经济效益、社会效益与环境效益相统一，并且在遵守国家《建设项目环境保护设计规定》的前提下，根据《城市道路设计规范》《城镇道路养护技术规范》进行设计，这是符合上述新概念的，简言之，这就是"天人合一"的概念。

一、从道路设计与施工阶段充分考虑环境保护

（1）在可行性研究阶段，对道路沿线环境影响进行评估。

（2）在初步设计阶段，应按环境保护的评估意见拟订环境总体设计方案，并进行论证。设计人员从选线到设计的全过程，都要把环境保护设计和工程方案一齐抓，使线路尽可能地避开环境敏感点(如文物古迹、水源头及野生动物保护区等)，力求采用环保新技术和新材料，把道路工程与自然环境融为一体。道路定线不能只视其为一个几何图形，而应视其为一个美学实体。一般来说，人们对周围环境的感受，在心理上会产生明显的反应，如桥梁的形状、水的流动、树林的分布，以及急弯陡坡、垃圾坟场等都会引起司乘人员心情的愉悦或烦躁。因此设计人员在着重主体工程设计的同时，不能忽视对周围环境的设计。

（3）在施工图纸设计阶段，须根据审定意见，做出环境工程设计。

（4）在施工阶段，要严格按照设计图纸施工，随时研究如何减少对环境的不良影响，并加以纠正。

（5）在运营阶段，应对未能完全避免的交通噪声、行车尾气等进行适当的综合治理。如荷兰的阿姆斯特丹环城高速路靠近城镇居民一侧全部采用隔音板防护，有效地减少了噪声污染。

实行以上所述为准绳的道路设计，必然会建成与自然环境融为一体的道路，收到"天人合一"的效果，这就是现在所提倡的道路设计新概念。

二、从市区、市郊和乡村三方面来阐述道路建设的环保措施

（一）市区

市政道路的绝大部分路段是在市区范围内，市区内人口密集，车流拥挤，平面交叉及立体交叉道口众多，噪声、尾气污染严重，以上种种都给道路建设与环境保护带来了严重和复杂的问题。解决的方法也是多种多样的，如在城市中心地带平交较多处，做好渠化设计，使车流通畅，避免堵塞。对交通噪声、尾气污染，无法利用自然条件防治的，可以建造声屏障或栽植行道树以减少噪声和污染。要想从根本上解决这些问题，最好是将路线避开敏感点，或采取工程措施，如在园林道路两侧种满爬山虎等绿色植物，一方面使两侧建筑免遭交通噪声、行车振动、空气污染影响；另一方面也保护了道路两边成为护墙，它们把来往车辆所产生的噪声、振动和尾气基本控制在标准范围内，效果良好。其他如保存重要的历史文物、宝塔、石刻、名人故居、名胜景点等，也是必须考虑的，

因为不仅要使人烟稠密的居民有健康安全的住所，还要有文化和美观的环境，这是一个系统工程。道路设计人员要随时向建筑、交通、文物、艺术工作者咨询，才能较好地达到上述要求。

（二）市郊

市郊的人口逐渐在减少，郊区道路面积却在不断增大，由此引起的生态变化、破坏自然景观，以及其他妨碍出行等问题市政道路部门应提前与有关部门联系，预作规划。另外，对环城道路或连接市区出入口道路的线形，应注意平纵曲线的组合设计，使汽车能匀速行驶，减少事故，同时也要对汽车噪声、空气污染提出防治措施。

（三）乡村

乡村的特征是：土地面积大、人口密度低，气候、地形、水土、地质、生物的差异较大，道路与其他运输体系分散。在这个地区修建道路遇到的问题是：土方工程对农业资源、自然景观的影响，如路线分割耕地、危害植物生长，石方爆破会造成水土流失，边坡失稳，所以道路选线应全面考虑其两侧的社会自然环境，合理保护土地资源，避免不利的地质条件及对名胜古迹的危害。为了满足沿线人们出行及田间耕作的需要，还应设置足够数量的跨线桥、通道。另外，还要根据当地的气候特点设计挡土墙、边沟、截水沟，尽可能地采用植物防护，这样既可防止水土流失，也有利于自然景观。

在此还需要提出的是：如果遇到路线两侧 200m 内有自然保护区、水源区、森林草原、湿地、野生动物栖息地等，原则上是将路线绕避这些生态环境，如果实在难以绕避，就需提出专项保护方案。

三、道路美学

这是对道路建设与环境保护同时进行所提出的更高要求，如国外的一些高等级道路在建设时把砌筑的双梁护栏隐藏在绿树丛中，这就是工程与美学的结合。一条道路建成后，车辆司乘人员及沿线居民的要求是不尽相同的，前者关心的是路面宽阔平坦，行车速度快，其次才是环境美观；而后者关心的则往往与前者相反。道路设计者为了使汽车能高速行驶，必然考虑采用半径大的平曲线和竖曲线，因此不仅要移去重要地段附近的障碍，甚至还要改变某些地面的自然地貌，因而便破坏了原有自然景观。要减少这些破坏，就要减小平曲线半径，避开风景名胜区，但也因此降低了行车速度。采用小半径的曲线越多，路上发生撞车的可能性也越大，这是司机所不希望的。如何解决上述矛盾，必须做好环境效果分析，或采取空中摄影定线，尽可能多地保存风景名胜，将路线绕道或打隧洞通过，如镇江市南徐大道穿越南山风景区的观音山隧道便是一例。

为了使道路沿线美观，还应考虑道路用地的宽度问题，它应包括路面本身宽度、两侧的排水设施、公用设施及停车场地等。因此现实生活中，如何美化这一地带也是一个重要问题。

总之，道路美学目前已成为道路设计的重要方面，道路的线形、构造物等必须与周围环境相协调，必须与大自然景观融为一体，如上文所述不能把道路仅仅视为一个静态图形，而应看成是用土、石、沥青、混凝土、灌木、树林等建成的美学实体，当汽车行驶、转向、变向、爬山、下山、过河时，都能给乘车者一种动态的感觉，因为只有以这种状态进行道路设计，才能全方位地取得令人满意的效果。

道路建设是国民经济发展的纽带，做好全局规划，可以从根本上避免先有公害后治理的情况发生。因此，保护生态、自然、人文环境，栽植树木、扩大绿化、保持水土，降低污染，以及改善景观，都是十分重要的问题。为此本节在这里提出了道路建设与环境保护同步进行的道路设计和施工方法。

道路建设与环境保护工作涉及面广，随着人民生活水平的提高，将对环境有更高的要求和标准，如何通过科学管理、技术进步，对道路建设过程中的环境保护进行周密设计、精心施工、严格验收、加强维护，完善和加强环保工作是值得深入研究的课题。

第六节　道路建设与水土保持方案

依据国家相关法规及道路建设的发展趋势，强调道路建设必须重视水土保持，并依法编制水土保持方案。水土流失防治范围包括道路建设区、直接影响区和预防保护区；水土保持主要内容为：水土流失防治目标、防治重点及对策。本节结合工程实例，简要设计道路水土保持防护体系。

一、道路建设与水土保持概述

道路建设中的路堑开挖，路堤回填及防护工程基础开挖，管道基坑开挖、回填等施工将会破坏现状地表植被，使地表裸露，在地表径流的冲刷下易产生水土流失，淤积下游市政管网、河道及水库，严重危害道路沿线生态环境，破坏城市景观。因此，防治水土流失，重视水土保持非常重要。通过编制水保方案，可以科学地预测道路建设所产生的水土流失及其危害，提出合理的水土流失防治技术和措施，有效地控制和减少因道路建设而产生的水土流失，保护水土资源。

二、重视水土保持的必要性

（1）我国是一个多山的国家，大多地区生态环境脆弱，道路建设与运营中，对沿线一定范围内的生态环境影响较为明显。比如路基开挖或堆填，会改变局部地貌，在地质脆弱地带易引起崩塌、滑坡等地质灾害。因此，道路建设必须重视水土保持。

（2）道路是国家基础设施建设的重点。为促进区域经济平衡、协调、快速发展，必须大力发展道路建设。然而道路建设活动越频繁，造成的水土流失面积就越大、越严重，对生态环境的破坏就越明显，引发的地质灾害就越严重。因此，道路建设应注重水土保持，以促进基础建设的可持续发展。

三、道路建设的水土保持方案

（一）法律依据

《水保法》规定："在山区、丘陵区、风沙区修建铁路、公路和水工程……在建设项目环境影响报告中，必须有水行政主管部门同意的水土保持方案。""建设项目中的水土保持设施，必须与主体工程同时设计，同时施工，同时投产使用。"

（二）水土保持方案的防治范围

合理划定道路建设水土保持方案的防治范围，对保证道路的安全施工、运营及保护沿线生态环境具有重要意义。根据项目建设特点、可能造成的水土流失情况、水土流失防治责任及其目标，水保方案的防治范围包括：

1. 道路建设区

道路建设区指道路主体及配套设施建设征地、占地、使用及管辖的区域。它包括工程基建开挖区、边坡防治区、采石取土开挖区、工程扰动的地表及堆积弃土石渣的场地等。该区是引起人为水土流失及风蚀沙质荒漠化的主要物质来源。

2. 直接影响区

直接影响区指道路建设中直接影响和可能对建设区以外造成水土流失危害或灾害的地区。它包括地表松散物、沟坡及弃土石渣在暴雨径流、洪水、风力作用下可能危及的范围，可能导致崩塌、滑坡、泥石流等灾害的地段。

3. 预防保护区

预防保护区指道路直接影响区以外，可能对施工或道路营运构成严重威胁的主要分布区，如威胁道路的流动沙丘、危险河段等的所在地。

（三）水土保持方案的主要内容

1. 水土保持方案的防治目标

（1）人为新增水土流失得到基本控制。全面控制道路建设中可能造成的新的水土流失，防治责任范围的水土流失治理度达到100%。

（2）原有地面水土流失应得到有效治理。土地生产力得到有效的恢复和重建，扰动土地治理率达到95%以上。

（3）项目区林草植被得到有效恢复和重建，植被恢复系数达到95%以上，可绿化区域林草植被覆盖率达到95%以上。

（4）保障道路的运行安全，沿线生态环境和行车条件明显改善。

（5）水土流失拦渣率达到95%以上。

（6）土地裸露期要求不超过3个月。

（7）方案实施为沿线地区实现可持续发展创造有利条件。

2. 水土保持方案的防治重点及措施

防治人为新增水土流失及土地沙质荒漠化为方案的防治重点。总的防治对策为：控制影响道路施工与运营的洪水、风口动力源；固定施工区的物质源，实现新增水土流失和自然水土流失二者兼治。

（1）道路建设区为重点设防，重点监督区。工程基建开挖和采石取土场开挖，应尽量减少破坏植被。废弃土石渣不许向河道、水库、行洪滩地或农田倾倒，应选择适宜地方作为固定弃渣场，并布设拦渣、护渣和导流设施。对崩塌、滑坡多发区的高陡边坡，要采用消坡分级、砌护、导流等措施进行边坡治理。施工中被破坏、扰动的地面，应逐步恢复植被或复垦。道路沿线还应布设必要的绿化，起到美化和生物防护功能。

（2）直接影响区为重点治理区。在道路沿线，根据需要布设护路、护河（湖）、护田、护村（镇）等工程措施，还应造林种草，修建梯地、坝地，达到保护土地资源、减少水土流失，提高防洪、防风沙能力，减少向大江大河输送泥沙。

（3）预防保护区以控制原来地面水土流失及风蚀沙化为主，开展综合治理。

（四）水土保持防护体系设计

根据各水土流失防治类型区的水土流失特点、防治责任和目标，遵循预防与治理相结合、植物与工程措施相结合、治理水土流失与绿化美化、恢复生态环境相结合的原则，统筹布局各类水土保持措施，形成完整的水土流失防治体系。

工程实例（深圳市坂澜大道市政工程水土保持方案）：

坂澜大道位于深圳西北部，跨越宝安、龙岗两区，道路南起贝尔路交叉口，途经稼先路、环城北路、中浩一路、坂李大道，跨越机荷高速公路，北至环观南路。主线全长6.5km，沿线共设置高架桥3座，分别为机荷跨线桥、樟坑径水库高架桥和环观南路高架桥，桥梁总长约1.2km。道路红线宽50～70m，设计速度50km/h，桥梁设计荷载城-A级，沥青混凝土路面，双向六车道城市主干路标准设计。

主要工程量：挖方量为292.58万m^3，填方量为197.38万m^3，弃土95.2万m^3。

项目区属构造剥蚀丘陵、丘前盆地及沟谷河流地貌。区内土壤和植被类型受人为因素影响较小，多为原生土壤和植被类型。道路经过区域土壤类型以花岗岩赤红壤为主，部分路段为花岗岩风化物和残积土，残积土厚度较大，有球形风化物。项目区水系为观澜河水系，无大的河流。

道路全长6.5km，进入基本生态控制线约4.13km，穿过区多为林区，项目立项前已由甲方向社会公示。主体设计已采取措施减小对沿线生态的破坏。主要措施有：进行多线位比选，减少大填大挖，避让工程不良地质地段；隧道和高边坡方案比选；高边坡防护措施得力，采用生态边坡，避免道路运行中产生边坡病害；路面和边坡雨水分别排放，避免污染水源；线路经过水库范围设置防坠落拦阻装置，相关排水设施考虑车辆翻滚后的污染防治措施等。

项目区现状整体水土流失较轻，区内多为建成片区及林地，地面多已硬化或有植被覆盖，人为扰动较少，水土流失不明显。

道路的建设将不可避免地造成一定量的水土流失。根据水土流失分析预测，道路施工对道路建设区原地貌、植被造成扰动面积总计约99.64hm^2，施工期新增加水土流失量约19208.71t。如不加以有效的防治，任其发展，水土流失程度将进一步加剧，将严重破坏周边生态环境，对周边居民、道路造成影响，导致沿线生态环境恶化，造成一系列严重危害。

针对该情况，水保方案治理的重点将放在道路边坡防护、施工临时措施与弃土场防护上。

我国水土资源总量丰富，但后备水土资源不足，因此，道路建设必须重视水土保持设计，保护水土资源。

第七节　BIM技术与城市道路建设

近些年来，随着科学技术的不断进步及发展，BIM技术兴起并得以快速的推广应用。BIM技术作为一种新兴技术在城市道路设计中应用，能够明显加快城市道路设计工作的效率，同时也能够最大化地优化城市道路设计的质量及效果，从而保证城市道路高效优质的建设。由此可见，深入研究 BIM 技术对城市道路行业发展有着深远的意义。

一、BIM技术的概念

BIM 技术起源于国外的一种建筑信息模型，可以实现三维处理相关的建筑信息及数据。BIM 技术最早引入国内时，主要是应用于城市建筑行业，发展至今，在国内的房建、水利及道路等各个工程建设行业有着广泛的应用。同时，BIM 技术的实际应用中也表现出了非常多的优势，既有效地确保了相关工作的效率及效果，也有效地提高了工程建设行业的技术水平。

二、BIM技术的特点

（一）可视化

BIM 技术的可视化功能对城市道路设计工作而言有着深远的意义。因为传统基于二维技术的城市道路设计无法实现可视化功能，这样也就很难清楚、直观地表达出城市道路设计的实际意图，而且设计工作的复杂性及烦琐性也比较大。而 BIM 技术的有效应用，则可以使城市道路设计以三维数字模型的方式呈现出来，既增强了城市道路设计的直观性，也丰富了城市道路建设的可视化思路。更为重要的是，城市道路设计人员可以在 BIM 模型中输入相应的数据及资料就可以完成复杂的设计工作，从而有效地降低了城市道路设计工作的复杂性及烦琐性。另外，在城市道路设计中应用 BIM 技术可以增强各构件间的稳定关系，使得设计全过程实现可视化。

（二）协调性

城市道路的业主方、设计方及施工方之间关系及工作的协调性好坏对城市道路建设质量有着决定性影响。在城市道路的实际建设中，业主方、设计方及施工方在需求上存在差异，所以在实际建设中也会提出不同的想法，这就是导致城市道路中断暂停施工、变更设计的一个重要原因。因此，也会对城市道路施工的进度及成本产生不利影响，进而影响业主方、设计方及施工方三者的共同利益。而运用 BIM 技术则可以真实地模拟城市道路施工的全过程，以便提前找出现实施工中的潜在问题，并集合业主方、设计方及施工方进行商榷，共同制定出行之有效的解决方案，预防因意见分歧而影响城市道路的进度及成本，增大城市道路施工的效益。

三、BIM技术在城市道路建设中的实际应用

（一）在地形图处理中的应用

在地形图处理中应用BIM技术，可以使工程勘察企业根据地形勘察结果出具三维地形图，相对于传统二维地形图的把地形的实际高程设计为零，再利用数字标注出真实的高度而言，三维地形图里的高程值就是实际的地形高程点的高度值，且三维地形图的制作也很方便，通常五步就可以完成：①打开图层管理器，反向选择除高程点以外的其他图层并冻结；②将附属于曲面菜单下的创建曲面打开，创建曲面对话框，然后便是使用适当的名称、图层和曲面的类型；③将附属于工具空间中的曲面树形菜单打开，随后打开定义工具栏，把鼠标对准图形对象并单击右键，选择添加，之后便会弹出一个对话框，在对话框中单击选择块；④用框选的方式选择好所有的高程点，点回车键；⑤完成曲面创建。

（二）在道路纵断面设计中的应用

BIM技术在城市道路纵断面设计中应用，需要提前做好原地画线文件制作及原地画线工作，再基于原地画线工作情况来对拉坡线进行绘制。同时，也要注意依据设计的标准及要求来合理调整及优化拉坡线。做完这些工作后，再存储好拉坡线，并设成竖曲线设计文件，把该文件、竖曲线文件和原地面线文件结合起来，就能得到所需的纵断面设计图。

（三）在道路横断面设计中的应用

城市道路横断面设计中应用BIM技术，可以通过以下四步完成设计工作：①依据道路实际选择创建所需的装配命令；②把具体的装配名称输入系统内并确认；③在任意的地方点击鼠标，插入中间有圆形标记的竖线，这便是装配图中的基准线；④做完上述道路横断面图的基本设计后，可结合城市道路的现实需求来增加其他的装配图，同时也要注意及时调换和优化设计过程中不合适的装配图及数据。

（四）在道路中心线绘制中的应用

中心线作为城市道路设计中至关重要的部分，在实际设计工作中，必须结合各方面因素做好充分、全面的考虑再实施设计，这样才能最大化地提高城市道路中心线位绘制的合适性及准确性。利用BIM技术绘制中心线的具体操作过程主要分为以下三步：①结合三维地形图充分分析城市道路的规划及设计情况，再选择合适的中心线插入城市道路三维地形图内；②规划中心线的转移工作，在三维地形图中进行中心线的转换，把

城市道路中心线段转化成为多段线；③需要在路段菜单下选中创建路，接下来便选中市政路中心线，紧接着会弹出一个对话框，我们需要在所弹出的对话框之中输入所绘制的线路的名称，这样便完成了道路中心线的绘制。

综上，在城市道路及相关科技不断发展的背景下，传统的城市道路设计工作中的问题越来越凸显，越来越难以适应城市道路的现代发展要求。而在城市道路中引入 BIM 技术则有效地弥补了城市道路设计中的不足，并表现出了诸多优势。因此，相关人员必须加深 BIM 技术与城市道路设计及施工技术的融合研究，促使 BIM 技术可以充分发挥其技术优势，提高城市道路设计的技术水平；同时，也要注意针对技术人员开展有关 BIM 技术的专业培训，使得城市道路技术人员有效地掌握 BIM 技术，确保 BIM 技术在城市道路中实现更深层次的应用，最终推动城市道路实现长远的可持续性发展。

第二章 桥梁工程

第一节 桥梁工程测量技术的现状及发展方向

随着我国社会经济的快速发展,促进桥梁行业的发展速度也在不断提高,同时桥梁工程施工的数量也在逐渐增加。但桥梁工程在实际施工的过程中,测量施工技术与整体工程施工质量之间具有密切的联系,所以,在这样的情况下,就需要相关部门和工作人员提高对桥梁工程施工测量技术的重视程度,确保测量技术充分发挥其自身的作用和价值,从而为桥梁工程施工的开展奠定一个坚实的基础。因此,本节主要针对桥梁工程施工测量技术的发展现状和发展方向进行分析,并提出科学合理的建议。

我国当前科学技术的发展水平在不断提高,逐渐出现了一些先进的测量技术,并且在桥梁工程施工中得到了广泛推广和运用,能够充分发挥其自身的作用和价值,还能够满足当前时代发展的需求和标准,确保桥梁行业能够逐渐趋向智能化和自动化的方向发展。但相关调查数据显示,大部分桥梁工程在实际运用测量技术的过程中,还是会存在一些不合理的问题,这样就会对整体工程施工的开展造成影响。严重的情况下,还会导致桥梁工程施工质量得不到保障。所以,这就需要施工企业提高对其的重视程度,并对测量技术的未来发展方向进行分析,从而避免对桥梁行业的发展造成影响。

一、现阶段工程测量技术的发展现状

(一)地面测量仪器的发展

相关调查数据显示,各个时期国家对于测量仪器和测绘技术的研究工作都非常重视,促进现阶段逐渐出现一些先进化的地面测量设备,而在实际运用的情况下,不仅能够为工作人员创造一个良好的工作环境,还能够提高工程测量数据的准确性和可靠性,从而保证满足现阶段时代发展的需求和标准。而桥梁工程在实际施工的过程中,对于一些比较困难的测量位置来说,如果采取传统的测量技术,只是能够通过单一的人工测量方式,对其进行测量,这样不仅会对工作人员自身的生命和财产安全造成威胁,还会导致测量

数据出现不准确的问题。但在这样的情况下，如果能够运用先进化的测量技术，不仅能够保证工作人员自身的生命安全，还能够加强测量数据的准确性。由此可见，传统测量技术对于一些隐蔽的位置不能够对其进行测量，导致数据出现不准确的问题，而运用先进测量技术，就能够避免施工现场出现不合理的问题，从而能够为桥梁工程施工的开展提供帮助。

（二）GPS定位技术的运用

我国当前大部分行业在实际发展的过程中，普遍会运用GPS技术，能够充分发挥其自身的作用和价值，同时也促进各个行业的快速发展。而在实际运用GPS技术的情况下，能够显示非常准确的位置信息，还能够实现自动化测量距离的目标，整体操作流程也非常简单。但相关调查数据显示，我国在引进GPS技术后，能够充分发挥其自身的作用和价值，从而满足测量工作的需求和标准。

（三）数字化测量技术的运用

桥梁工程在实际开展测量工作的过程中，大比例尺测图工作占据较重要的位置，其自身具备复杂性的特点，包含多个方面的内容，这样就会导致相关数据的准确性不能够满足施工中的需求和标准；而对于传统测量技术来说，主要是通过人工的方式对其进行测量，而在这样的情况下，经常会遭受到外界环境因素的影响，导致测量数据存在不准确的问题和现象。而如果能够运用现阶段数字化测绘技术，就能够避免多个方面的问题，还能够促进测量工作趋向数字化和信息化的方向发展。另外，传统比例测图技术需要专业化的工作人员长期在室外对数据进行测量和分析，就会导致数据存在单一性的特点，也不能够实现大批量生产的目标，数据准确性也较低，从而导致测量数据不能够满足当前时代发展的需求和标准。但随着我国当前科学技术的快速发展，开展测量工作的情况下，都在不断运用先进化的测量技术，通过这样的方式，就能够集中对数据进行分析，并且能够自动化地将数据进行汇总，这样不仅能够满足工作人员工作的需求，还能够提高工作的效果，并节约测量工作的成本，从而为社会经济的发展奠定一个坚实的基础。

（四）摄影绘图技术的运用

对于摄影绘图技术来说，对于工程测量工作的开展具有重要作用，在实际运用的过程中，不仅能够减少测量工作的难度和工作量，还能够提高测量工作的效率，能够充分发挥其自身的作用和价值，还能够满足行业发展的需求和标准。但桥梁工程在实际开展测量工作的情况下，如果能够将设备绘图技术与计算机技术进行融合，就能够通过计算机技术形成三维立体空间图形，从而为桥梁工程测量工作提供科学合理的数据。另外，在运用摄影绘图技术的情况下，能够获取精确度较高的数据和资料，具备多个方面的优势和特点，还能够降低一些测量工作的难度，从而满足时代发展的需求和标准。

二、工程测量技术的未来发展状况

　　工程测量技术与各个行业的发展之间具有密切的联系，所以，这就需要相关部门和工作人员提高对测量技术的运用状况和发展的重视程度。而桥梁工程在实际开展测量工作的过程中，必须对测量和设备自身信息处理能力引起高度重视，并对其进行检测，确保各个方面的处理性能都能够满足相关规定和标准，保证能够满足桥梁工程施工中的需求和标准。而对于工程测量技术来说，必须保证能够趋向多元化的方向发展，并积极与一些先进的理念与原则结合，确保能够提高工程测量技术的水平，从而为测量工作的开展奠定一个坚实的基础。但相关调查数据显示，我国当前大部分桥梁工程在实际施工的过程中，逐渐提高对工程测量技术的需求和标准，而现阶段科学技术的发展水平在不断提高，各个行业也都逐渐趋向自动化和科技化的方向发展，所以，在这样的情况下，就需要相关部门和工作人员提高对其的重视程度，并采取科学合理的优化措施，保证能够提高工程测量技术的水平，避免传统测量技术运用中出现不合理的问题，从而满足桥梁工程测量工作中的需求和标准。另外，在实际运用工程测量技术的情况下，还需要不断拓展测量技术的应用范围，这样不仅能够简化测量工作的流程，还能够提高测量工作的效率，确保工程测量技术能够充分发挥其自身的作用和价值，而相关部门还需要随时代发展的需求，将测量技术进行优化，确保工程测量技术能够向智能化和自动化的方向发展，从而为科学技术的发展提供帮助。

　　综合上文所述，桥梁工程在实际开展测量工作的过程中，必须积极运用一些先进的测量技术，但相关调查数据显示，我国当前桥梁工程在实际施工的过程中，桥梁工程测量行业逐渐趋向一体化、自动化以及智能化的方向发展，通过这样的方式，就能够实现信息和数据共享的目标，最终满足社会经济的发展需求和标准。

第二节　市政桥梁工程质量的控制要点

　　由大量实际案例可知，现阶段我国的市政桥梁工程在竣工验收之后正式投入使用的过程中，通常存在质量上的问题，特别是市政桥梁过渡段经常出现质量问题，这对整个工程使用的经济性和可靠性造成了非常严重的影响。因此，本节就市政桥梁在投入使用之后出现的质量通病进行分析、总结以及归纳，并且针对这些普遍的质量通病提出相应的解决措施，切实有效地提高我国市政桥梁建设的经济效益和质量水平。

近年来，我国社会经济和市场经济的发展速度越来越快，在此背景下，我国城市规划建设的发展速度也在不断加快，这给城市交通运输带来了很大的压力，因此，对市政桥梁工程的建设质量和水平也提出了更高的要求。在进行市政桥梁工程建设过程中，一定要严格控制施工质量，严格监督工程建设当中的任何一个环节，这样可以有效地提高市政桥梁建设的整体水平和质量，确保其工程建设顺利完成。

一、市政桥梁工程质量中存在的通病

（一）桥梁裂缝质量问题

当前我国市政桥梁建设中的主要材料就是混凝土，但是这种桥梁的质量通病就是容易产生裂缝。由于在桥梁建设过程中存在后期养护不完善、质量监管不到位、施工技术不合理等情况，这些因素都可能会造成市政桥梁质量不过关，或者建设施工达不到相关设计要求，在投入使用后由于其质量不满足复杂的运用环境和车载压力，导致市政桥梁出现裂缝等问题，这就会给市政桥梁工程造成非常大的安全隐患。在整个市政桥梁建设过程中，其桥梁结构通常为预应力连续钢梁结构，这种桥梁结构在正式投入使用后会容易发生断裂或者裂缝等问题，导致桥梁出现严重倾斜，这会对市政桥梁的可靠性和安全性造成严重影响。

（二）桥梁道路沉陷质量问题

在市政桥梁项目建设过程中，外部环境、内部环境以及地下管线等因素都会对桥梁的施工造成一定的影响，再加上在建设过程中没有健全的、严格的质量监管制度，导致市政桥梁建设的基层处理和基层施工没有达到相关的设计要求和相关质量规定，桥梁出现沉降情况，这会对整个桥梁工程的服务水平和安全质量造成严重的影响。

（三）桥梁伸缩缝跳车质量问题

在市政桥梁工程建设过程中，对于建设桥梁的伸缩槽而言，通常是将沥青体切开后，将定制的伸缩缝结构放入切槽中。并且在安装伸缩缝的过程中，仅通过水平尺对桥梁进行简单的参照标高定位，并没有严格按照国家的相关规定施工，而且，在伸缩缝结构安装之后，直接进行混凝土浇筑。这种建设方式，无法有效地控制其施工质量；同时，由于市政桥梁建设的工期要求较短，因此，在桥梁建设或城中浇灌的混凝土结构在还没有完全干透，或是桥梁建设还没有完全达到国家相关标准的时候就不能投入使用，在气温变化和车载压力等情况发生变化时，桥梁的伸缩缝会发生严重的脱落、下沉、破坏等问题，导致桥梁出现错台、高差等情况，会严重减弱桥梁的使用感。

（四）桥梁漏水问题

在市政桥梁建设过程中的又一质量通病就是桥梁漏水问题，由于市政桥梁建设过程中很难真正实现全封闭状态，再加上城市交通的压力在日益增大，这就会让市政桥梁的建设施工始终处于比较复杂的环境中，这也给桥梁在投入使用后的维修、养护等工作带来了非常大的难度，不及时维修、不到位养护等都是造成桥梁漏水的重要因素。一些市政桥梁工程在建设过程中，没有建设完善的防水功能，这也是导致桥梁出现漏水问题的又一大主要原因。

二、市政桥梁工程的质量控制要点

（一）施工前的质量控制

在市政桥梁建设过程中，想要确保施工质量，就一定要将前期的准备工作做好，在这一前提下，一定要对前期的施工质量控制予以重视，其中包括对施工原材料质量的控制、施工工程图的控制、施工机械设备的控制以及施工人员技术与水平的控制等，这些因素都是前期准备工作中必不可少的。想要切实提高市政桥梁建设的施工质量，就一定要对其施工设计图进行严格的审查；工程设计图的内容是否翔实准确，是否符合实际的施工环境；施工原材料的质量是否符合国家标准，原材料的采购渠道是否正规可靠；具体施工人员的专业水平是否过硬，是否拥有相关的资质认可；所选择的施工设备、施工机械以及施工安全防护设备是否满足实际施工需求。

在市政桥梁正式建设之前将准备工作做好，将桥梁下部的基础处理平整，结合实际的施工方案需要科学测试导线点和水准点，在开展放样的工作时一定要使用全站仪和水准仪，并且要科学、合理地勘测桥梁建设的准确位置，并且保证在桥梁建设工程中放样环节一定要符合国家的精度要求标准，对不符合标准的要及时补充。在整个市政桥梁建设质量控制方面，不仅要对其施工程度进行精密测量，对于各个桥墩的位置、规格等方面，一样要严格要求其精密度，通过放样方式测定出科学且符合标准的数据，确定桥墩建设的最佳基点位置，将相应的基础性轴线、地面高度、边线位置等数据准确地标注出来。

（二）施工中的质量控制要点

（1）施工工艺控制。在市政桥梁正式建设施工过程中一定要对基础开挖的质量进行严格控制，这一环节的质量控制主要包含两个方面：①对基坑开挖的质量进行控制；

②对基坑回填的质量进行控制。在开始挖掘基坑之前，要对基坑周围的基槽降水以及地表截水等情况进行详细了解，确定基坑开挖的放样质量，确保将基坑中挖掘出的土方运送到指定位置，在完成基坑挖掘之后，要对基坑的尺寸进行测量，确保基坑的各项参数都与设计要求相符，相关质量监管部门要开展严格的质量验收工作，在基坑各项数据都符合标准之后，再开展下一步工作。在开展基坑回填工作时，要对回填土的密度进行严格控制，确保基坑回填土严实牢靠，与相关设计的各项要求相符，在基坑回填工作的各项检验都合格之后，再开展下一步工作。

（2）混凝土失控质量控制。对市政桥梁建设所使用的混凝土的质量进行严格控制，这一步工作的开展应该从确定混凝土混合比例开始，结合材料本身性能和实际的施工环境，在实验室中对混凝土的混合比例进行反复试验调整，让其混合比例最为科学合理，并且要对塌落度进行严格控制。在对薄壁墩进行混凝土浇筑的过程中，其施工设备应该采用料斗装料、塔吊吊运的施工形式。在进行正式的混凝土浇灌工作之前，应该对施工使用的水泥的各项指标进行复检，其复检数据和来料信息相一致时，才可以投入使用，并且要严格控制石料沙子的含水率，将这些数据和实验室的各项数据进行对比，以确保浇灌混合料的配合比最合理。当确定好混合料的配合比之后，再进行混凝土搅拌，并严格控制搅拌时间，最好是 3~5min，通过观察，混凝土的搅拌效果达到均匀、颜色统一即可，然后再对钢筋、模板等进行严格检查，确认钢筋顺直干净，模板光洁平整。在此条件下，开展混凝土的浇灌工作。在实际浇灌过程中，应该根据相应的浇灌要求，进行对称均匀浇灌，混凝土的浇灌厚度通常不超过 30cm，浇灌高度严格控制在与模板相平齐的位置。应该对混凝土进行充分、均匀的振捣，其施工进程要严格按照相关规定，一定要避免过振、漏振的情况出现。对墩身进行导振时应该采用交错次序的方式插入导振棒，导振棒的插入深度以 50~70cm 为佳。

（3）线形控制。在市政桥梁建设过程中，多种原因都会导致桥梁结构出现变形的情况，造成实际施工和设计方案存在较大差异，没有办法将桥梁合龙到一起。为了让桥梁建设过程中的这一问题得到有效解决，使市政桥梁在建设之后的平面位置和高度标准能够与设计要求相符合，确保工程项目顺利完工，一定要在施工过程中对线形进行严格控制。结合市政桥梁建设的实际需求，线形控制可以分为两个方向，即纵向线形控制和平面线形控制。其中相对比较容易控制的就是平面线形控制，这一控制方式更多地会应用在弧线桥梁建设过程中进行控制。纵向线形在实际施工过程中控制起来相对比较困难，如果控制不好就会引起各种问题，给桥梁施工带来各种困难，严重的会导致桥梁外形发生变化，因此，在实际桥梁建设过程中一定要对这方面予以足够的重视，最大限度地避免误差出现。

（三）工程竣工阶段的质量控制要点

在市政桥梁项目竣工验收的过程中，应该对沉井、地基以及灌注桩等均要进行严格仔细的检查审核，确定市政桥梁的实际建设情况与设计图纸的各项数据相符合。如果在检验过程中发现有数据与设计要求存在差异，就一定要及时采取相应的措施进行处理，对桥梁进行适当的加固或者是返工，以确保桥梁建设的质量以及其中涉及的各项标准都能够满足实际需求。

综上所述，对于市政桥梁建设质量控制而言，这项工作是具有一定复杂性和困难性的，整个质量控制工作的开展应该从施工前的质量控制开始，包括原材料的采购和检验、设计图的控制、施工设备和机械的选择等多个方面，前期质量控制是否有效，会对后期项目建设的各个环节以及项目的所有参与人员的工作开展造成严重影响。为了确保市政桥梁建设的工程质量，还需要对实际施工过程中涉及的各个环节进行严格把控，对整个从城项目的质量造成影响的各个关键进行严格的控制。同时，在竣工检验期间，还要加强对桥梁工程的每个环节进行严格的验收检查和复查，如此，才可以确保市政桥梁建设的各项标准都可以满足设计要求。

第三节　桥梁工程机械维护"三原则"

在桥梁工程建筑中，机械无疑充当着"利器"的功能，其维护质量的好坏直接关系着桥梁工程的成败与效益，机械设备质量好坏，对桥梁工程整体质量有着重要的影响，只有对相关机械设备进行正确的使用及维护，才能保障桥梁工程项目的顺利实施，并使企业获得较高的经济效益。本节拟从桥梁工程机械维护角度，集中讨论桥梁工程机械维护的"闭环三原则"，即因天制宜原则、因地制宜原则、因人制宜原则，以期为提升桥梁工程机械维护质量和确保工程效益提供参考。

一、闭环三原则的依据

（一）理论依据

《孙膑兵法·月战》指出，"天时、地利、人和，三者不得，虽胜有殃"，工程机械维护莫不如此，唯有三者紧密结合方能决胜于千里之外。因为，桥梁工程建设往往是在恶劣的野外环境，一切相关活动无不受制于"天、地、人"三大要素，因此，桥梁工程机械维护也必须围绕这三大要素展开，需求三者的互补统一和有机融合。

（二）问题依据

问题是对策的依据，寻找答案前首先要知晓问题何在，在大型桥梁工程建设中机械维护常见的问题如下：首先，忽视了天时对机械的磨损和破坏作用在机械维护管理中的重要性；其次，忽视了地理环境对机械损坏力在机械维护管理中的重要性；最后，对相关人员的管理和培训不到位，具体体现为在宏观方面对桥梁工程进行设备管理较差、对桥梁工程机械设备的维修护理水平较差、桥梁工程机械设备使用不规范、在桥梁工程施工中机械设备的利用率较低或者表现为不能合理使用施工器械设备、对施工机械设备保养检修不够重视、机械设备操作人员的专业素质不高，因此应当从"天、地、人"三方面加以综合考虑，以提高桥梁工程机械维护效益。下面结合具体工作分别论述桥梁工程机械维护的"因天制宜、因地制宜、因人制宜"闭环三原则。

二、闭环三原则的内容

（一）因天制宜原则

桥梁工程通常在野外作业，其机械常为大重型，而置于户外的概率相对较高，因此，天气是其机械维护中一个无法回避的要素。实际上，因天气而引发的机械故障，往往给工程带来不可预测的困境，这涉及存放地点、存放环境等。首先，在阴雨连绵的季节里，机械存放地点十分重要，尤其是经常露天放置的机械更为重要。通常，机械适宜存放在位置较高处，从而避免机械浸泡而导致无谓的耗损，因此，切忌放置在低洼地带。其次，机械一般对存放环境要求严格，最好放置于干燥温度适中环境。因为长期置于潮湿的环境中，机械容易发生氧化，导致磨损，缩短使用寿命，因此，在选择存放地点时，一定要考虑其空气干燥度，同时，通常气温又不宜过高，不宜长期置于烈日下暴晒，同样对机械容易造成伤害，因此在炎热的夏季，一定要置于干燥的室温环境中。

（二）因地制宜原则

地理环境同样是桥梁工程机械维护一个重要的因素。首先是地理安全要素。大型机械存放处一定要放置在"过硬"的地理环境，回避不安全的地理环境。这种不安全性主要来自两个方面：一方面，当地地质本身不结实，容易塌方，尤其是大雨或地震引发的塌方；另一方面，工程引发的地质塌陷。无论何种原因引发，都会造成机械损失，这是使用人员不太关注的软肋。因此，我们建议，首先选好安全地（或建设安全地），统一放置。其次，充分考虑本地水与土成分要素。各地水土环境不同，有些地区水土中含有大量的酸碱度不同的矿物质，无论哪种都可能潜伏着"机械侵蚀"危险，水土的酸碱性直接影响到机械的使用寿命和效益，因此，分析作业区水土酸碱度也是桥梁工程机械维护的必修课，碰到此类问题，主要有两种方案：第一，根据酸碱度选择不同器材的机械；第二，及时清理残留在机械上的水土。

（三）因人制宜原则

人是一切活动的最终因素，因此，因人制宜是桥梁工程机械维护的终极原则。

从我们的工作实际来看，这方面必须重点关注四个要素：第一，培养主人翁意识。只有把集体当家的人，把集体财产当自己财产爱护的人，才能自觉地履行好机械维护职责，这是从思想意识上确保机械得到有效维护，但缺乏强制性。第二，提升职业技能。机械维护其实是一项对人的知识技能要求极高的工作，如关注气候变化、识别地理环境、熟悉机械性能与材料等等，因此，经常进行职业培训、提升相关人员素养是提高机械维护的必修课，这是从本领上确保机械能得到有效维护。第三，加强制度建设。制度是工作的基本保障，严格机械进出制度、存放制度、绩效制度、奖惩制度是确保公平和高效的底线，这是从外部强制确保机械得到有效维护的刚性条件。第四，上面是普通的因人制宜原则，或广义因人制宜原则。狭义上的因人制宜原则就是将上述广义因人制宜原则具体针对机械维护人员个体的有效实施。由于每个人的道德品质、知识技能和综合素质存在不同，因此主人翁意识的培养、技能的提升和制度的制定与执行就不能千篇一律，而应因人而异、因材施教，但其根本手段和任务相同，做到内外手段结合、大小机械好用。

桥梁工程机械因其具有自身独特的作业环境，如气候、地理和人文等，因而在机械维护上具有自身的特殊要求和困境。本节结合自身工作经验和教训，立足中国传统文化，提出"因天制宜、因地制宜、因人制宜"三原则，在这三原则中，因人制宜是最根本性的原则，在实际工作中，应牢记"天时不如地利，地利不如人和"（《孟子·公孙丑下》）。

第四节　桥梁工程质量监督

随着我国经济的快速发展，一些基础建设规模不断扩大，特别是关系到国计民生的桥梁建设，其整体规模、数量不断提升，在原有基础上又向前迈进一大步。本节主要通过对桥梁工程质量监督问题的分析，提出科学有效的管理方法，以此保证桥梁工程质量。

随着社会的快速发展，人们对交通质量要求也越来越高，在经济不断发展的前提下，我国交通基础设施建设也得到了快速发展，全面满足着人们的生活需求，推进了社会发展与进步。桥梁建设关系到国计民生，是最基础的建设项目，随着建设任务逐年增多，其质量问题也层出不穷，为了确保工程质量和进度，需要全面做好质量监督，根据桥梁建设标准、国家有关法规、现行技术规范、质量评定标准等，全面做好桥梁的质量监督与控制，以此提升桥梁建设质量。事实证明，只有全面做好质量监督，才能保证桥梁工程质量。

一、桥梁工程质量监督思考

（一）必须建立严格的规章制度

要从高起点做好桥梁工程质量监督，从严做好要求，通过高标准要求保证整体工程建设的质量，桥梁质监站需要全面发挥职能作用，根据《公路工程质量监督暂行规定》的基本要求，修订《桥梁工程质量监督实施细则》《监督工程师岗位责任制》等制度，使桥梁工程质量监督规程和职责更加规范。日常做好材料审核，特别是对相关重点工程的建设单位报送文件及资料，做好严格审查。各站要对受监桥梁做好审核，对不符合要求的建设项目，要及时下达《监督通知书》和《桥梁工程质量监督工作计划书》，让被检查单位明确监督计划和目标，通过严格的职责和计划全面指导各项桥梁监督工作，确保监督科学化、合理化、标准化，只有全面执行制度规定，才能从根本上保证整体质量，监督控制好与坏，也对桥梁质量起到决定性作用。

（二）全面做好招投标控制和业主程序

实行桥梁施工公开招投标是当前最主要的项目获取方式，通过良好的招标，全面保证桥梁工程质量，这是基本条件，一定要从源头把好质量关，优选施工单位，严格施工程序。相关质监单位一定要全面负责，有效发挥质量监督作用，对招标投标工作各个环节做好有效监督，严格审查各投标单位资质，保证招标投标工作合法、依规，通过合理的监督，避免施工单位非法或越级承包。要充分重视业主利益，通过有效的协调沟通，把握好业主关系，尊重业主质量管理程序，全面发挥好监督功能，对不规范、不合理的工作程序和行为，及时纠正，确保整体工程质量与安全。

（三）狠抓施工单位建设质量

施工单位与质量有着密切的联系，只有全面加强施工单位质量控制，落实与质量体系建设，才能保证工程建设质量，从根本上提升品质。质监部门要全面抓好质保体系建设，以此为切入点，有效做好各项监督。要对建设单位进行监督控制，从项目经理、技术人员到施工人员，均要层层明确责任，把责任落实到人，通过严格的岗位管理，使各道工序都有责任人，专人专管、责任明晰。要对各道工序进行严格管理，当每一道工序完成后，需要进行必要的自检，然后再经由业主、监理签字确认，这样，才可以进入下一步工序建设，有效保证各道工序的质量，就是为整体质量做铺垫。建设单位自检必须要抽调专门人员进行检查，指定具备一定施工经验、技术过硬、熟悉图纸的人员对相关质量进行检查，保证整体建设品质符合设计要求。

（四）严格监督监理工作

要有效发挥桥梁建设工程监理作用，通过监理功能的发挥，全面确保并提高工程质量，充分发挥出三级质量保证体系环节功能作用，使监理工作真正到位。要充分保证监理人员素质和水平，根据桥梁建设工作计划和监理工作实施细则，有效发挥职责效能，使监理权限在工程建设过程中发挥作用，严格控制好监理程序，对监理工作做好指导，日常要通过检查、考核，及时清退不合格监理。

（五）巡视监督和驻地监督相结合

为了提高质量，需要对各施工现场进行不定期巡视监督，特别是对重点工程、关键标段，需要做好全程检查抽查，抓重点、抓关键、抓主体，通过抽查，及时发现问题并提出整改建议，跟踪相关责任单位与人员，保证整改到位。

（六）积极参与重大方案变更

监督过程中，往往会遇到施工变更的问题，那么就应该积极参与，对施工变更的重大方案和关键技术难题做好研讨，不但能够全面了解变更的理由，更便于今后做好工程质量监督与控制，通过更加具有针对性的方式，做好各道工序控制。

（七）狠抓试验检测与工程验收

全面做好各项试验检测，通过检测保证质量，为工程建设提供可靠保障，要求每个工地必须建立工地试验室，增加检测设备、配备专业人员。监理需要全面进行抽查，保证抽检频率不低于20%。竣工验收是对桥梁建设的最后检查，通过各方面数据对项目进行评估。桥梁竣工后，相关的质监部门要委托有资质的单位根据设计、条款及标准进行全面的评估，对桥梁做好客观、公正质量评定，合格后再签发《工程质量鉴定书》，确保工程整体质量满足设计需要。

二、存在的问题和建议

（一）存在的问题

一是执法力度不够。桥梁工程关系到国计民生，但质量问题普遍存在，出现质量问题的成因较多，主要是监督执法地位不明确，执法手段单一，也没有力度，一些执法监督单位经常心有余而力不足。二是施工建设标准低。有一些建设单位为了降低施工成本，片面追求进度与工期，节省环节、简化流程，致使质量得不到保障。

（二）质量监督建议

要全面提高行政执法力度，从管理方面改变社会认知，强化管理职能，把量监督工作纳入法制化轨道。上级部门应赋予质监部门执法权限，如授予质监部门否决权和资金停拨权等，提高质监部门地位。不断提高相关管理人员的政策理论水平和专业能力，不断完善自身条件。

桥梁质量监督管理至关重要，要不断加强制度建设，及时做好三方监督管控，通过不断提升管理人员的综合素质水平，做好桥梁施工监督控制，促进社会经济可持续发展。

第五节　桥梁工程监理工作的有效方法

本节首先介绍了桥梁工程监理工作，随后分析了桥梁工程建设质量现状及桥梁工程建设监理工作中存在的问题，重点探讨了增强桥梁监理工作的有效性方法，如加强监理人才的培养、完善监理管理组织机构、加强桥梁工程建设中的监理工作等措施，旨在为今后桥梁工程质量监理工作提供参考。

一、桥梁工程监理工作简介

质量控制是工程建设的关键，桥梁工程施工条件复杂，工程质量受多方面因素影响。任何环节出现问题都会给工程整体质量带来严重的后果。工程监理人员必须对影响工程质量的原料、施工工艺等进行全面监理，从而保证工程建设质量与使用效果。

公路桥梁监理是监理单位受建设单位委托，依据法律合同规定，对建设工程进行全过程的监控。工程建设项目的设计、施工技术等都是影响工程质量安全的关键因素。为保证公路桥梁工程的质量安全，必须加强监理管理工作。大型桥梁工程建设任务繁重，监理在施工准备到竣工验收全过程都发挥着至关重要的作用，因此，项目的顺利完成必须保证监理在每个环节都参与其中。

工程监理是除建设施工单位外的重要参与主体，履行好安全监理职责是确保工程的基础性工作。监理单位及监理人员在路桥工程中对施工安全及质量严格把控非常重要。

项目管理者要充分利用有限的可支配资源，促进项目活动顺利开展。项目质量管理是围绕项目质量进行的指挥控制等活动，由质量计划、项目活动、组织结构构成，项目质量管理是系统的工程，需建立科学的质量保证系统。项目质量管理的影响因素主要有人员方面、机械设备、物资材料、工艺方法等。项目管理要做好事前到事后的全过程管理，不同阶段管理重点不同，在过程中是有机统一的整体，为实现工程质量目标提供保障。

二、桥梁工程建设质量现状

（一）桥梁工程建设质量问题

当前桥梁工程项目质量管理中存在监理失效的问题，一些项目质量管理做出了大量工作，但部分施工人员在具体实施方面执行力不强，存在一些违规操作等问题，施工中存在违章操作等现象，因此应认真分析桥梁工程项目质量管理中的问题，加强监理管理，保证工程建设质量。

桥梁项目中参与项目相关人员专业素质较低。专业项目质量管理人员较少，大多质量管理人员为技术人员，其对项目质量管理方面的知识了解较少，工作中多靠经验管理。

技术岗位人员配备不齐，对技术跟踪指导不到位，个别技术人员未达到持证上岗的要求。对新材料设备接受能力较差。施工操作人员流动性较大，新进操作人员年轻员工较多，实际操作能力较弱。

材料是影响工程质量的关键因素，桥梁工程项目在材料采购验收等环节把关不严。相关采购法律文件不规范，采购环节一些材料未履行正常的招标程序，就近从周围小型砂石开采生产场地直接采购。供应商审核未综合考虑工程质量技术标准的要求。

进场材料应由现场试验人员与厂家共同取样，材料检验人员分批次检验落实不到位，同生产厂家钢筋材料未做到更换批次。采购大宗材料相应的存放保护措施落实不到位，现场材料堆放密集混乱。

桥梁工程施工工序较多，各环节工艺要求不同，只有按既定的管理程序跟踪控制各环节工序质量，才能保证工程建设的整体质量。但一些桥梁工程建设中质量管理人员对各工序管理滞后。质监人员在跟踪控制中未严格遵守每个环节的程序，施工中受天气因素、不同施工机械影响，施工结果与质量存在出入，各检验评定资料未按工程进度及时形成书面材料归档，对是否出现质量问题无法查证。

（二）工程建设问题分析

桥梁工程项目出现质量管理问题有很多方面的原因，主要包括施工队伍学习培训机制缺失、项目质量管理制度落实不到位等。项目负责人对项目质量管理培训工作不够重视是导致施工人员专业素质较低的重要因素。专业技术人才流失严重，造成当地各类人才技术力量相对薄弱，项目分包队伍人员流动性较大，企业不愿投入过多精力、财力培训。

桥梁项目为保证优质高效完成施工任务，确立具体的实现目标，制定各类规章制度，但许多管理制度与措施未有效落实，在具体执行中发生偏差。管理层对执行情况缺乏检查考核，具体操作人员在执行中比较随意，导致出现材料管理把关不严等问题。

项目管理层在会议上强调质量管理问题，但在实际中更注重成本与效益，实际管理中质量控制意识逐级减弱，一线管理人员与操作者过度追求进度降低成本。桥梁工程项目部设置管理人员不能很好地发挥作用，项目例会中对工程质量未具体指出问题，一些质量通病未进行追责，质量监督控制弱化。

三、桥梁工程建设监理工作中的问题

桥梁工程建设建立工作中主要存在缺乏市场行为规范，监理人员从业行为缺乏规范性及现场监管落实不到位等问题。监理招投标工作缺乏规范性，个别建设单位未严格按工程监理招标文件获取中标资格，监理单位盲目要求压价中标，忽视了对建设单位专业水平的考量。监理企业行为缺乏规范性主要表现在通过不正当方式恶意压价，部分拥有高资质监理企业出卖行业资质，导致一些不具备建设资质的建设单位中标。

当前道桥工程监理的主要任务是控制工程施工质量，但实际工程建设中，监理人员并未按相关监理规范要求履行职责。实际施工中存在旁站监理缺失的问题，导致施工环节缺乏质量监控。

四、增强桥梁监理工作的有效性方法

（一）加强监理人才的培养

监理人工作以合同为监理依据，在履行合同时应具有高素质的监理人队伍，监理单位要重视监理人员的素质教育。首先应选派具备较高专业水平，有丰富的施工管理经验的人员担任监理成员的领导，注重培养年轻的人才。其次应注重专门的贯彻标准培训，依据先进有效的质量标准进行控制。监理人员应具有较高的专业水平，能通过查阅设计图及时发现施工中的缺陷，避免桥梁工程出现质量问题。

（二）完善监理管理组织机构

完善监理组织机构要强调具备合同要求的相应制度，工程项目中招标文件要求两级监理，在不同的施工单位中成立专门的监理小组，由施工监理人员组建小组。及时监控施工现场环境，及时与施工单位相关技术负责人员沟通。

桥梁工程中监理工作要做到全方位多层次开展，根据工程实际情况制定相应的管理措施，检查施工技术人员是否满足相应资质要求。严格要求施工人员按操作规范操作，对现场监理小组严格按质量标准检查验收。旁站监理隐蔽工程施工全过程。

（三）加强桥梁工程建设中的监理工作

桥梁工程建设中首先要严格控制材料进场，材料物资质量对工程质量有直接的影响。每个项目实施中都需使用很多机械设备及施工材料，监理人员要严格控制入场材料。监督机械设备的使用运转情况，定期对现场操作人员及维修人员进行检查，考核其对质量标准的掌握情况。加大对考核不合格人员的培训力度，加强施工人员的质量意识与专业技术能力。

其次，要明确质量控制的要点，桥梁工程施工前，依据设计文件明确质量控制关键部位，应对施工质量控制重点环节事先做好技术准备，确保施工质量薄弱环节工序衔接落实执行，避免工程建设发生巨大安全事故。

再次，监理工程师必须要求各类人员做好工程建设原始记录，保证落实施工质量目标。明确规定每项工程质量检验合格后方可进入下一环节。同时注重监理质保资料的记录。

（四）做好工程质量评价工作

质量评价是桥梁工程质量的基础保证，一些重大质量事故可能因设计施工监理等方面问题引起，桥梁工程建设过程及竣工后检验评价不准是很大的因素，如在工程质量评价中及时发现问题则能避免发生严重的质量事故。

我国公路桥梁工程建设已形成建设、施工与监理单位共同建设的程序，但桥梁工程质量受到很多因素影响。因此，应对桥梁工程质量进行客观准确的评价。

对工程质量问题要注意改进工程质量评价方法。现行的公路工程质量控制评价不够科学完善，评价桥梁工程质量可采用新的技术方法，如监理人机构制定新的评价方式，改进现行工程质量检验评价中分项工程权重分配的缺陷。

桥梁工程是我国公路建设中技术水平最高的工程，提高桥梁工程质量是工程监理的目标与责任，因此，加强桥梁工程监理检测手段，应提升监理队伍专业水平，保证桥梁工程建设质量。

第六节　桥梁工程建设现场管理

目前，国内建设现场管理是工程项目管理中的一个重要内容，建设现场管理贯穿整个施工过程。建筑施工企业的建设现场管理，促进了建筑工程的发展，建设现场管理工作的好坏，很大程度上决定了企业的经营效益、企业信誉乃至企业的存亡问题。所以现在国内很重视建设现场管理工作。随着我国现代化建设的不断深入，建筑业的市场竞争也越来越激烈，面对市场经济，适者生存，不适者淘汰。因此中国建筑企业想要发展壮大，就必须运用现代管理的思想和方法，制定企业自己的建设现场管理标准。

一、建设工程现场管理影响因素

（一）建设工程现场管理人的因素

①桥梁工程施工困难，环境条件艰苦，愿意参加桥梁施工的技术工人偏少，桥梁一般分布在偏僻的地区。②桥梁工程难度高，有高技术的工作人员少。桥梁的水下工程是重中之重，对于水下作业有经验的人员很少，一般的技术工人很难达到施工要求。③桥梁工程量大，人员分配不均衡。桥梁工程分为基座、桥墩、桥身三个部分，工程量颇大，人员分配很难均匀。

（二）建设工程现场管理机械设备因素

桥梁工程现场是陡坡和河流，机械设备很难安放到位。遇见陡坡就得开挖场地，在陡坡上开挖场地实属不易。要求机械设备高空作业，条件艰苦，难度高。高空作业得调动大型设备，对大型设备的调动可以说是难上加难。对机械设备的作业要求高，对机械设备的性能要求更是要达到指标。

（三）建设工程现场管理材料因素

桥梁工程一般近水，对材料的腐蚀严重。桥梁一般近山，对材料的堆放需求高。一般要求堆放在平整的场地，对材料的进出场要进行严格把控。材料应分为高空和遇水施工材料，对材料的性能要求全面，对遇水的和近水的材料要做出明确分析。

（四）建设工程现场管理工艺方法因素

桥梁工程施工技术要求高，有的工序采用新工艺、新技术，还有专利技术，每一项工艺过程都必须严格按照施工方案执行，不能有任何偏差，差之毫厘，失之千里。任何失误都可能导致项目失败。

（五）建设工程现场管理环境因素

桥梁工程的环境艰苦，一般分布在遇山、遇水的地区，遇山不好开凿，遇水不好施工。遇山的地方潮湿，遇水的地方多雨。在潮湿多雨的情况下，我们不好完成水泥的浇注。施工环境的变化也会对施工产生影响。严格要求施工环境。由于环境的变化，不同的施工工艺可能产生不同的效果。例如，在混凝土浇筑中，若在夏季，混凝土的维护时间会很短，在冬季施工时，混凝土浇筑的维护时间需要延长。冬季混凝土浇筑会影响建筑物冻结。例如，在高水位地区施工时，当基坑在雨季施工时，由于雨水浸没，基坑会发生塌方，最终影响到工程的承载能力。

二、建设工程现场管理措施

（一）建设工程现场对人的管理措施

保证工人的充足数量，且让工人们有活干，工期就不会延迟，进度就得到保障。人力分配要均匀，尽量保证不出现窝工、少工、短工、缺工等现象，工程的工作量就会均衡，工程能按时完工，工期得到保障。桥梁工程是高精度、高难度工程，因为在质量方面要求高，安全危险性很大，所以在人力因素方面，要求特别高。主要表现在桥梁工程要求操作人员的技能高，会引进高素质人才，并且对人员进行培训考核。还有对人员实行信息化智能化管理，如在每个工人的帽子后面粘贴二维码，以便对每个工人的信息得以核实。

（二）建设工程现场对机械设备的管理措施

一是要确保机械设备的质量是否满足要求、使用方式是否得当、有没有定时保养。二是看出厂商是否符合规范要求，设备进场时是否按顺序来，有没有违反项目规定，应对设备运行情况进行检查复核。三是要看设备的安放是否符合生产和现场安装要求。四是在设备运行的过程中，有无异样，注意机械设备的合理使用，比如需要润滑油的地方，千万不能节省，要涂抹到位，让机械能正常运转。及时地对设备进行养护和调试。桥梁工程是高难度工程，要求机械设备的性能好，甚至利用新设备、新工艺。

（三）建设工程现场对材料的管理措施

可以从进场、验收、和放置三个方面入手来谈谈材料的管理，进场时要提高警惕，对材料进行检查，按相关规章制度执行，材料未经检查不得入场，材料进场时必须提交给相关人员进行检查。验收时，要注意材料的再度检查，不能出现蒙混过关的现象，要一笔一笔地挨个进行检查，不能漏掉一个环节。在放置上一定要注意环境因素，比如钢筋容易生锈，不易堆放在潮湿的地方，要找个见光不见水的地方安置。在放置上还要注意材料本身的存放状态问题，因地制宜安置材料。因为桥梁是百年大计，要求材料品质高，就得对材料验收合格，所以要有专门的验收过程与验收人员。

（四）建设工程现场对工艺方法的管理措施

决策者要制定相应的工艺研制策略与创新激励机制，企业对于产品的开发，具有盲目性、投机性，缺乏方向性，这就需要我们制定相应的工艺研制策略，来逐步分解，让问题得以化解。我们可以明确开发和工艺研制的目标，根据市场需求因地制宜研发出符合生产需求的水泥，来实现我们的生产目标。我们还可以对研发人员实行奖励制度，来提高人员对生产工艺的关注、对研发的热爱，从而激励越来越多的人员参与进来，为提高工艺奉献自己的力量。因为桥梁的后续保修难度大，所以得保证施工工艺和方法，每一种施工工艺必须成熟，而且方便施工。

（五）建设工程现场对环境的管理措施

由于桥梁工程施工环境复杂、施工难度大，专项工程就得有专家论证，严格履行专项施工方案。这就要求我们算准工期，在晴天完成施工，避开雨季。也要求我们对环境加以改造，把陡坡开凿成平整场地，等河水水位降低一些再施工。还要求我们因地制宜进行施工，在水下的施工，尽可能在水面上完成作业，再放入水下。在水面上的施工尽量符合环境要求。

总而言之，提高建设工程现场管理水平，可以在很大程度上提升工程项目建设的效益与质量。对此建设单位首先要重视"人、机、料、法、环"的管理，认识到这项工作的意义，在开展过程中提升其有效性与合理性，只有这样建设单位才可以将项目的整体效益提高。由于桥梁工程建设难度大、影响因素多，因此工作人员要根据实际情况来进行分析，采取有效措施来应对，从而明确"人、机、料、法、环"管理工作的有序进行，为企业发展提供重要支持。

第三章 道路与桥梁检测概述

第一节 道路桥梁工程检测存在的问题

道路桥梁试验检测工作是了解和掌握工程建设实际情况的重要途径之一，不仅需要对工程结构整体施工质量进行检测，还需要对所用施工工艺、施工原材料的选择以及施工设备进行检验，并严格按照试验检测规程和相关流程开展试验检测工作，确保能够获得更加全面、准确的原始数据，为道路桥梁工程建设质量的提升以及行业的健康发展保驾护航。

一、在道路桥梁检测中应用试验检测技术的问题

（一）路桥施工材料检测问题

路桥建设期间，路桥施工原材料会对施工质量构成直接影响，若工程施工原材料质量不达标，则无法确保工程整体质量。路桥工程常见施工原材料试验结果不满足规范要求，建设时使用的施工原材料类型多且复杂，施工过程容易受到外界因素的影响，这时路桥施工材料试验检测随机性非常大，会降低路桥工程整体施工质量，而这也是无法明确试验检测范围的根本原因。

（二）路桥试验检测指标不全面

道路桥梁工程普遍具有建设成本较高、建设工艺较为复杂以及建设质量要求较高等特点，这就要求道路桥梁试验检测过程中应确保检测指标的全面以及详细，应重视水泥、集料、外加剂、混凝土性能、钢筋以及支座等材料的试验检测工作。但在实际路桥工程建设过程中，试验检测工作往往具有较大的随机性，甚至部分路桥试验检测工作存在检测指标不全面的情况，不仅难以对路桥工程实际建设情况进行全面、翔实的了解，也不利于提升路桥工程的施工安全性以及整体建设质量。

（三）检测人员素质有待提升

由于路桥工程试验检测工作人员的受教育机构以及受教育程度不同，试验检测人员在专业技术水平和职业素养等方面存在参差不齐的现象，再加上相关单位对试验检测人员专业培训工作的重视程度不足，令部分综合能力较差的技术人员混迹于工程试验检测团队中，不仅容易对路桥工程试验检测结果的全面性以及可靠性造成影响，也不利于工程试验检测工作的正常、有序开展。

二、道路桥梁检测的管理措施

（一）加强对建筑材料的检测

在道路与桥梁工程的建设过程中，建筑材料的质量直接关系着工程的整体施工质量，如果建筑材料的质量和性能存在问题，那么道路与桥梁工程在完工后极易出现质量安全问题，或者在工程使用一定年限后会暴露各种质量安全问题。因此，检测单位需要加强对建筑材料的检测，合理应用以上几种检测技术，对于不合格的建筑材料，应严禁投入使用，以此保证道路与桥梁工程的施工质量。

（二）加强路桥工程试验检测工作的标准化、规范化

重视路桥工程试验检测工作制度以及工作流程的健全，并加强相关工作制度的落实，是提高路桥工程试验检测工作质量的有效途径之一，这需要根据路桥工程试验内容，对工作流程以及工作标准进行改进和完善。其一，应按照相关要求和规范明确检测范围和检测内容，严格遵循相关工作流程和标准开展试验检测工作，并做好检测内容和检测结果的核对以及复查工作，从而确保更加全面、详细、准确地掌握路桥工程实际建设情况，避免出现工程检测指标存在疏漏等问题。其二，相关技术人员除了应严格按照相关要求和规范操作检测设备以及开展检测工作以外，更应重视检测数据记录以及分析工作的开展，为了确保试验检测结果的准确性，相关技术人员可以采取反复测量、取平均值的方法，从而最大限度地保证试验检测数据的全面性、真实性以及可靠性。同时，相关技术人员还应遵循实事求是的原则，根据试验检测数据分析结果对路桥工程实际建设情况进行客观评价。

（三）提高试验检测技术人员的专业能力

在道路桥梁建设的过程中，工程进度对道路桥梁建设有着非常重要的作用。但是如何把工程进度做好，是一个很重要的问题。在道路桥梁工程的开展过程中，应该先对试验检测技术人员进行统一的培训，让他们了解到检测技术的重要性，不能盲目地为了拿

工资来应付。道路桥梁工程的建筑一般都是由工人们来建造的，如果出现应付了事的现象，建造出来的道路桥梁就会对人们的安全造成影响。所以作为人民群众的服务者，工程技术人员应该先端正好自己的观念，提高自身的素质，在工程开展的过程中，要做到团结协作、按部就班。道路桥梁工程并不是一个小的工程，所以项目实施起来非常复杂。正是由于工作的复杂，才会出现更多的问题。面对每一个项目，工作人员必须把每一个细节安排到位，一旦有一个细节出现问题，那么关联的所有程序便都要重新开始。所以，不论是哪个岗位，工作人员都对其项目起着至关重要的作用。可是，目前的工作人员对工程的理解性不高，自身素质缺乏，不能跟其他部门很好地合作。要想更快地提高道路桥梁工程建设的质量，就必须提高所有检测技术的专业人员的素质与道德，使每个检测人员都能在自己的项目中做好自己的工作。

（四）提高试验检测仪器设备的性能

在路桥工程的试验检测过程中，仪器设备是必不可少的，相关设备的性能质量对于试验检测结果有着非常重要的影响。因此，为了保障相关设备的性能，检测单位应该做到以下三点：第一，在选购仪器设备的过程中，需要相关工作人员优先根据实际工作需要明确设备的相关性能质量，然后再与信誉与口碑优秀的厂家约谈，进而购买到性能过关、品质过硬的仪器设备；第二，新型仪器设备代表着科技的最前沿，其性能更优且效率更高，只有引进新型设备才能适应社会的发展，进而提供更优质的服务；第三，加强仪器设备的管理（如适时进行保养与维修、定期进行检定与校准等），才能更好地保证仪器设备的性能。

综上所述，道路与桥梁工程是我国的基础设施工程，其建设水平不仅关系着我国国民经济的增长，在很大程度上还关系着国民的正常生活和生产。因此，相关工程单位需要重视道路与桥梁工程的检测工作，选择合适的检测技术，并做好检测质量管理工作，以提高道路桥梁检测的整体水平。

第二节　道路桥梁检测技术的要点

社会经济的发展使得各地区经济贸易水平也得到了提升，于是道路上的车量也在不断增加，给道路交通制造了巨大的行驶压力，在提高了路桥负荷的同时，也使路桥建设的难度进一步提升，久而久之，路桥避免不了出现各种问题。例如，建设初期，由于各方工作都未开展，因此相关的质量检测工作无从下手。另外，建成的路桥工程其实建情况相较于施工设计方案往往存在较大的差异，使得检测工作的难度进一步增加。对于这些问题，必须及时采取相应的解决措施，提高路桥的应用质量，保障人们的出行安全。

一、道路桥梁安全检测的现实意义

以我国现阶段路桥检测工作的进展情况来看，相较于许多经济水平比较靠前的国家而言，中国的基础设施发展建设本身起步就比较晚，而路桥的实际养护水平更是直接影响到了道桥的安全运行。基于此，交通部门提出了要深入开展桥梁管理系统的研究工作，同时也确定了与之相关的管理系统，工作实施的核心原理是结合道桥维护工程师的定期检查进行确定评分，当然评分是按照项目结构及具体构建来确定的。最后以数据分析对各路桥等级做出评定，作为制定养护策略的主要依据。基于此，我们可以确定，数据是其工作开展的关键所在，然而现阶段存在的桥梁定期检查的方法无法适应我们的实际需求，如此便很有可能会引发一些比较严重的事故，最终导致不同程度的财产损失或者人员伤亡，后果不堪设想。

二、桥梁检测的目的

（一）桥梁检测

桥梁检测属于路桥前期养护和维修及加固的主要工作。桥梁检测工作开展的主要目的在于细致周到且深入现场查看桥梁实况、缺陷或者发生的损害，找到其中存在的缺陷以及潜在的损伤点，损害问题的性质和程度或者出现的地点、部位以及未来的发展趋势等，分析找出问题存在的主要原因，并且实时评估问题可能对路桥未来应用带来的影响，以此来为后期桥梁的加固制订详尽的解决方案。

（二）荷载实验鉴定

荷载实验鉴定属于直接性加载测验桥梁构造物的一项科学实验作业，借此可以实时地了解桥梁于实验荷载效果下的工作实况或部分难以通过理论核算部位受力的情况，以明确地判断出桥梁构造的安全承载能力或应用条件，同时又能够从理论角度确定一些没有办法进行实地思考的要素，比如应用材料的相对匀质性及各龄期差异化的力学特性或修建质量等对构造力造成的影响。另外，通过荷载实验也可以实时地发现一些普通桥梁很难发现的隐蔽病害。因此，现阶段在我国依然普遍采用荷载实验鉴定的方法以完成对旧桥质量和牢固程度的检验，同时判断出桥梁的实践承载能力以及实际应用条件。

三、公路桥梁检测的基本内容

（一）公路桥梁的外观检测

对于路桥外观检测的环节，主要是对桥梁的质量进行全方位的分析，找出其中需要重点评估或检查的部位。比如，从路桥外形和受力情况分析出桥梁容易出现较大挠度及裂缝易发生或者应力比较集中的部位，也可以对桥梁构件的外观进行整体性评估。具体来说，也可以对桥梁划分上下或附属结构的检查，鉴于各结构受力情况不同的缘故，其出现的质量问题情况也存在各种差异性表现。总之，有几个需要特别关注的问题：①梁端剪力缝；②跨越中部的裂缝或挠度；③连接部位的稳定性等。桥墩出现的位移和桥拱拱顶裂缝问题。检查外观时，如遇桥梁病害问题，需认真找出问题出现的原因，以便后续检修补救。

（二）公路桥梁的内部缺陷检测

检测路桥病害问题时，往往有一些内部缺陷是无法通过外观检测发现的，比如，内部蜂窝、孔洞以及侵蚀问题等，这些问题一般都发生在路桥混凝土构件中，借助外观检测手段是不能轻易发现的，但很容易引发各种质量问题，对路桥的正常使用造成一定的影响。若想要检测路桥内部的缺陷，通常要用到无损检测技术，包括雷达检测技术、超声波检测技术等。检测其内部缺陷时，应该重点关注的问题有以下几个方面：①混凝土内部缺陷检测；②钢材内部缺陷检测；③焊缝以及裂缝或者夹渣检测等。

（三）公路桥梁的材料及力学性能检测

伴随着建筑材料技术的不断优化提升，路桥建设工程中实际应用的材料也开始慢慢向多元化的方向发展。而对于以往以钢筋混凝土为主要原材料的路桥工程来说，所使用的材料以设计资料为主要特性或者力学性能依据为主的，根本无须做额外的检测。然而，倘使不能保证采用的是新型材料及钢材的质量时，就应该抽查检测材料的性能。对于混凝土的使用性能，由于混凝土会随着时间的不断推移而出现变化，因此往往要在桥梁工程建设过程中留存定量的混凝土试块，以便后续强度检测工作的顺利开展。倘若未留存试块，同样需要采用无损检测技术来检测混凝土的强度。路桥材料和力学性质检测工作中应该特别注意几个重要指标：①钢筋及混凝土强度；②钢筋发生锈蚀的情况；③新的类型材料的力学性能等等。

四、我国桥梁检测的现状

（一）道路桥梁在使用中存在的问题

a.施工设计不够科学，且工程规划明确度不够；b.相当一部分路桥施工质量较差未达到既定的标准和要求，其中甚至有一部分根本未能根据工程设计进行施工；c.一部分路桥在投入一段时间的运营之后，发生比较严重的损害问题，这在很大程度上对路桥的承重产生了约束和限制。

（二）道路桥梁检测的准备工作

由于当前我国路桥检测工作中存在的问题比较多，因此，做好检测之前细致周到的前期准备工作就显得极有必要了，如我们需要做好工作中使用各种检测器材的准备和计划安排工作。除此以外，还要提前做好相应的信息收集工作，如工程设计资料的收集及相应的设备维修加固或者项目施工资料的检查工作等。

五、路桥工程中检测技术的要点分析

（一）确定检测工作的重点

实际路桥工程施工过程中往往会存在一些干扰工程质量的因素，最明显的如裂纹、连接处破损或者结构变形等问题，因此，实际工程检测工作中，我们有必要要求相关检测人员首先明确问题出现的核心区域以及部分重点部位，紧接着再选取科学合理的检测方法来开展相应的检测工作，此外还必须保证所有检测工作必须完整、可靠、稳定地进行。待部分重点部位检测结束后，又需要对其周围一些次要的部位进行检测，以保证项目的整体质量及其安全性。

（二）分步骤检测

检测路桥质量之前，要求检测人员按照工程实况隔离出检测项目的重点，通常情况下可以将其划分为高、中、低三个区域，紧接着就需要对各区域进行仔细分割，以便更好地开展下一步的检测。对于检测人员而言，一定要有极强的责任心，且必须端正工作态度，对各项指标都必须及时记录在案，切忌出现疏漏的状况。如有任何一个区域出现质量问题，都要求检测人员结合实况按照施工方提出的要求进行更换，若问题比较严重，则需要二次施工，直至施工质量达标为止。

（三）对工程内部存在的问题检测

对于路桥项目工程的检测，并非仅仅停留于外部检测，内部检测同样重要，只有在内、外部同时检测的条件下才能保证建设项目承载能力达到承重要求。通常来说，路桥工程建设过程中，其内部结构存在的一个关键问题即浇筑空心、材料腐蚀及碎裂或者其他缺陷问题。出现这些问题容易波及整个工程的质量安全问题，缩短项目工程的整体寿命，某种意义上会使项目的资金投入及维护成本费用增加。

六、道路桥梁检测技术的应用

（一）自感应检测

一般来说，这种技术在路桥质量检测工作中的应用比较普遍，它是把自感应器放到检测部位，如检测器当中离子含量存在任何异常性变化的情况，那么说明道路桥梁内部结构是有问题的。通过自感性检测可以及时地检测出问题出现的部位或范围，且又能清楚地展示出存在问题的部位。采取这种方式对路桥进行检测，除了安装方便以外，操作起来也比较简单，另外其检测准确率又比较高，同时投入的成本也比较低，出于这些原因，该技术才被广泛应用于路桥质量检测工作中。

（二）无损坏检测

这种技术多被应用于工程结构检测工作中，且应用此技术除了安全度高以外，也不会对工程内部造成太大影响，此该技术的主要优势所在。如果检测环境要求较高，那么检测时往往需要用到平行面体进行，因此，无损检测不适合应用在拱桥检测工作中。通常来说，并不会出现无损检测单独运用的情况，它会配合其他的检测技术同时使用，借此来提升终极检测的精确度。

（三）超声波检测

超声波技术检测路桥质量主要是通过超声波在路桥结构中实际传播的情况以准确地判断出路桥内部的结构安全情况。利用超声波检测可以快速准确地获取到传播速度、传播频次、传播幅度等数据，获取到的这些数据可作为超声波检测工作中的核心参考依据。采用超声波检测路桥质量时，多应用于穿透检测，无须多余仪器，且操作起来也很方便，然而这种检测方式往往存在较高的局限性，不能被应用于混凝土结构的路桥检测工作中，同时检测过程要选取许多检测点，同时还要结合各检测点获取到的数据最终决定检测结果。

（四）光纤检测技术

结合我国道路桥梁检测工作开展的现状来分析，当属光纤检测技术被应用得最广，这种技术同时涉及机械制造行业和建筑行业、工业等多个领域。实际检测时，检测人员需要准确采集检测时间，以及压强和电气等各种参数，另外还要在此基础上制作形成精度较高的光线传感器。而在检测路桥的过程中，倘若应力比较集中，则很容易出现压缩或拉伸的问题，然而利用光纤传感器则可以及时地解决问题发生的地方，且能够结合采集到的数据实时分析出缺陷存在的大小。采用光纤检测技术对道路桥梁进行检测，不仅精确度高，同时还能有效提升具体检测工作的效率，继而进一步提高路桥检测工作的安全性能。

综上所述，立足于飞速发展的社会经济现状，我们不否认道路桥梁在其中起到了很重要的作用，为此，我们必须特别加强道路桥梁的建设。路桥质量问题往往会对整个运输行业的发展造成一定的影响，因此我们必须特别重视路桥检测工作。如遇差异化的道路桥梁时，往往需要对号入座选取合适的检测方式，借此来快速发现检测工作中潜在的或者出现的问题，以便于能够及时处理，找到合适的问题解决措施，继而全面保证整体工程的安全性及工程质量，为交通运输和车辆运行提供强有力的出行保障。

第三节　道路桥梁检测关键技术

俗语有云："要想富，先修路。"随着我国经济水平的提高，不同型号汽车的使用数量增多正与其相印证，也对道路桥梁建筑的安全稳定畅通性提出了更高要求，为避免经济损失、人员伤亡情况因道路桥梁质量的原因而发生，应当大范围合理地运用检测道路桥梁的关键技术。

一、道路桥梁检测的重要性

重视道路桥梁质量检测技术对于促进我国经济发展、加快市场流通方面具有不可替代的作用。目前，我国道路桥梁施工建设因技术、管理等因素存在着一定的缺陷，为了避免因缺陷而造成重大事故，应当重点关注道路桥梁检测方面的现存问题，并加强监测力度，精细检测过程，力求做到及时发现和处理相关的安全性问题。具体而言，在明确施工质量验收标准的基础下进行检测，并确保达到验收标准，如果发现不合格情况，则及时进行处理，既可以有效地保障道路桥梁的合规建设，又有助于保证施工团队的人员安全。因此，在道路桥梁的建设过程中运用检测技术具有重大意义。

二、道路桥梁检测技术应用现状分析

随着我国经济建设水平的提高，道路桥梁工程建设也在不断完善与进步。其中道路桥梁检测技术的应用也在不断发展中，关于道路桥梁检测技术的现状可以总结为四个特点：①无统一一体化标准性约束规则；②检测数据在一定程度上有所完善；③新型检测技术的应用效果逐渐加强；④新型检测技术的应用促进了道路桥梁建设的发展。目前，建设工程队在道路桥梁施工过程中，施工团队主要应用的检测技术有超声波检测技术、无损检测技术、探地雷达检测技术、声发射法检测技术四种，而无损检测技术在道路桥梁检测中具有更大的优势和发挥着更为重要的作用，下文将重点分析研究无损检测技术在具体应用中的优势与不足。

三、道路桥梁检测之无损检测技术的应用优势

（一）技术体系完善

无损检测技术是我国最为完善的道路桥梁检测技术，虽然在具体应用中仍然存在着一些瑕疵，但将其应用于道路桥梁结构安全检测与内部分析中十分方便高效。具体而言，无损检测技术在使用过程中，不仅能够完全依据检测内容检测、随时核准工作，还能够运用多种技术操作方法，一旦发现检测方法问题可以结合其他技术完成工作。传统的检测技术相较于无损检测技术，其在应用过程中会给道路桥梁造成一定程度的损伤，目前并不受专业人士喜欢。因此，无论从检测的角度还是实践应用过程中无损检测技术均有其优势，它的发展与广泛应用有效地提高了道路桥梁检测的整体水平。

（二）无破坏性

相关研究表明，无损检测技术在实际应用过程中，无破坏性，且检测数据与信息精准度均有所提高，给检测人员带来了极大的便利。使用无损检测技术进行检测的过程中，首先可以节省大量人力、物力，只需要在重要位置与容易忽略的位置进行检测，即可获取所需信息与数据。其次因该技术的无破坏性，保护了道路桥梁的建设效果，有利于建设工作的完成。因此，无损检测技术的广泛应用是其发展的必然趋势。

（三）拓展空间较大

道路桥梁建设工作的每一次繁荣的背后必然是我国经济社会发展水平的提高。不同布局、不同方案的建筑形态也给检测技术的应用带来了更多挑战，单一的检测技术不足以应对道路桥梁建设的发展现状。而无损检测技术拥有极大的发展空间，其丰富的技术

体系、灵活的操作方式完全可以弥补传统检测技术的缺陷，从而为道路桥梁建设工作带来积极效益。无损检测技术可以与其他技术联合使用，不设限的发展角度，对未来的道路桥梁建设具有极大的意义。

四、道路桥梁检测之无损检测技术的问题与对策

无损检测技术属于一种新兴的技术，相比于传统检测技术已经极具优势，但在应用过程中仍然存在着不足，下面通过对无损检测技术在应用中出现的问题与相应对策进行研究，以期对无损检测技术的改进与完善有所助益。

（一）关于提升无损程度的问题

无损检测技术在道路桥梁工程应用中已经能够做到无破坏，该技术的研发对于道路桥梁检测技术水平的进步具有里程碑式的意义。但是，精益求精，无损检测技术的无损程度仍需提高，以便于能够最大限度地保证道路桥梁建设质量与安全程度。而目前该技术在对工程材料进行检测时还存在一些瑕疵，面对这种情况，该技术应当加以提高与改良。检测人员在检测时应当充分利用原材料，并在此基础上结合新兴技术手段对工程质量进行准确评价。且在检测过程中通过其他技术手段，如超声波接收器等通过其反馈的相关数据进行判断，力求有效提升无损程度，精准掌握道路桥梁结构情况。

（二）关于提高技术水平的问题

技术性价比，在道路桥梁检测中一般体现在经检测后对于道路桥梁的工艺调整情况、修补情况，这种情况出现频率过高往往体现着低技术性价比。而如今无损检测技术无法起到提高技术性价比的效果，因此，在这种情况下，检测人员应着重提高检测的精准度，根据检测物体的分布、温度等对工程缺陷进行专业的辨别与分析，为提高技术水平奠定基础。

（三）关于完善检测体系的问题

无损检测技术相比传统检测技术，其检测体系更为完善，但在检测技术领域，应用于道路桥梁检测的无损检测技术仍处于逐步成熟的阶段。体系不够健全，对于道路桥梁工程建设的施工时间与投资成本均会产生不利影响。而构建完善的检测体系并非一朝一夕之事，检测人员与其他专业人士有必要在进行无损检测时做好传感器记录与传输时差记录，一方面通过波频对检测对象进行状态分析，另一方面通过传输记录数据对结构内部均匀性进行分析，即在不断运用无损检测技术的过程中形成完善的检测体系。

无损检测技术是应用于道路桥梁施工检测中的关键技术，其本身具有诸多优势，但

由于道路桥梁检测的复杂性，该检测技术仍有待成熟，专业人士应当根据实际应用中出现的问题，对无损检测技术进行研究与改进，促进我国道路桥梁建设水平的提高。

第四节 道路与桥梁工程检测及管理

时代在发展，科技在进步，道路桥梁已经成为人们日常出行不可或缺的交通枢纽，其质量问题及安全性能也引起人们的重点关注。随着我国经济建设的快速发展、科学技术的不断进步，建筑行业涌现出越来越多的检测技术，检测人员要根据施工现场的实际情况选用合适的检测方法，而企业也要做到与时俱进，不断深入对新型检测技术的研究工作，跟上时代发展的步伐，推进道路与桥梁工程质量建设的稳步发展，保证施工质量。

一、道路与桥梁检测的重要性

（一）道路桥梁与检测技术的质量保障性

在道路与桥梁的交通设计部分，其质量必须进行全面保障。交通基础不仅关系到我国居民的正常生活质量，更是一个国家的实力的展现。可见道桥质量的重要性，这就需要相关职能部门提高道桥建设质量的重视程度，引进先进的检测技术，提高检测技术整体水平，实现修缮与维护工作。通过集中性的方法，加强后续工程的连接性及可靠性。将道路与桥梁的质量安全问题视为各地方经济的实力名片，全面掌控工程质量。

（二）道路桥梁与检测技术的指导性

道路与桥梁建设工程是一项非常庞大的综合工程，其涉及土木、排水等多种学科。因此，其工程量大、技术难度高、建设周期较长。道路与桥梁检测技术必须贯穿整体项目建设的过程以及全方面，对项目建设提供指导性意义。也保障在后续施工过程当中，实现专业知识与技能的匹配，符合相关的质量标准，为其后续决策提供精确可靠的数据，实现全面的指导管理。

（三）道路桥梁的检测技术以及建设性

首先，必须科学有效地运用桥梁检测技术，全面提高建设工程的施工建设质量，有效缩短施工建设周期，对建筑材料、施工现场、人员管理、检测技术等各个环节进行重点管控，对于其后续的建设以及规格性能等提高全面的保障质量。例如，采用精确度更高的测量仪器以及方法，缩小数据偏差，减少不必要的工作量，根据现场的实际情况制定相关的技术环节，以确保二者之间的融通。在道路桥梁检测过程当中，运用建筑信息模型（Building Information Modeling，BIM）技术对相关的数据进行三维绘制，组成三维模型，以便进行实时调整，根据后续的施工人员施工方案实现模拟，增强整体施工工程的可观性。

二、开展工程检测活动的主要原因

道路与桥梁工程始终在交通系统中占据重要地位，因此施工工作也受到较多的关注，相比道路工程项目，桥梁建设者还需应对更为复杂的建设环境，尽管设计方案可以将指导性建议提供给施工单位，依照环境条件形成可靠的工程建设方案，但是施工环境会出现变动，实际操作期间也有一定的不可控因素，这会给道路与桥梁的建设成果造成偏向于负面的影响。考虑到这种情况，必须利用检测工具与检测方法进行检测活动，在现代科学检测技术的强力支持下，检测者能够了解到结构内部的实际情况，一旦发现工程问题，即可展开补救，缩小结构问题在工程中的影响范围。检测工作不能缺少，检测者本身与施工者都要充分重视这项技术性极强的工作，同时利用检测手段辅助工程监管工作。

三、道路桥梁工程检测的技术类型

（一）压实度检测技术

路基压实度的好坏直接影响着整个道桥工程的使用性能以及路面平整性的优劣。因此，必须确保路基充分压实，提高道桥施工质量。在我国主要使用核子发射法、环刀法以及静态承受压力法进行路基表面压实度检测，然而，在实际检测过程中，上述几种检测技术都存在诸多不足之处。环刀法具有较高的精准性，但容易造成路基机构性的损伤，需要对路面质量不断进行检查和修复，费时耗力；核子发射法的检测效率相对较高，但检测过程中的成本投入也十分高，增加工程建设承建单位的经济压力；静态承受压力法的精准性和检测效率都不是很高。因此，在选择检测方法时，结合施工现场地质结构、地貌特点、周围环境等因素，因地制宜，选择适合的检测技术。

（二）回弹弯沉检测技术

回弹弯沉是反映路桥表面对行驶车辆、运输货物等物体承载能力的一项数据性指标，在道桥建设时，工程设计人员尽量将回弹弯沉控制在很小值内，这样就会大幅提高路基的承载能力。回弹弯沉检测技术以物体自由落体产生重力为依据，让测量物体垂直降落在道桥路面上，观察测量物体撞击地面产生的冲击情况，获得回弹弯沉值的相关数据信息。该检测技术是一种动态数据，所使用的测量物代表实际情况中路面行驶的车辆，通过测量物对地面产生的冲击力情况来测算道桥运行期间实际车辆对路面产生的冲击程度，可以计算出道桥车辆行驶的最大数量及道桥的寿命。该技术已经在各大建筑行业中得以普遍应用，该技术在保证施工建设质量的同时还能有效减少工程施工中存在的安全隐患问题。

（三）无损检测技术

为避免对道路结构造成破坏，在道路与桥梁工程检测技术的选择过程中，通常选用损害较低或者无损害的检测技术，主要包括探地雷达、超声波以及光纤传感检测技术，这些技术操作简单，且检测速度快，所获取的数据信息详细，还可有效避免对工程结构的破坏，提高道路桥梁工程的检测水平。

四、道路桥梁工程检测中存在的问题

（一）抽检样品缺乏代表性

为了取得更多的经济效益，很多施工单位为缩短工程工期，在样品抽检过程中，不能严格按照相关要求进行样品抽检工作，导致抽检取样点比较单一，出现人员随意性比较严重的现象，监管松懈，也不能及时对抽取回来的样品进行检测等。使样品抽检结果很难实现对道路桥梁工程质量的有效控制，也不能作为工程评估的有效依据。样品监督工作的缺失，很容易造成施工与样品抽检结果之间出现很大的差异，进而导致检测工作难以在道路桥梁工程中发挥其应有的作用。样品监督工作的缺失、监督人员的失职以及监督管理制度的不完善，会给道路桥梁工程造成严重的安全隐患。工程施工中，如果不能保证抽检结果的有效性，工程施工质量将难以得到保证，甚至会造成严重的安全事故问题和经济损失。

（二）行业缺乏有效监管

现阶段，我国道路与桥梁工程在对检测机构招标过程中存在很多问题，其中表现最突出的就是最低价中标问题。很多道路桥梁工程检测工作招投标过程中，中标评价中总是以低价为中标标准，采用这一标准，在一定限度上能够降低工程施工成本、增加工程的经济效益，但低价中标标准也对检测行业的发展造成了很大的负面影响。低价中标标准很容易造成中标单位在工程检测中缺乏相应的动力，进而出现"偷工减料"等问题。低价中标标准扰乱了我国的检测市场，对检测行业的良性发展形成很大的阻碍。

五、应对道路桥梁工程检测中存在问题的有效策略

（一）加强检测行业监督管理

首先，要进一步提高检测人员的任职标准，同时要逐渐减少检测机构，将检测机构的数量控制在一定的范围内。对于正在运营的检测机构，要加强审查管理工作，对于不满足行业标准要求、资质不全的检测机构要坚决取缔。其次，为防止检测行业内的低价恶性竞争，要根据实际的经济状况，制定一个检测行业中检测费用的最低标准。然后，对于相应的检测机构而言，要注意完善自身的薪酬福利制度，保障检测人员的根本利益，提高人员工作的积极性。最后，在现场检测过程中，一定要加大监督管理力度，对于工程现场人员的数量以及资历要制定严格的规定，以保证工程现场中相关设备的完好性。

（二）提高检测工作的重视度

道桥质量检测是工程质量管理中重要的基础工作内容。要保证道路桥梁工程质量符合相应的标准要求，一定要重视道路桥梁工程中检测工作的重要作用。此外，道路桥梁作为人们日常出行的主要交通工具，其安全性能关系到人们的出行安全，因此，在工程施工过程中，施工单位中的管理人员以及施工人员都要认真了解检测工作的相关内容，同时要建立责任明确的检测监督管理制度，落实相关责任，确保工程中各个环节的工作人员都能充分认识到检测工作的重要性。对于施工单位而言，应当认识到检测工作对工程整体成本的节省作用，认识到做好检测工作才能真正缩短工程的整体工期。施工单位要进一步加强检测工作中的责任意识，才能全面提高检测质量，进而保证工程整体质量的提高。

（三）加强材料质量管理

作为道路与桥梁建设的基础设施，建筑材料决定着道桥的安全性及实用性。目前，在市场上存在多种多样的建筑材料，其性能各不相同，对建筑材料的选择和管控就显得尤为重要，建筑材料是保证施工质量的基石。因此，首先要从工程的源头，对工程所用的材料进行严格的监督管理，控制好工程所用材料的质量问题，确保道路桥梁施工程建设所选购的材料质量符合相关文件及建设要求。故而，要定期做好原料抽查工作，才能更加及时地发现材料质量问题，避免不合格材料对工程质量产生负面的影响。重视对材料质量的抽查，落实监督管理工作，严格把控工程现场的材料相关规格和参数，制定标准化的监督管理制度，是相关监督人员在监督管理工作中的主要职责。

综上所述，无论是桥梁工程还是道路工程都已经形成了更为复杂的结构系统，利用新型施工手段的同时，工程建设期间的各种难以预估的隐患因素也随之形成，为了加强

这类大型基础工程的可控性，需要有辅助性的检测技术作为支持。

第五节　道路桥梁隧道检测的几何标定法

随着国家经济的发展，在国家中是核心部分的交通运输业在不断壮大和建设，而铁路隧道的规模和数量也在增长，因此在桥梁道路隧道建设中，其建设质量成为国家工程重点，而对其质量检测也成为国家重点检测工程的重要内容之一，建设行业也在对自己内生技术和推动力进行改进和提升。目前我国对道路桥梁隧道质量检测运用的方法比较多，如目测法、打钻孔取芯法、水测试法等。但是这些方法虽然能对道路桥梁隧道建设的质量进行检测，满足其检测的基本要求，但是检测率不够精准，效率比较低，对我国交通运输行业的发展造成了严重的限制。

一、几何标定法在路桥梁隧道测线中的应用

几何标定法是一种应用于地下结构和埋藏物进行检测的技术，其能根据当时建筑物的几何结构反射原理加以几何原理进行探测标定推理分析，此技术应用广泛，应用反映效果好评如潮。在道路桥梁隧道的检测线工程中，运用几何标定法，需要标定几何结构在地表下层，并根据当时探测的信息数据以及隐蔽的介质分布情况，对隧道线程的稳定性进行有效检测。例如，当隧道内侧进行检验检测时，需要其地表向几何标定方向以下进行检测，设当时隧道地表的某点为 S，则向下的时速反应点为 S1 的位置进行标定，那么计算 S 点与 S1 点的物理性质，就是当时的隧道线程几何标定的检测，此种检测法可以有效地得到隧道现场检测目标以及效果，保证数据的准确性和有效性，并为其数据的有效应用奠定技术支持。

二、几何标定法在路桥梁隧道初期支护中的应用

初期支护是运用于道路桥梁隧道建筑的主要受力结构，其能支撑道路桥梁隧道投入使用后受到的承载力，在实际应用中，此技术包括初级支护厚度和围岩的接触面积两个方面。在检测过程中需要将最初检测时间直线漂移以及自动症一直进行剔除，才能进行完整检测，突出能对其进行有效作用的支护图形，并以此为基础对比支护图形所具有的几何特征变化，判断初期支护所建造的厚度与围岩接触面积的数据，再通过标准数据的对比，以此检测其是否符合标准。首先，对初期支护厚度进行测试，在此过程中要选定

几何标定所运用的基础点，再进行几何测试，最先到达地表下层标定点的信号被称为直达几何波，而比起相对晚一点到达标定点的信号被称为表面几何波，最后到达的标定点信号为反射几何波。在初期支护的厚度中，其厚度是影响几何波进行有效运动的直接因素，其对于几何波的运动速度具有限制作用，初期支护越具有一定的厚度，几何波进行运动所需要的时间就越慢，而其达到地下层的标定点运用的时间就越长。反之，初期支护的厚度相对而言比较薄时，几何波运行所需要的时间就比较短，其运行的速度就比较快，而且其存在着厚度越薄运行速度越快的特点。在运用几何标定法进行支护厚度的检测时主要向外界进行两种反射界面，且每种界面的层次存在着不同，是两种相邻层次的界面，在进行实际的检测时需要运用一个注浆小导管在中间进行初期加固，在此过程中，只要保持反射界面的夹角没有变化，其建设的支护厚度就在标准规定的范围内。

在道路桥梁隧道的建筑中其运用的初期支护是为了保证桥梁建筑的稳定性，在建设中肯定会与围岩进行接触，而其与围岩形成的接触面积对于整体建筑具有重要作用，是对道路桥梁隧道建设与运行稳定性保证的直接因素。在一个建筑中，隧道与围岩形成的接触面积越大，对隧道地进行支撑作用的能力就越强，而对于道路桥梁隧道的稳定性的保障作用就越强。反之，若在建筑中的初期支护中隧道与围岩形成的接触面积很小，则其对隧道进行的支撑作用就会变弱，其具有的支撑力因此变小，使得道路桥梁隧道的稳定性变低，进而对其进行的保障系数就会变低。在进行实际建造的过程中，需要在隧道与围岩的交界处设置实际标定点，并以此为基础利用几何标定原理对同等维度位置的标定点进行反射面积的追踪，最后运用计算法进行几何形体的计算，得出隧道与围岩的实际建设接触面积。在此过程中若是隧道与围岩处中间有一定间隔存在，则需要通过运用几何标定的原理进行强信号反射，通过以此原理作为基础载体产生具有一定穿射性的强力信号，防止空气介质与混凝土和钢筋的结构介质具有较大差别的情况发生。此外，在道路桥梁隧道剖面图上也要运用几何标定法进行有效的集合标定检测，并通过对剖面图上几何形体的面积进行公式计算得出实际的隧道与围岩形成的接触面积。

三、几何标定法在路桥梁隧道受力检测中的应用

在实际运用几何标定法的过程中，路桥梁隧道的受力的检测同样具有重要性，而为保证道路桥梁隧道受力实际检测结果的准确性，需要以检测距离相等为基础进行检测和测量。首先需要对隧道测线进行绘制，在实际测试中需要绘制五条以上，并需要在各个测点上用具有明显标记的作用的油漆进行标记，并对其每一个标定点检测出的受力情况进行记录。而由于对隧道受力所利用几何标定法进行的检测所测试的测线并不具有真正

意义的直线标准，其具体形状是由标定点的反射图形所决定的，基于此，测量受力面积的单位采用"里程"具有一定的科学性，而此时需要注意的是里程距离与实际距离间进行检测时其所用的单位需要进行转化，否则得出的结果并不具有一定的准确性。在所有的测量前的准备完成后，需要沿着道路桥梁隧道建筑的延伸方向进行实际的受力检测，在此过程中若存在反射图形与标定点进行温和的状况，则需要立即对此种情况发生的点进行标记和记录，并对此标定点的实际受力情况进行有效记录，方便以后进行参考和计算。与此同时，测量过程中要对集合定图的移动情况进行保证，使得其能够进行匀速移动，以此进行道路桥梁隧道建设的受力的测量数值的准确性，使其实际误差控制在合理的范围内。而在实际检测过程中混凝土及钢筋的强度与耐力会随着时间和温度变化，因此，在进行实际的标准值的选取过程中的数据参数的测量中，需要将保证数值标准值不受混凝土及钢筋强度与耐力变化影响作为测量的前提，并将测量区域的道路桥梁隧道标定几何波进行检测，并结合反算法进行几何波在道路桥梁隧道中的受力情况的计算，以此得出具有精准度的标准值。最后，将标准值作为实际参考的依据，将道路桥梁隧道的受力情况进行偏差值的对比，并根据其隧道受力情况的偏差与否，为道路桥梁隧道养护工程提供数据基础，据此制订下一步养护的有效方案，促进整体工程全面规划的科学性，为日后投入使用奠定科学化的数据参考和测量依据，保证其实际的稳定性、行业安全性。

由上述情况可知，初期支护作为桥梁道路隧道建设中必需的主要受力结构，能保证其建设质量的稳定性，因此对企业进行质量检测具有重要意义，而利用几何标定法在其中进行质量检测，能够实现对隧道道路桥梁初期支护中的厚度，以及围岩接触面积进行检测，保证其精准度。而在隧道线程进行几何标定法检测时，需要根据其建设的混凝土厚度以及其所运用的钢筋强度进行测线频率有效选择，以保证其选择具有科学性和合理性，使其对隧道混凝土内的格栅支撑进行检测，对其现有的状况进行有效了解。桥梁道路隧道的受力，是建设中的重要组成部分，因此其受力情况对于整体建设具有一定的作用，而利用几何标定原理，能够对受力的位置进行可靠分析，使各个受力位置的可靠数据在对其进行检测时能够有效地得出，而且几何标定法的检测因其速度快、精准、高效率的特点，在各大桥梁道路隧道检测中被广泛应用，以此检测的准确数据保证其建设质量。

第四章 道路检测方法

第一节 道路检测技术现存问题

道路运行的稳定性直接关系着行驶车辆的安全，有着非常重要的作用，在施工过程中，需要对道路进行全面的检测，做好每个检测环节的对接工作，根据不同的桥梁结构选择合适的检测技术，使用质量达标的材料，制订科学合理的施工方案，最大限度保证道路的施工质量。

一、道路检测技术的要点分析

（一）确定检测重点

道路施工是一个综合性的过程，涉及多个操作环节，我们需要做好每个环节的对接工作。在检测阶段，要注重对细节方面的处理，任何一个环节没做好，都会影响工程正常的施工进度，检测中出现问题最为频繁的就是道路裂缝问题，我们应该明确重点检测方向，检测的时候将重心偏移到问题比较突出且频繁的地方。做好前期安全排查工作，保证建筑外观的整体性，还要做好人员的调配工作，让工作人员各司其职。

（二）内部缺陷检测

道路检测不仅是对工程外部区域的检测，更要对内部进行全面的检测；外部检测是为了保证工程完整性，内部检测是为了看工程结构是否满足承载力运行标准。在内部检测中，我们主要发现材料腐蚀、浇筑空心、结构偏移等问题。这些问题的出现对整个工程质量都有着较大的影响，需要将问题备案，后期及时处理。

（三）道路试验检测的意义及重要性

在道路建设中，工程材料的缺陷、设计以及施工问题导致的质量缺陷很难完全避免，如何对道路的工程质量进行评价是一个重要的问题。检测技术是通过对工程质量进行数据化的鉴定，能够及时发现质量问题。其主要有以下几个方面的重要作用：通过对原材料进行检测，判断其是否合格，以便于因地制宜地选择工程材料；通过检测技术对新技术、新材料以及新工艺的可靠性以及适用性进行鉴别，为其在工程实践中的推广应用提供帮助；试验检测的结果都是建立在数据的基础上的，能够对工程质量进行客观评价，对整个工程的质量进行全过程鉴定。

二、道路施工问题分析

道路施工问题分析：裂缝问题作为道路施工中常见的一种问题，会对结构的安全性产生严重的影响。产生裂缝的原因具有多样性。道路结构中的裂缝一旦产生，就会对工程质量直接产生不利影响，埋下安全隐患。当出现裂缝之后，首先会导致结构的外形发生破坏，降低结构的强度以及刚度，导致工程质量大打折扣，形成安全隐患。对桥梁结构而言，裂缝产生的原因与材料有着很大的关系，如使用的混凝土原材料不合格。同时，施工过程是否规范也是一个重要的因素，振捣不充分、养护工作不到位都会导致裂缝的出现。锈蚀问题由于道路的施工现场通常地处环境复杂的地区，施工周期长，会导致所使用的一些材料由于受到自然环境的影响而产生锈蚀。如在道路施工中采用的钢筋，长期暴露在自然环境中久而久之就会发生锈蚀。当钢筋出现锈蚀之后，其物理力学性能会打折扣，导致道路结构的强度与刚度下降，同时钢筋发生锈蚀之后还会对其周边的结构材料带来不良影响，进一步加剧了道路质量安全隐患。路面铺装问题主要是铺装层的松散现象，产生这种现象的原因主要来自两方面，即施工方面与材料方面。施工方面的原因主要是铺装层的压实不到位导致压实度偏低，以及铺装层的平整度差或者是铺装层与桥梁结构之间的黏结强度不够。材料方面的原因是铺装层所采用的混合粒料存在质量问题，性能不稳定。道路之间的衔接问题是道路施工中的一个难点，由于路基与桥台强度之间的差异，两者在道路衔接处会出现明显的不均匀沉降以及差异变形，车辆在经过该处时会出现"跳车"现象。"跳车"现象不仅会对行车的舒适性产生严重影响，还导致行车存在安全隐患，尤其是对一些重型车辆更是如此。出现这种问题的原因一方面是桥梁是刚性结构，与路基存在差异，另一方面是在施工中对桥头路基的压实度控制不严格，导致其发生较大的竖向变形，尤其是通车时间越长，这种现象越明显。

三、道路检测技术

（一）超声波检测技术

道路工程中对于超声波检测技术的使用主要是借助应力波原理检测道路工程内部存在的空隙。这种检测技术通过较为急促的机械撞击获得低频应力，进而将超声波传导至道路工程内部，随后从道桥断裂面发射回来。这种检测技术需要道路工程断裂面，冲击面和多个面的波形回合，对其实施共振，不但能够测定结构完整性，还可以确定内部空隙位置。超声波检测技术也有一定的弊端，在实际检测过程中容易对周围管道产生影响，因此在未来使用过程中还需对该技术进行完善。

（二）图像及光线传感检测技术

道路工程中无损检测技术图像检测可以分为激光全息图像和红外成像两种技术，激光全息凸显股技术可以获取较为精确的力学量，借助全息摄像设备记录道路的结构特点，随后进行图像结果总结与分析，进而获得力学量。而红外成像检测技术则是以道路材料和特性为关键点进行热传导判断，使其以图像的形式呈现出来。光线传感器检测以光特点为主，借助光的反射展示出其应有的特点。在光线的实际传导环节会存在一定的损失，这时就会导致实际检测可以结合矢量变化实施，需要光线纤维内部某个环节产生改变，导致其射光密度存在差异。通过对比多个反射光合理改变控道桥内部结构。多层反射传感器检测主要是借助光速不变形测量将其从传感器发出，使其到达反射装置及时返回。多层反射传感器上部存在的反射镜可以在道路工程适合的部位安装，使其检测误差不大于 0.15mm。

（三）雷达检测技术

雷达检测技术是利用高频电磁波反射来确定检测目标的体位置与埋深，其在桥墩质量检测中得到了广泛应用，测试方便、操作简单、配置轻便，适合不同场地，数据存储可为数字或图像格式，可用后处理软件进行 3D 处理。雷达检测技术具有以下优势：一是利用高频电磁波的反射来确定目标体的位置与埋深，是一种工程勘察的技术和手段；二是坚固、防水、防尘的设计使智能雷达系统可在不同的环境、极端温度或气候条件下运行；三是大深度探测，100MHz 天线可满足 20m 深度范围的探测；四是手触屏操作及手动操作屏幕；五是可适应各种地形探测，如四轮、双轮、单轮配置；六是轻便的模块化构成便于快捷拆卸、运输、安装与测量；七是测距轮和 GPS 定位的系统外设装备为测量提供准确的位置信息；八是主机内置的 Wi-Fi 模块可以实时把测量成果传输到指定终端；九是可实现三维网格测量，现场实时显示剖面和水平切片；十是现场实时显示测量轨迹，测试结果直观明了，可现场确定目标体位置和埋深；十一是可选外接高精度 GPS 天线。雷达检测技术的优势，使得雷达检测技术在桥梁工程质量检测中得到广泛应用，为桥梁工程质量监控提供了重要的数据支持。

检测技术作为一种控制道路施工质量的有效手段，不论在施工过程中还是竣工后都可以及时发现存在的质量问题。

第二节　自动化道路检测系统

随着技术的快速发展，路面检测技术也在不断地更新换代，不仅由原来的破坏式检测变为现在的不破坏路面就能够实现检测，还提高了检测精度和检测速度。随着计算机技术的日新月异，道路桥梁检测技术也逐渐被高新技术所代替，并逐渐进入了自动化检测时代。道路自动化检测技术主要是运用超声波技术对道路的内部结构进行检测和判断，然后通过图像技术即激光全息技术和红外成像技术对道路的内部结构进行红外感应成像，通过分析对其内部结构以及缺陷有一个清晰的认识和了解。最后，利用激光检测技术，可以提高道路检测技术的准确性。

一、当前道路出现的问题

（一）沥青路面压实度和弯沉

路面横向裂缝是道路中普遍存在的一种现象，具体表现方式有两种：单一裂缝和横向裂缝及支裂缝并存。在山区高速路中，不同的交界填挖段频繁出现，这就大大增加了路面横向裂缝产生的概率。因此，在路面建设过程中，需要严格控制路面的压实度，而且在压实过程中也需要尽可能地控制温度。当路面压实度低时，就会导致路面发生沉降，进而影响公路的使用寿命。在交工验收阶段，施工方要对路面的压实度和弯沉值进行严格控制，而且在施工时还需要重视沥青混合料的温度，这主要是由于沥青的刚度和强度都受温度的影响。路面的动态弯沉值是沥青路面检测和设计的重要指标，主要反映沥青路面的整体强度。因此，常规的弯沉实验均需要修正到具体施工环境下进行。

（二）路面车辙

随着交通量的不断增大，沥青路面上的车辙会越来越多，并对路面质量产生极大影响，导致这种状况的因素有很多，主要可以分为外因和内因两个部分。其中，外因主要包括高温、重载以及大交通量，而内因则主要包括路面结构和路面材料性能。在同样条件下，山区高速的路面坡度对车辙的影响较大，这主要是由于上坡路段车速较低，这样路面受荷载的时间就会较长，导致路面车辙状况的发生。在交工验收阶段，可以建立一个车辙深度的检测记录表，以便对路面车辙状况进行记录分析，以了解路面的抗车辙能力的衰退曲线。

（三）路面平整度

沥青路面平整度对于行车的舒适性具有重要作用，并且也对路面的抗冲击能力和使用寿命具有重要影响。这主要是由于路面不平整，就会给行车带来极大的阻力，进而导致车辆产生振动，影响行车舒适性，而且路面不平整就会导致路面积水，进而加速路面的腐蚀破坏。因此，对于高等级路面而言，路面平整度对于路面控制具有极其重要的作用。

二、道路自动化检测系统技术要求

（一）系统配置与参数

道路自动化检测设备主要包括高速激光平整度检测系统、高分辨率路面破损检测系统以及高速激光车辙检测系统一级路况图像信息采集系统等构成，并且这些设备都要求车辆在正常驾驶中对道路完成自动检测，并参照各项合格指标参数来完成对道路的评价。

（二）检测技术要求

检测车辆应当安装相应的 GPS 定位系统以及相应测量装置，以确保信号发送及接收的准确性，并实现对故障路段和破损路段的准确定位和测量。在测试过程中，还应该为检测车辆配置相应的辅助光源，以确保信息采集的准确性。

（三）路面图像数据处理子系统

图像数据处理主要是对路面图像进行预处理和识别，即要求准确识别出路面破损的类型、程度以及产生破损的原因。路面破损自动识别则主要是基于自动检测技术中的图像数据处理系统依据道路破损特征对道路状况进行辨别和评价，主要内容包含以下几个方面：

图像压缩：图像压缩主要是要求自动化图像处理系统对所拍摄的包含路面信息的图片进行压缩加工和处理，在压缩过程中一定要确保图像的完整性；

图像预处理：图像预处理主要是指对破损图像进行前处理，以消除路面噪声或者轮胎痕迹等，进而消除这些痕迹对道路检测结果的影响；

图像特征描述与识别：图像特征描述是将物体根据相应的评价标准，将属于同一性质的图像归于一类，以减少图像识别的计算量，提高图像识别的效率；

破损程度评价：自动化路面检测系统应该能够根据路面情况，进行破损自动化评价分析，然后根据路面破损种类和破损程度对其评价结果进行分类，然后根据其破损面积占总面积的百分比来讨论路面的破损程度。

四、道路自动化检测技术的应用

（一）路面破损自动检测原理

本节所选择的道路自动化检测系统在路面破损检测中的应用主要是根据路面信息采集系统所采集到的信息进行分析，然后得到路面破损情况。该检测系统主要由数据采集系统、图像显示、图像处理和计算等内容构成。该系统解决了图像信息存储空间大的难题，有利于提升我国路面监测和维修的效率。

（二）摄影技术在信息采集中的应用

摄影技术是道路自动检测系统中采用最为广泛的路面破损图像信息采集技术，该技术自1970年首次应用于西方发达国家进行道路破损图像采集以来，逐渐被各个国家所应用。其所采集的图像信息，也由原来的低分辨率变为现在的高分辨率。其应用途径如下：首先，由照相机对道路破损路面进行拍照，然后由计算机对其参照破损特征信息进行评价和分析，该方法极大地缩短了监测时间，而随着道路质量监测要求的不断提升，摄影技术也在不断提升和完善。如美国的PCES系统以及日本的Komatsu系统，而通过引入先扫描摄像机其像素达到了2048×2048，这有利于提高道路的检测效率和精确度。

（三）数字图像技术在信息采集中的应用

近年来，随着数字图像技术的迅速发展，具有动态影像功能的CCD摄像机也应运而生，其主要优势为能够高精度地采集灵敏性好和精确度高的图像。比如利用AEEB系统所构建的路面信息检测系统，就是采用CCD摄像机实时检测路面信息，该数据采集系统主要是将图像实时显示在计算机上，并支持图像离线分析和存储，且其精度可以达到3 mm左右。CCD数字图像技术在道路检测中的应用已经取得了较为明显的效果，解决了车速与图像匹配的关键问题，减少了由于车速限制而导致图像采集出现遗漏或者重叠等不好的现象。

综上所述，随着我国经济的快速发展以及我国城市道路建设量的不断增多，道路的养护和管理成为当前我国公路管理部门的工作重心。实现对道路状况的实时监测，已经成为我国公路高负荷运载和发展的必然趋势。道路自动化检测技术由于其检测精度高、能够实时监测且可靠性高而在道路检测中得到广泛应用。因此，推动道路自动化检测技术的发展和普及对于提高我国道路检测自动化水平和公路养护管理水平具有不可忽视的作用和意义。

第三节　无人驾驶汽车道路检测

无人驾驶汽车道路检测与识别方法的原理为通过车载雷达对道路的各种情况进行扫描，由车辆的自动控制系统对扫描到的信息进行解读与处理，常用方法为与系统中存在的模型进行对比，从而实现对道路情况的全面检测与识别。

一、无人驾驶汽车道路检测与识别技术的实现方法

（一）整体实现方法

在无人驾驶汽车的道路检测和识别技术中，该项技术的整体设计思路为通过车辆中含有的雷达、摄像头等设备对道路情况进行检查，当发现道路中存在障碍物时，自动控制系统通过对障碍物运动数据的分析与计算对障碍物的运行情况进行预测，由控制系统对车辆的运行状态进行控制，以实现对这些障碍物的有效规避。在整个道路检测与识别技术的设计与实现过程中，系统中的软件是整个系统的设计重点，只有软件系统处于正常稳定的运行状态才能实现对道路中相关障碍物运行状态的有效分析。对硬件的分析主要集中在各类线路以及信息收集设备。

（二）硬件系统

在硬件系统的设计中，主要内容为整个道路检测与识别系统中的各类电子器件与线缆，在这些硬件设备的设计中需要从车辆的运行情况与运行环境等多个角度出发，保证这些硬件设施能够正常稳定运行。同时在硬件系统的设计中，最重要的硬件设备为道路情况采样用的激光雷达，在当前的无人驾驶汽车设计与生产过程中，车辆硬件系统中会配备多种激光雷达，这些雷达的作用为探究道路中的障碍物形状，通过与系统数据库中数据的比较能够了解该障碍物的类型。同时在当前的无人驾驶车辆中还会设置摄像机，以收集车辆的周边信息，并且能够辅助激光雷达的工作情况。当前的很多的无人驾驶车辆会应用 GPS 导航技术，在该技术的应用中能够对车辆的行进路线进行全面规划。要实现这些功能，需要应用专用的硬件设施。

（三）软件系统

软件系统的主要功能为以下三个方面：障碍物行动预测。发挥该功能需在软件设计中设置相关的障碍物运动公式，该部分软件系统通过车辆中配置的硬件设备收集到障碍物的运行数据，将这些数据带入计算模型中，从而对车辆进行合理控制。障碍物检测系

统。对于道路中不同的障碍物来说，车辆需要采取不同的规避措施，所以在软件的设计中，要能够分析硬件系统采集的数据，让车辆能够采取合理的规避措施。障碍物模型存放数据库。在当前的无人驾驶汽车中，都会通过数据库存放各类相关障碍物模型资料，并且车辆的软件系统智能化程度通常较高，能够主动写入障碍物数据，完善整个系统，所以软件系统中设置的数据库需要能够支持数据写入功能。

二、无人驾驶汽车道路检测与识别技术的发展方向

（一）硬件设施方面

在当前的硬件设施中，已经能够实现对道路中障碍物的有效识别，但是就一些无人驾驶汽车运行案例来看，系统对一些行人的行为无法进行有效预测，所以在今后的系统完善过程中，一个重要措施为优化系统中的硬件设施。在硬件系统中需要提高相机的广角，从而让系统能够收集更多的行人行动信息，在整个系统的运行中能够对这些信息进行更好地研究与整合。另外在硬件设施中也需要加入红外摄像机，提高系统在夜间的有效识别程度，最大限度提升无人驾驶汽车在夜间的行驶安全性。

（二）软件系统方面

在无人驾驶汽车的运行中，软件系统发挥的作用极其强大，当前的软件系统虽然能够对一些障碍物的运行方式进行有效预测，但是对一些突发情况的处理效果较差，所以今后的一个重要发展方向是提高系统的智能化程度，让该系统在运行过程中能够主动、有效地记录各路段的信息，在经过相关路段时能够更好地处理各类障碍物信息。尤其是在硬件设施改进与优化这一大背景下，系统需要能够实现对各类信息的有效整合与分析，提高系统对相关问题的处理效率。另外在系统的运行过程中，要能够主动对各类突发交通信息进行合理有效的处理，一个重要方式为在不同时间段以及不同路段中，软件系统对收集到的信息需要有不同的侧重点，比如在夜间行驶时，要重视对红外相机获取数据的应用力度，通过对这些信息的收集与应用实现对障碍物信息的精确分析和预测。

在无人驾驶汽车的道路识别过程中，整体设计思路为通过雷达装置、相机以及GPS导航系统获取车辆的运行数据，并对道路的障碍物类型和运动情况进行信息收集，在此基础上对障碍物的运行情况进行预测，保证系统正常运行。在今后的发展中，将对控制系统中的硬件设施和软件系统进行同期升级，保证硬件设施能够获取更多信息，软件系统能够进行更为精确的信息分析。

第四节　城市混凝土道路检测技术

一、道路路面使用性能检测

（一）路面的功能性能

城市混凝土道路最基础的功能就是为车辆提供安全舒适的行驶表面。城市混凝土道路的功能就是衡量此方面能力的大小。这直接影响到城市居民的出行和道路的建设及行驶质量。城市混凝土道路的路面状况中，路面的表面凹凸情况是重要的性能指标之一。路面的平整度对居民驾车的舒适性、耗油及车载的反复作用具有直接影响，也直接影响了行驶质量。对路面平整度的影响因素包括车载情况、周围环境的周期变化及路面的使用时间。其中就要注重平时对车载情况及环境的影响加以控制。指出当路面的平整度下降到某一极限值时，即道路不能满足正常的行驶要求时，便需要采取整修改建或者重建措施以恢复城市路面的功能。

（二）结构性能

城市混凝土路面的结构性能主要指的是路面结构经过长时间的使用，其中包括车载的磨损及周围环境的影响等，仍能保持结构上不受损坏的能力。由于城市混凝土道路特有的承载压力大、使用时间长等特点，城市混凝土道路路面结构的损坏形式主要体现在以下几个方面：城市混凝土道路路面出现裂缝或者断裂的情况，路面结构的整体性发生较大的损坏；城市混凝土道路的表面遭受损坏的情况，道路表层的部分材料出现散失或者磨损的现象；城市混凝土道路路面出现永久变形的情况，虽然路面结构还保持着整体性，但是道路路面的形状产生了较大的变化。接缝损坏类，这种损坏主要是水泥混凝土路面接缝的损坏，体现在接缝附近局部深度或者宽度范围内的混凝土破损甚至碎裂或者接缝的填充材料丧失等。

（三）结构承载力和安全性

目前，我国城市的主要道路由混凝土组成混凝土路面，多数为沥青路面。为此，一般评定路面结构承载力的方法为路表面无损弯沉测定方法。路面能够继续正常使用的时间也是通过弯沉值的大小确定的。城市混凝土道路路面的结构承载力主要的内在因素就是路面的内在损坏状况。当承载能力接近极限值时，表明路面已经损坏严重，必须采取措施进行改建或重建。在城市道路的使用过程中，尤其是南方的城市，当路面车辙处有积水时，行驶的车辆容易发生飘滑现象，极易造成交通事故。路面的抗滑能力可以通过各种测量仪器来测定。主要指标有摩阻系数、抗滑指数、构造深度及透水系数。在城市道路长时间使用过程中，可以定期采取包括铺设抗滑磨耗层或刻槽等措施增强抗滑能力。

二、路面检测常用的几种技术

（一）沥青路面车辙测试技术

车辙就是沥青路面在车辆负载的长期积累作用下产生的变形。在我国城市路面中，主要使用的是以半刚性材料为基层的沥青路面，所以主要表现为失稳型车辙。车辙测定的方法因地制宜。目前，我国主要使用的有路面横断面仪、横断面尺和激光路面断面测试仪等路面车辙测试方法。车辙测试首先要确定车辙测定的基准量宽度和间距。例如，城市内公路中有车道区画线时，测量基准可以定为一个车道的宽度。

（二）道路路基压实度检测技术

相对于各类道路压实度检测技术，振动压路机的道路压实度检测更具可靠性和真实性。此类检测仪主要根据传感压实轮的运动原理完成道路压实度检测。实践证实，此类道路压实度检测方法通过振动压路机操作手随时查看显示器所显示的振动频率、运行速度、压实情况等，控制道路压实质量。此外，操作手可随机存储好有关检测数据，以便工程后期所用，最大化规避了漏检、欠压或过压问题，并提高了道路施工效率和施工质量。

（三）回弹弯沉测试技术

城市道路路面的弯沉测试主要是检测路面结构的承载能力。造成路面结构损坏主要两方面的因素：局部过量的变形和某一结构层的断裂破坏。弯沉测定技术主要分为两类：静态测定测试技术和动态测定测试技术。静态测定包含贝克曼梁弯沉仪测试技术和自动弯沉仪测试技术。动态测定包含稳态动弯沉仪测试技术和脉冲弯沉仪测试技术。静态测定方法可以检测到最大弯沉值，而动态测定法除此之外还可以得到弯沉盆。

贝克曼梁法最大的不足在于必须全程人工操作，人为因素造成的误差比较大。自动弯沉仪可以解决这方面的问题。它可以对路面进行高强度、高密集点的测量，有利于路面的养护管理。但自动弯沉仪检测车行驶的速度很慢，仍然属于静态弯沉测定。为了检测车辆行驶的快速情况，就应该采用动态弯沉测定。落锤式弯沉仪可以实现动态测定，并可以模拟车辆负载冲击作用下的弯沉测定。这种方法采用计算机自动采集数据，具有减小人为因素造成的误差、检测速度快的优点。它是通过落锤质量和起落高度控制路面所受的冲击荷载的大小，并用相应的传感器测定荷载时程和动态弯沉盆。采用 FWD 测定时，需要根据不同地区的不同结构和材料等条件求取相应的关系式，不可一式多用。

（四）路面抗滑性能检测技术

城市道路路面的抗滑能力包括路标构造深度、路面横向力系数和路面抗滑值三个指标。路标构造深度表现在路面的凹凸不平的程度。针对城市道路路面抗滑能力指标的检测，可以通过手动铺砂法、电动铺砂法和激光法对其进行检测。其中激光法检测技术检测速度快、检测精度高，应用越来越广泛。目前，可以采用刹车式摩擦系数测定仪检测技术、不完全刹车式摩擦系数测定仪检测技术及横向力系数测定仪检测技术三种方法对路面抗滑能力自动检测。其中，横向力系数测定仪主要是用来测定车辆在路面上发生侧滑的危险性，也是应用很广泛的一种测定仪。其余两种应用情况比较少。

综上所述，道路检测技术与高新技术的不断交融实现了自身的应用自动化、设备精确化、处理智能化、监控实时性的目标。但我国道路检测技术的发展现状却不容乐观，且远落后于国外发达国家，而道路检测技术是确保道路使用安全和综合性能的基础和关键。

第五节　智能车辆中道路检测与识别

现如今，我们的社会可以说是一个车轮社会，现代社会中已经离不开汽车，其无可替代。伴随着科技的发展以及人民生活品质的提升，人们对汽车品质的要求越来越高，因此汽车的环境适应性能、安全性以及舒适性也越来越好，这些也成为人们越来越关注的重点内容。在汽车发展这一方面，提高安全技术以及环境保护极为重要，而解决这些问题最好的方法就是利用信息技术。

一、智能车辆技术概括及发展方向

现如今，智能车辆技术属于一种刚刚兴起的跨学科领域，其中非常多的想法和解决问题的方案灵感和技术都是来自其他领域，如人工智能、机器人、通信、计算机科学、信号处理、自动化以及控制等诸多理论，就比如其设备以及机构，还比如声呐、雷达和红外等就是来源于军事领域。智能车辆在进行系统研究的过程中主要包括辅助驾驶、智能控制、自动驾驶、安全监测、行为规划和决策、系统集成、系统结构以及一些其他的研究方向。假如我们从司机对驾驶车辆的控制熟悉以及自主程度进行一些划分，可以将其分为以下三个方向：其一就是监测和预警系统的研究，关于这部分研究为前碰撞预警、车道偏离警告、盲点警告、车道改变警告、行人检测、十字路口预防碰撞警告、倒车时防止碰撞预警等一些方面的问题。其二就是半自动车辆控制系统这一方面的研究，对于前面的这一部分，与其相比，这部分车辆具有非常高级的自动化处理。如果司机没有对车辆发出的预警做出及时的反应，而系统需要对车辆的控制，它就可以通过控制方向盘、刹车、转矩等使整个车辆还原至原本的安全状态。最后一个研究方向就是车辆自动控制系统，关于这一部分，它已经完成车辆自动化，对它的研究主要是车辆车道上的维护、自适应巡航、车辆排队、车道上的维护、等距以及低速行驶等方面的研究。

二、智能车辆技术发展原因

现如今，社会生活中车辆的使用几乎已经落实到每家每户，有些家庭甚至不止一辆汽车，不管是公共汽车、家庭汽车还是载货汽车，已经非常普遍地出现在我们的生活中，正因为如此，交通障碍、拥挤以及更多的交通事故就不断出现和发生。所以为了解决交通拥挤问题以及降低交通事故的发生率，确保司机在驾驶汽车时人们的生命财产安全，许多专家以及项目研究人员开始对其进行研究，并提出相应的问题。

三、道路图像处理

在本节所说的中图像预处理主要包括图像二值化、边缘的增强以及图像滤波。我们可以经由图像滤波减少或者消除由于一些外在原因所造成的干扰噪声，增强图像边缘信息的图像增强算法，这对图像分割和识别非常有利。这两个图像算法把我们有兴趣的目标区域（车道）进行分割，这也有利于后续检测道路标记线。不管是哪一个没有处理的原始图像。它们都有着噪声恶化了图像的质量的问题，这样就会让整个图像变得模糊，有时更会将本身需要检测的图像特点所掩没，这样就会给整个图像的分析造成非常大的困扰。因为整个图像灰度值所具有的特点是相关性，图像的能量一般是在低频区域集中，研究图像中的虚假轮廓信息和噪声主要在高频区域所集中，对于图像细节的能量也在高频区域体现。图像平滑主要是为了使图像的虚假轮廓和图像的噪声得到消除，我们一般将其称为低通滤波。一般情况下我们有两种类型的图像滤波算法：空间滤波和频域滤波。频率滤波一般要变换正反两次，需要非常大的计算量，但通过实验我们可以知道，该方法不能使实时系统的要求得到满足。空间域方法用于处理图像的灰度值，并且比较直接。我们一般所用的算法有数学形态学、边缘保持平滑、中值滤波、邻域平均以及局部平均法等等。

四、如何提取图像边缘

图像边缘指的就是图像边缘素灰度有屋顶状或者是阶跃变化的一些集合的像素，这只有背景以及目标存在、目标之间、区域之间。图像边缘信息在人视觉以及图像分析中有着非常重要的作用，也是图像识别一个重要的图像特征提取因素。图像的边缘有两个特点：振幅和方向。一般情况下像素沿着边缘的方向变化得非常缓慢，并且垂直于边缘的像素变化显著对于这样的改变可能存在步骤类型和屋顶类型。

反射边界和深度一般与阶跃性变化相对应。而对于屋顶类型变化往往表现了并不是连续的表面法线方向。如若是某一对象的像素在图像边界，那么它周围领域则变为灰度级变化带。这种变化的两个最有用的特点是灰色的变化率，分别以矢量的大小和方向来表示。每个像素的边缘检测各个像素临边，还要对灰度变化率量化，还包含有确定方向。

五、路面识别

我们在关于智能的移动机器人和汽车自动驾驶等系统上，采用的方法为视觉法，视觉方法用于检测、确定以及识别道路环境，这也使得我们对其进行重点关注。关于道路识别属于智能车辆的一种最为基本的自驾功能，它的技术要求有摄像机对车的前方场景进行图像采集。表述处适当的转弯指令，以确保车辆总是在正确的车道上（尽量在中央驾驶车道）行驶。但是有时因为车辆运动，或者是由于环境对其干扰，在道路上行驶时两边树木的改变，或者是照明，不同的深度和表面取向，这就使图像信号的处理变得复杂。由于在进行道路识别的过程中，对于其实时性以及准确性都有着非常高的要求，对于一般的边缘检测算法或者一般的图像分割算法要想得到好的效果是非常困难的。在视觉导航系统中，道路识别是其重要组成部分。现如今，各种的视觉道路识别基本操作使用以下两种方法：一是基于整个路面的方法，实现其可以通过区域检测方法，这种构造算法主要是对整个道路路面。还有另外一个方法就是分道线检测法，检测可以通过建模、分道线识别或者对边缘等。通过整体法进行道路识别，基本原理就是高速公路路面的连续性和一致性、灰色、色彩或纹理，确定表面通过图像进行分割的方法。如果我们考虑路面在空间的连续性，效果会更好。由此可以看出，颜色一致和连续的路面更有利于道路图像的分析，所以我们可以选择该地区区域生长的方法来分割路面，区域增长技术一般对区域连通性以及均匀性进行考虑。与普通的图像分割算法相比较，它可以同时直接利用图像的一些性质来确定最终的边界位置。但是它也有着非常明显的缺点，计算时间以及空间等有着非常大的开销。因为系统要求的一点是实时，所以此算法不能完全满足要求，但是由于图像分割法也算一种较为先进的方法，我们也对其做出许多的研究。

如今，关于智能系统的研究已经是许多专家以及研究部门的重点课题之一，由于汽车使用越来越频繁，因此汽车安全问题成为人们越来越关注的重点之一。由于安全问题难以得到保障，因此应时代要求本节就智能车辆中道路检测与识别进行研究，通过研究我们对智能系统的研究得到了更深一步的了解，也使智能车辆在道路检测与识别领域发展更近一步。

第五章 桥梁检测及监测

第一节 桥梁检测及监测的内容和方法

随着现代化建设的不断推进，我国交通运输行业蓬勃发展，桥梁结构作为交通线路的咽喉，近年来取得了举世瞩目的成绩。目前，中国桥梁总数已超过百万，而大量建设中超大跨度、超大难度的跨江越海大桥仍在继续挑战工程的极限。但桥梁建成只是其发挥作用的起点，只有保证安全与健康才能充分发挥其作用。桥梁检测与监测技术是保障桥梁安全运营的关键，其依靠现场检测与实时监测获取桥梁结构的损伤状况与动力特征，从而分析桥梁的实际承载状况。但随着工程应用的不断增多，现阶段桥梁检测与监测技术的瓶颈也日益突出，其中主要的问题可概括为以下四个方面：理念瓶颈。设计阶段缺乏对桥梁养护中检测与监测需求的考虑。标准体系瓶颈。标准的建立未能跟上工程发展的实际需求。方法、工具与装备瓶颈。现有技术与设备未能适应复杂多变的检测与监测环境。数据分析瓶颈。海量多源的数据堆积，未能得到充分有效的利用。随着社会经济的发展，政府、企业及社会公众对桥梁安全与健康的关注度日益提高，这对检测与监测结果的真实性、可靠性与有效性提出了更高的要求。因此，急需打破上述瓶颈，推动桥梁检测与监测技术向"低成本、高精度、短时延"发展。本节介绍和总结了现阶段桥梁检测与监测技术发展现状与技术瓶颈，并针对目前研究所存在的不足，指出了桥梁健康检测与监测技术的发展趋势和研究方向，希望为桥梁检测与监测研究的工程技术人员提供参考。

一、桥梁检测与监测技术的发展瓶颈

（一）理念瓶颈

精细化、全寿命的设计理念是欧美发达国家在桥梁设计中的主导思想，强调在结构设计阶段应充分考虑桥梁养护、检修等情况，为相关工作预留空间或设置构造措施。目前国内的桥梁设计中总体缺乏对桥梁养护阶段的考虑，导致在桥梁检测与监测中难以做

到"可达、可检、可修",更别说"易达、易检、易修",这反映了当前桥梁设计中全局性理念的缺失。例如,在国内,除了跨江、跨海的大型、特大型桥梁设计有专门的检修通道,其他类型桥梁一般没有相应的检修通道,缺乏对桥梁易检测性的考虑。检修通道的缺乏,给桥梁检测与监测工作带来了很大的困难,部分区域难以到达,从而难以进行有效的检测与监测。若采用桥梁检测车进行检查,一方面占用车道、影响交通;另一方面也增加了检测工作的经济投入,与桥梁检测"低成本"的发展目标相矛盾。

(二)方法、工具与装备瓶颈

检测与监测中所采用方法、设备的合理性和有效性是桥梁健康评估结果准确性的关键保障。目前,桥检车与无人机是进行检测的常用设备,但桥检车工作时不仅影响道路交通,而且存在较高的安全隐患;而无人机在操控时的便利性、续航能力、噪声测试等方面也存在较大的问题,这些问题始终未能得到完善的解决。另外,桥墩、基础等构件常常需要水下检测,而目前水下检测主要依靠潜水员水下摸排及观察。一方面,潜水员检测效果受光照、水质等因素影响较大;另一方面,潜水员往往不是桥梁工程师,难以对水下观测结果做出直接判断,需要进行行业术语转换,然后判断结构的损伤程度,二次转换过程必然会导致部分信息丢失,不够准确,从而降低了检测的效率。

在无损检测方面,目前所能采用的手段尚不完善,存在大量难检项目。例如,对桥梁缆索的腐蚀断丝检测仍大量采用开窗法进行,否则无法观察内部情况,而这又对缆索护套造成了损伤。同时,混凝土中的实际预应力检测、孔道压浆密实度检测等也一直很难取得突破性进展。

现场试验是用来评价桥梁承载力的重要手段,但传统荷载试验方法费时费力,对交通影响大,成本代价高。试验检测过程数据录入虽然实现了信息化,但操作不便、实际效率很低。另外,现行健康监测系统虽在通信和数据存储上的发展已能满足需求,未来5G的应用也会加速提高性能,但在数据采集与获取方面存在着传感器使用寿命远短于桥梁设计使用年限,点式传感器的信号与结构损伤之间的逻辑性和联系性较弱,监测系统的实施安装缺少行业标准等一系列问题。

二、对于发展瓶颈的突破建议

(一)准确把握技术趋势

如何保障桥梁的安全性、耐用性和使用功能已成为目前桥梁工程界的巨大挑战。桥梁工程技术发展以建设为主向建设与养护并重转型。随着对桥梁的结构要求、服役要求以及长期性能要求的提高,桥梁检测与监测及其相关的病害诊断与分析技术的研究将呈现出新的趋势，主要表现为深入化、集成化、标准化与智能化四大特征。

（1）深入化。结构损伤机理研究将逐步从微观向宏观、从短期向长期、从单因素向多因素耦合拓展。

（2）集成化。无损检测装备与养护维修装备的小型化、专业化、集成化程度将日益提高；健康监测系统中传感、采集与传输设备的高度集成将是大势所趋；依托BIM平台，设计、施工、检测、监测、养护、维修的信息将高度集成融合。

（3）标准化。不仅是传统意义上的检测、监测、养护动作和质量评定方法的标准化，还包括数据互联互通的信息标准化。

（4）智能化。随着机理研究的日益深入、数据积累的日益增多、信息融合的日益加强，以及大数据分析、云计算、机器学习等技术的进步，桥梁养护智能化研究将受到关注，结构病害的早期识别、趋势推演、检测评分自动进行、安全风险自动排序、养护资金智能优化配置、桥梁寿命预测将成为可能。

（二）实现重点技术突破

在桥梁检测中，目前大量采用近距离人工观测或接触式仪器检测，这两种方式风险高且需投入大量的人员与资金，而且部分关键部位由于位置隐蔽往往难以得到有效的检查，从而导致桥梁检测合格但实际承载能力严重受损的情况出现。因此，应大力发展非接触性的表观病害检测，提高隐蔽部位、难检部位的检测能力和检测效率，提高现场记录的自动化和信息化水平。例如，研发基于深度学习的病害识别技术，通过计算机视觉自动提取病害的特征，实现病害高精度识别；研发基于磁致伸缩导波的无损性拉吊索断丝检测技术，对于断丝截面损失情况进行精准评估；研发准静态快速荷载试验技术，缩短荷载试验时间并降低试验成本，同时精准评价桥梁的承载力状况；研发同步压缩变换瞬时频率算法，有效提取重车通过时索承桥的索力极值，为超载报警和突发事件的安全评估做出及时预判；研发更高精度、高频率的位移测量技术，如长标距的光纤传感、微波干涉雷达等。只有不断突破现有技术的瓶颈，才能够不断提高桥梁检测的效率，准确评估桥梁状态。

在桥梁状态实时监测方面，目前普遍存在传感器寿命低，点式布置传感器难以反映全桥的损伤状况以及缺乏现场实施、评定与维护标准等方面的问题。同时，对于海量的监测数据，自动化处理程度仍有待提高，且耦合数据分离始终存在困难。此外，在分析评估中，目前总体停滞于构件级评估，而且全桥评估发展缓慢，对于结构健康状态的预警与评估指标也有待进一步优化。基于上述因素，应进一步加强耐久性高、生产成本低且易更换的传感器的研发与应用，同时推广分布式传感器的应用，加强传感器对结构全局状态的捕捉，并建立健全传感器采集标准，推进传感设备布设与运营维护的规范化。此外，在数据处理与状态评估方面，充分利用云计算、人工智能技术推进数据处理自动化与智能化，并研发时空数据融合计算，推进检测监测一体化大数据分析，构建桥梁健康状态时空演化模型。综合发展传感设备与监测系统管理制度，并面向自动化、智能化发展桥梁数据分析技术，从而突破现有桥梁健康监测技术瓶颈。

随着中国桥梁的不断建设发展，巨大的存量和增量为桥梁健康和安全带来了巨大挑战，同时也为桥梁检测与监测技术的实践和创新带来了巨大机遇。本节详细阐述了现阶段桥梁检测与监测技术的发展瓶颈，同时指出了可能的突破方法和手段。随着人工智能、5G通信、大数据以及云计算的发展和普及，未来桥梁的检测和监测发展趋势可以归纳为以下几个方面：从破坏性检测向无损检测转变；从人工检测向机械智能检测转变；数据采集方式从人工记录向系统自动采集转变；从周期性检测、监测向实时数据监测转变；检测手段从现场实操向智能感知转变；检测装置从临时性设备向长期性预埋传感器转变；检测评估从少量抽样数据研判向大数据分析转变。

第二节　影响桥梁检测及监测质量的因素

一、桥梁检测及监测的目的及重要性

（一）桥梁检测的目的

桥梁工程的建设环节较为繁杂，且工程建设人员的能力与素质参差不齐，容易影响桥梁工程的建设质量，进而威胁着人们出行的安全，不利于国民经济的可持续发展。而运用桥梁检测工作能够帮助工程建设单位对桥梁的实际运行情况进行专业的技术评定，及时全面地掌握工程建设过程中存在的缺陷和不足，并分析存在质量问题的具体位置和程度，利用清晰准确的数据对桥梁的施工进行改进，避免安全隐患问题的出现。同时也为后期工程质量控制工作的有序开展提供可靠依据。工程管理人员依据桥梁检测的数据逐步完善技术管理制度，有利于提高工程技术管理水平，进而保证桥梁工程养护工作的全面性和有效性。

（二）桥梁检测的重要性

桥梁是我国重要的交通枢纽，检测工作的开展有利于保证桥梁建设的质量，进而有效促进我国交通运输事业的繁荣发展。当前阶段，随着我国社会经济的发展及科学技术

水平的不断提高，许多先进的检测技术被应用在桥梁质量的检测工作中。检测工作的开展涉及工程建设中对施工材料、施工工艺和技术、施工设备等方面的质量检测，并贯穿施工准备阶段、施工过程以及工程竣工阶段，针对影响桥梁建设质量的因素进行客观分析，进而提高桥梁工程质量评估的全面性和可靠性，保证工程施工各环节的效率和质量，避免安全隐患和事故的发生。其次，合理地开展桥梁检测工作有助于节约工程的成本费用。工程施工成本的有效控制能够在很大程度上提高施工企业的经济效益。当前阶段，桥梁工程施工的成本控制工作仍存在诸多弊端和不足，通过检测工作能够确保施工材料的质量，避免存在质量问题的材料被投入使用，进而防止了由于材料质量问题导致工程二次返工情况发生，节约了工程施工的效率和成本。

二、影响桥梁检测与监测质量的因素

（一）缺乏完善的检测管理制度

当前阶段，大部分企业缺乏健全的检测管理制度，企业内部的组织结构不完善，缺乏合理性，未能对桥梁工程检测工作进行全面有效的监督，进而导致检测质量偏低。桥梁工程的检测通常需要检测人员依据检测的要求进行布点取样工作，但由于缺乏制度指导依据，检测人员在工作中缺乏责任心，进而使得检测数据缺乏准确性和全面性，在数据的采集、传输与分析过程中容易出现偏差，对于桥梁工程的实际运行情况的掌握则缺乏真实性和准确性。近年来，国家对桥梁工程建设的质量给予了更多关注，并逐步加大对工程检测工作的重视程度，有效推动了工程检测市场的繁荣发展，拓展了检测市场的发展空间，营造了良好的市场发展环境。但随着检测机构的数量急剧增多，检测市场的竞争压力持续增加，检测管理制度不完善，部分检测机构为了获取更大的利润，往往压低检测价格，导致检测成本投入较少，降低了检测数据的准确性和可靠性，进而直接影响了检测工作的质量。

（二）检测人员的专业能力和职业素养有待提高

桥梁工程检测工作步骤和环节较多，工作量较大且强度较高，进而导致许多专业的检测人才流失。现阶段，大部分检测机构为维持企业的正常运营，往往降低人才招聘的标准，导致许多不具备检测从业资格的人员被安排在专业检测工作中，他们中的大多数专业能力较低，且缺乏对检测工作的重视，对待工作态度行为散漫，直接降低了检测工作的质量。其次，企业没有定期对检测人员进行专业的技术培训，难以提高检测人员的专业水平和职业素养。

（三）检测技术存在缺陷

桥梁的检测工作需要以检测技术为支撑，部分企业在应用传统检测技术过程中，需要耗费大量的人力和物力资源，不仅增加了检测人员的工作量，还导致检测工作的效率和质量低下。机构采用的传统检测方法通常为人工记录，因此经常出现人为操作失误导致检测数据失真的现象。部分机构虽然采用了新型检测技术，但由于对设备与技术应用的要点不清晰，设备的性能未能有效发挥，技术的应用缺乏合理性，进而降低了工程检测的质量。

三、强化桥梁检测质量的有效策略

（一）制定健全的检测管理制度

健全的检测管理制度能够为桥梁检测工作的有序开展提供有力的依据，因此，检测机构企业需要依据内部经营与发展的实际情况，制定健全的检测管理制度，全面落实岗位责任制，明确各检测部门的相关职责，提高责任划分的科学合理性，有效规范和约束员工工作中的行为。同时，制度中须明确规定对检测记录和报告进行严格的审核工作流程，有效保证桥梁工程检测数据的准确性和可靠性。加大工程检测监督的力度，建立奖惩机制，将检测工作的质量与员工绩效奖金的发放标准相挂钩，调动员工工作的积极性，保障桥梁工程检测工作的有序进行。

（二）提高检测人员的专业能力和职业素养

检测人员的能力与素质对于桥梁检测质量发挥着决定性的作用，为保证检测数据采集、分析的准确性和可靠性，需要检测机构不断提高检测人员的专业能力和职业素养。首先，机构需要提高检测人才招聘的相关标准，保证工作人员持证上岗，相应提高检测人员的绩效奖励标准，吸引更多专业复合型检测人才就业。其次，定期组织检测人员开展专业技术教育培训工作，培训的内容需要涉及涵盖工程检测专业领域的理论知识，将理论与实践相结合，提升检测人员的实际操作能力和临场发挥应变能力。还需要强化对检测人员思政教育的力度，引导他们树立正确的工作态度，不断提高检测人员的职业素养。最后，检测人员要具备较强的自主学习能力，学会借鉴和吸收其他机构企业优秀的检测工作经验，不断提高自身的检测水平，及时发现桥梁工程中的缺陷和不足，有效保证工程建设的质量。

（三）确保检测设备与技术应用的科学合理性

为保证检测设备与技术应用的科学合理性，首先需要检测机构组织人员对检测设备的使用性能进行全面学习和了解，并掌握每项检测技术的应用流程与要点。现阶段，在桥梁工程检测中较为常见的检测技术主要包括探地雷达检测技术、光纤检测技术、超声波检测技术、无线电检测技术等。光纤检测技术具备较强的抗电磁和抗原子辐射干扰的性能，因此在桥梁工程检测中得到了广泛的应用。利用预埋的光纤传感器能够测量出混凝土结构内部损伤过程的内部应变，并依据荷载—应变关系曲线斜率，准确获取混凝土结构内部损伤的具体情况。这些先进检测技术的应用能够在很大程度上提高工程检测的效率和质量，同时有助于节约检测成本。但同时，也要对不同检测技术应用的局限性进行全面分析，避免对检测质量造成不利影响，有效保证桥梁检测工作的有效性和可靠性。

桥梁工程建设的质量对于保障人们出行的安全，推动我国国民经济的持续增长具有至关重要的意义，检测工作通过对桥梁实际运行情况的技术评定，能够及时发现工程施工存在的问题，并强化对工程的质量控制，全面提升桥梁的使用性能。因此，新时期，施工单位需要提高对桥梁检测的重视程度，并从技术的应用、人才的培养、制度的建立等方面强化检测工作的质量，进而保证桥梁施工的效率和质量，促进我国桥梁事业的繁荣发展。

第三节　桥梁检测数据的采集及处理

桥梁的安全检测和数据采集是确保其能够安全使用的基础，检测是了解其运行状况的主要方式，同时要能够判定其几何量的变化，掌握桥梁在使用过程中所存在的线形变化的情况以及内力变化情况，分析导致变形的主要原因，还能够以此来实施有效的修缮与重建处理，避免在施工过程中，出现塌陷、失效等情况，也能够防止发生交通安全事故。

一、桥梁检测的内容

从实际情况来分析，桥梁检测内容包含多个方面，从检测方法角度来说，其包含了静载试验、动载试验与无损检测三种，而从间隔时间与频率角度分析，可以分为经常性检查与定期检查。经常性检查是工作人员的基础性工作，主要是采用的是目测的方式，可以使用一些比较常见的工具作为辅助，通常间隔时间为一个月或者几个月；定期检查可称为详细检查，间隔时间是半年或者一两年。定期检查针对的是桥梁的基础性能，从各个部分入手开始检查，对于损坏的位置进行标记，此时就需要运用比较专业的机械设备来进行。总之，桥梁的检测不管是选择哪一种方法，其主要的是对外观与性能方面的检测，了解其损坏程度，以判定是否可以继续投入使用。

（一）桥梁性能相关参数的检测

很多技术参数与桥梁的运营性能都存在直接的联系，主要分为：静态参数如挠度、应变、裂缝等；动态参数如固有频率、动力响应以及振型等；材料参数比如：混凝土强度指标、均匀性和耐久性等，上述这些参数都能够体现出桥梁结构的性能指标。从参数的数据可以判定出其运行状况以及所存在的主要问题，而检测确定这些参数之后，就能够确定结构强度等性能，以最终了解桥梁的承载性能。

（二）静载实验

静载实验是按照预先设定的目的，以及实施方案，在试验位置上施加静止载荷，以检测其静力位移、应变以及裂缝等方面的状态，然后以有关的技术规范来判定其综合性能和运营能力。

（三）动载实验

动载实验主要是利用激振作用的方法，使其结构出现振动，然后检测桥梁的固有频率、阻尼比以及动力冲击等参数，从而来判定其刚度性能和运行能力。

（四）无损检测

无损检测是在不损坏桥梁结构、使用性能以及其他特性的基础上，对桥梁结构中的一些构件进行物理量的测定，以更好地判定结构强度等指标，是一种比较先进的检测方法。这种检测方法的关键在于能有效对材料性能进行检测，与其他两种检测方法存在明显的区别。桥梁实施无损检测，可以更好地确定其发生病害的实际情况。外观病害检测主要是利用肉眼或者测试仪器来进行整体、Ubuntu的病害检测，比如混凝土结构所存在的裂缝与空隙、基础结构部分所发生的沉降等问题，还能够确定耐久性与强度参数，其主要是针对病害检查来进行的，但是结果会直接受到工作人员技术水平与经验的影响。

二、桥梁检测数据的采集与处理

（一）检测数据采集的问题

根据桥梁的实际情况，选择上述的一种或者几种方式来进行检测，从而获得桥梁运行情况的基础数据，然后进行数据的记录、保存与分析，这就是桥梁检测数据收集与处理的整个过程。检测数据收集：该阶段主要是对整个桥梁运行状况中所反映的所有数据实施测量、记录与整理等全部工作，从具体情况分析，其主要可以分为内业数据与外业数据两个基本内容。外业数据就是所有检测数据的记录和整理，这是内业数据处理的基础，所以应该保证所有的数据准确性达到要求。内业数据就是对检测的数据进行分类、评价、分析和参数评估等过程，所以要有条理性，效率也应该达到要求。桥梁在检测过程中会有大量数据信息，要准确记录，并且实施系统化的分析和处理，以更好地确定桥梁运行状况。

对于普通的桥梁实施检测都会存在数量庞大的数据信息，在检测过程中实施数据的采集、记录与分析的工作量都是巨大的，且复杂性非常高，并且极易出现数据错误的问题。如果针对的是大型桥梁进行检测，则会存在更多的数据信息，依然使用传统的工作方式则会导致工作量巨大，工作人员劳动强度比较高且容易出现混乱的情况，整个数据处理的过程都存在严重的问题，对于最终结果的分析也是非常不利的。

同时，现场实施数据的管理和分类工作也是非常烦琐的，工作量也非常大。如果工作效率比较低，必然造成后续的检测工作速度无法提高，并且现场实施这些数据的处理和分析也是非常麻烦的，一旦出现偏差就会造成后续工作无法进行，容易存在重复性工作。

（二）检测数据采集处理技术发展趋势

随着科学技术的发展和进步，检测数据的采集已经从传统的目测和光学机械的方式逐渐演变成为电学、电子为主要的自动化技术。数据的分析和处理目前主要是利用计算机技术来进行的，其处理速度非常快且不会发生错误问题。桥梁检测数据的采集和处理必须要使用具备高精度的设备，能够快速处理接收到的数据。

从计算机方面来分析，科技发展之下，其逐渐向着小型化的方向发展，且内存容量已经达到了千兆字节的级别，运算速度非常快，可以实现每秒数百兆次的运算。微型化计算机比如掌上计算机的应用可以使得运算更加方便快捷，大大提高了工作效率和降低劳动强度，但是其运算速度虽与台式机相差不大，稳定性与可靠性却非常高。还具备了多种形式的无线数据传输功能，可以及时地将数据信息传输到其他工作计算机内。

该工具的开发和应用对于桥梁检测技术来说是革命性的发展，也是未来研究的主要方向，其必然会促进检测技术领域的发展和提升，大大提高检测工作效率和数据的准确性，改善外业作业环境，也能够减少人员数量、降低成本。在大尺度变形方面的检测主要是利用全站仪、水准仪等设备来进行的，其具备高自动化、高精度的优势，可以大大提高数据处理的准确性。

桥梁数据测量实施处理应该在现场，或者室内通过计算机与外部设备连接，进而实现检测数据快速分析和处理。所以这些检测设备必须能够联机使用，从而实现系统化处理，积极促进我国桥梁检测技术的提升，体现出数字化仪器的优势，提高工作效率。

上文中提到的桥梁检测仪器与计算机联机使用可以达到相应的效果，该方式在国际上已经取得了一定的成就，但是应用范围还比较小，计算模型也不清楚，价格非常高，与我国的实际情况还不相符，所以大范围内应用还存在较大的局限性，并不能彻底解决当前我国所存在的主要问题。从当前桥梁检测行业的具体要求来看，国内该技术的发展还存在很大的缺陷，研发出具备上述功能且更具经济性的设备是非常必要的。因此，本次课题中的设计理念是根据当前我国的实际情况研发出具备高性能、高处理速度且操作非常便捷的桥梁检测数据收集系统设备，该技术如果成功研发，必然给桥梁检测带来新的发展，促进检测技术的提升。

当前的桥梁检测工作量比较大且复杂性比较高，如何在提高检测数据准确性的前提下来提高工作效率是未来发展的需要，意义也非常重大。应该积极地开发出具备更高性能的数据记录器，以满足当前工作进行的需要，所以需要全体技术人员共同努力开发，促进行业的发展。

第四节　无人机在桥梁检测中的应用

在改革开放不断深化的过程中，我国交通基础设施建设发展迅速，其中桥梁以平均每年 2 万座的速度在快速地增长，截至 2020 年，我国公路桥梁数量远超 85 万座，俨然成为国际桥梁第一大国。在公路桥梁建设快速发展的过程中，如何保证桥梁的安全性以及耐久性是亟待解决的一个问题，因此我们必须加大对桥梁的监测和检测力度。

一、传统桥梁检测方式概述

（一）桥梁检测作业分类

桥梁检测一般是对桥梁结构以及桥梁外观进行检测，并结合相关检测数据进行结果评定。在对桥梁结构性能进行检测的时候通常需要应用力学实验辅助；而在检测桥梁外观的时候，一般是借助肉眼或其他辅助工作完成，例如望远镜、桥检车等。在进行桥梁检测作业的时候，可以将作业内容分成四个部分，分别是日常巡检、经常巡检、定期检测和专项检测。

在进行日常巡检的时候一般是通过目测，检查桥梁上是否出现零部件缺失、损坏等问题，判定桥梁结构是否出现异变。而经常检测需要添加相应的辅助工具，对桥梁各部件进行检测，判断桥梁部件损伤程度。定期检测表示全面对桥梁进行检测。而专项检测一般是出现特殊情况的时候才会使用的一种检测方式，例如车祸、洪水、地震等。

（二）传统桥梁检测相关设备

在进行桥梁检测的时候最常用的方法是目视，仪器一般是对人工进行辅助。常用的桥梁检测设备有望远镜、梁下检修桁车、登高车、桥塔检修吊台等，是当前大部分桥梁保养单位的工作方式。其中登高车主要是将检测人员送到检测位置，在具体进行桥梁损坏测量的时候还需要借助专业的手段。在桥梁检测技术不断发展的背景下，其检测方式和手段也越来越多，正逐渐朝着智能化的方向发展，其中缆索机器人、水下机器人、无人机等设备是很常见的。

二、无人机桥梁检测特征

（一）无人机桥梁检测系统构成

应用无人机对桥梁进行检测，构建完整的无人机桥梁检测系统，通过无人机、任务荷载系统、地面站系统、数据传输系统等不同结构的结合，有效发挥对桥梁的检测作用。从飞行结构对无人机进行划分，当前可用于桥梁检测的民用无人机可以分成三类：旋翼无人机、扑翼无人机以及固定翼无人机。旋翼无人机主要是通过旋翼的高速旋转产生动力的一种飞行棋，其结构相对简单，可以垂直起降，能够在有限时间内悬停在空中，能够在比较复杂的空间环境下完成对图像的采集，因此使用无人机对桥梁进行检测通常采用的是旋翼式无人机。采用无人机对桥梁进行检测，可以将ＧＰＳ等检测设备配置到无人机上。与专用于航拍的无人机比起来，桥梁检测的无人机将三轴增稳云台放置在机体上方，而航拍无人机云台则置于机体下方。

（二）无人机桥梁检测技术优势

和传统的桥梁检测方式相比，无人机能够挂载检测设备在空中进行作业，其技术优势更为突出，本身具有较强的机动性，能够快速检测到传统检测方式触及不到的地方，弥补传统检测的短板。在具体操作过程中，无人机的构造相对简单，其具有小巧、轻便的特点，在进行运输和维护的时候非常便捷。和传统检测设备相比，无人机的成本更低，使用无人机对桥梁进行检测时不用封闭交通，不会影响正常交通秩序。从安全方面考虑，无人机完全可以代替人工高工作业的方式，相关人员能够在相对安全的地方完成对桥梁的检测，人身安全进一步得到保障。无人机检测一般会用在对桥梁的经常性检测作业中，并通过望远镜等设备进行辅助，能够提高养护人员的巡检效率。在进行定期检测以及特殊检测的时候，无人机能够提高检测的安全性，通过与专业检测设备的精确结合，有效完成检测作业，提高桥梁检测效率与成效，达到降低检测成本的效果。

（三）无人机桥梁检测技术流程

无人机桥梁检测技术的实施是否规范，直接影响检测结果的准确性。以美国无人机桥梁检测技术为例，其将无人机桥梁检测分成了五个步骤，分别是桥梁信息分析、场地风险评估、准备无人机、无人机实施检测、识别损伤。而韩国的交通运输部门将无人机检测分成了三个步骤，分别是检测前准备、检测阶段以及检测后数据处理阶段。在检测准备期间，主要制定检测方案并初步对掌握桥梁基本信息；检测期间由相关技术人员控制无人机到达指定检测点，具体开展图像采集工作；在检测完毕对数据进行处理的过程中，主要通过图像数据进行分析和评估，判定桥梁状态和损伤程度。这两个国家虽然将无人机桥梁检测技术分成了不同的步骤，但是其基本检测流程以及内容基本是相同的。

三、无人机在桥梁检测中的优劣势分析

（一）优势分析

和传统的桥梁检测手段相比，无人机桥梁检测技术的优势主要体现在以下几点。

1. 整体性好，效率高

无人机能够轻松到达人力难以触及的部位，对细节部位进行反复采样，检测效率非常高，极大缩减桥梁检测的时间，多方面控制检测成本。

2. 灵活性强

无人机检测方案具有较强的灵活性，检测人员能够在后台对检测方案进行调整和修改，通常会配备多种预备方案，会结合现场实际情况对方案做出调整。

3. 成本低

使用无人机进行桥梁检测，不需要投入大量物力、人力成本，只需要打造一个具备无人机操控技术的团队即可，通过使用无人机对桥梁病害情况进行初筛，可以极大缩减设备费用。

4. 安全性强

无人机几乎可以完全替代人力在桥座、桥墩、桥腹等较危险地段进行检测，能够最大限度降低风险。

（二）劣势分析

1. 容易受环境因素影响

常规配置的无人机在对桥梁进行检测的时候，很容易受到周边环境的影响，例如大

风天气、电磁环境以及物理环境,这些因素都会对无人机的稳定性造成影响,进而影响检测数据的准确性。

2. 受无人机配置条件影响较大

无人机的配置不同,其负载能力、稳定性、续航、防风等能力的差别比较大,直接影响桥梁检测的结果。所以为了达到良好的检测效果,在制订检测方案的时候,通常会考虑桥梁类型和环境因素,进而选择合适的无人机。例如在对大型桥梁进行检测的时候,续航能力强的无人机为首选;如果被检测桥面过宽,应当考虑无人机是否会出现信号弱的问题,适当为无人机施加雷达避阻、红外测距等技术手段。

3. 对操作人员要求较高

因为桥梁检测需要较高的专业度,从一定程度上讲在进行无人机操作的时候操作人员需具备一定的专业素养,具备有效识别桥梁病害的能力。因为无人机操作具有一定难度,因此操作人员的门槛比较高,进而限制了无人机桥梁检测技术的推广。

四、无人机桥梁检测硬件设备要求

无人机对桥梁进行检测与其他领域的无人机相比有很大不同,用于桥梁检测的无人机需要在未配备GPS的情况下稳定悬停,同时还需要搭载高精度的相机采集桥梁病害数据。使用无人机检测桥梁需要用到的硬件设备可以分为以下五种。

(一)飞行器主体

因为桥梁结构非常复杂,无人机在采集图像数据的时候需要完成稳定悬停拍摄,通常采用稳定性较强的旋翼无人机,要考虑无人机在飞行过程中可能会出现的碰撞问题,所以应当施加一定的保护措施,避免无人机与桥梁结构碰撞时发生炸机。

(二)桥下定位

桥梁下方空间以及桥梁钢铁结构都会对无人机产生磁干扰,会对GPS信号造成影响,进而影响无人机飞行的稳定性。因此要充分考虑在桥梁检测过程中,桥梁钢铁结构、地板等复杂环境,应当为无人机配备超声波、视觉定位系统、惯性导航系统等技术,确保无人机可以在无人操作的情况下完成作业。

(三)上置云台

桥梁检测期间,对桥梁支座等结构进行检测时需要使用上置相机收集图像数据,所以应当在无人机上端安装三轴稳定云台,便于通过无人机对桥梁特殊结构进行拍摄。

（四）变焦相机

在桥梁病害当中，裂缝是很难被观测到的，将变焦相机配置到上置云台，可以在相应的距离范围内通过光学变焦拍摄到清晰的图片，为后续软件处理和分析提供良好的帮助。

（五）图像传输

在检测大型桥梁的时候，出于安全性和数据准确性考虑，检测人员应当及时获取无人机信息，应用稳定的图像传输技术，能够保证桥梁检测的安全和效率。

五、桥梁检测技术发展展望

和传统的桥梁检测技术相比，无人机能够提高桥梁检测中的效率，补齐经济短板，同时还能够在复杂环境下进行作业，降低桥梁检测的难度。但是在当前桥梁检测中，无人机通常被当作空中信息采集站，如何对采集的信息进行识别、管理和跟踪，将无人机检测的潜能充分发挥出来还是一个亟待解决的问题。笔者认为未来无人机桥架检测技术可能会朝着以下几个方向发展。

（一）实景三维以及 BIM 结合应用

通过 3D 视角对桥梁的数据进行展示，结合所展示的数据有效对桥梁进行管理和维护，桥梁检测的效率得到进一步提高。

（二）桥梁检测朝智能化发展

在科学技术不断发展的背景下，未来桥梁检测将会朝着智能化的方向发展，无人机将会搭载智能化功能，逐渐取代人工对桥梁进行检测，最大限度降低作业风险，提高检测效率。

（三）自动化水平提高

未来通过无人机对桥梁病害数据进行采集，其数据采集的方式逐渐朝自动化方向发展，结合多种定位技术，根据提前设计好的飞行航线无人机能够自主完成采集工作，降低人工操作的难度。

综上所述，在科学技术日渐成熟的今天，无人机桥梁检测技术已经逐渐取代了传统桥梁检测技术。用无人机对桥梁进行检测，能够高效检测出桥梁病害问题，实现对桥梁病害的精准识别。无人机在桥梁检测中的应用，能够极大缩减桥梁检测成本，提高检测效率，在未来科技发展的过程中，无人机桥梁检测技术也将朝着自动化、智能化的方向发展。

第五节　桥梁检测与监测技术智慧化

当前，我国桥梁总数已超过百万座，其中，公路桥梁总数已达87.83万座，其中特大桥5 716座、大桥108 344座。随着我国桥梁数量的逐渐增多和桥龄的逐渐增加，桥梁的健康与安全问题也日益引起关注。

检监测技术是保障桥梁安全运营的关键，依靠现场检测与实时监测获取桥梁结构的损伤状况与动力特征，从而分析桥梁的实际承载状况。桥梁检测采取科学的方法和技术对桥梁运营状态进行局部测试及整体评估，监测通过对桥梁结构状况的监控与评估为桥梁的维护维修和管理决策提供依据与指导。随着工程应用的不断增多，现阶段桥梁检监测技术的问题也日益突出，可概括为以下四个方面。

（1）理念问题。设计阶段缺乏对桥梁管养中检测与监测需求的考虑。

（2）标准体系问题。标准的建立未能与工程发展的实际需求同步。

（3）方法、工具与装备问题。现有技术与设备未能适应复杂多变的检(监)测环境。

（4）数据分析问题。海量多源的数据堆积，未能得到充分有效的利用。

本节拟通过归纳总结桥梁检监测技术发展现状，针对目前研究存在的不足，指出桥梁健康检测与监测技术的发展趋势和研究方向，以推动桥梁检监测技术向"低成本、高精度、短时延"发展。

一、桥梁检测与监测技术的存在问题

（一）理念、观念问题

精细化、全寿命的设计理念是欧美、日本等发达国家在桥梁设计中的主导思想，其强调在结构设计阶段便应充分考虑桥梁养护、检修等情况，为相关工作预留空间或设置构造措施。而目前在国内的桥梁设计中总体仍缺乏对桥梁养护阶段的考虑，导致桥梁检测与养护难以做到"可达、可检、可修"，更勿论"易达、易检、易修"，这反映了当前桥梁设计中全局性理念的缺失。例如，在国内，除了跨江、跨海的大型、特大型桥梁设计有专门的检修通道外，其他类型桥梁一般没有相应的设施，缺乏对桥梁易检测性的考虑。检修通道的缺乏，给桥梁的有效检测带来了一定的难度。而若采用桥梁检测车进行检查，一方面占用车道，影响交通；另一方面也增加了检测工作的经济投入，与桥梁检测"低成本"的发展目标相矛盾。

（二）标准体系问题

中国的高速发展为工程建设带来了全新的发展机遇，但与此同时，快速的发展也使工程实践远超前于现有的技术标准。目前，工程领域的很多标准难以与工程实践的快速发展同步。现有标准总体上体系完整性不够、描述清晰度不足、可操作性不强。在桥梁检测与监测方面，标准体系的不完善主要表现在以下 7 个方面：①缺少针对钢—混组合等新型结构的检测标准；②缺少灾后快速检测与评估的标准；③缺少有效预应力等传统难检项目的检测标准；④缺少无人机等新型检测技术的标准；⑤缺少健康监测系统施工、质量评定、维护技术标准；⑥缺少监测系统数据库、数据交换与数据处理标准；⑦缺少监测系统报警阈值设定及状态评估标准。

（三）方法、工具、装备问题

检测与监测中所采用方法、设备的合理性和有效性是确保桥梁健康评估结果准确性的关键保障。目前，桥检车与无人机是抵近观察检测中常用的方法。但桥检车工作时不仅影响道路交通，而且存在较高的安全隐患。而无人机在操控的便利性、续航能力、测试噪声等方面也存在较大的问题，且始终未能得到完善的解决。另外，桥墩、基础等构件常常需要进行水下检测。而目前水下检测主要依靠潜水员水下摸排及观察。一方面，潜水员检测效果受光照、水质等因素影响较大；另一方面，潜水员往往不是桥梁工程师，难以对水下观测结果做出直接判断，需要再次进行行业术语转换，然后判断结构的损伤程度。二次转换过程必然会导致部分信息丢失，不够准确，从而降低了检测的效率。

在无损检测方面，目前所能采用的手段尚不完善，存在大量难检项目。例如对桥梁缆索的腐蚀断丝检测，目前仍大量采用开窗法进行，否则无法观察到缆索内部的情况，而这又对缆索护套造成了损伤。同时，混凝土中的实际预应力检测、孔道压浆密实度检测等也一直很难取得突破性进展。

现场试验是用来评价桥梁承载力的重要手段，但传统荷载试验方法费时费力，对交通影响大，成本代价高。试验检测过程的数据录入，虽然实现了信息化，但操作不便、实际效率很低。另外，现行健康监测系统虽在通信和数据存储层面的发展已能满足需求，未来 5G 的应用也会加速提升性能，但在数据采集与获取方面，存在着传感器使用寿命远小于桥梁设计使用年限，点式传感器的信号与结构损伤之间的逻辑性和联系性较弱，监测系统的实施安装缺少行业标准等一系列问题。

（四）数据分析问题

健康监测系统通过捕捉诸如应变、变形等海量信息数据，从数据获取到数据处理，再到分析评估，通过一整套分析过程，将信号提取为信息，最后转化为知识，从而表征桥梁服役的性能状况。

近年来，随着传感、通信与存储技术的飞速发展，桥梁检测与监测中数据获取能力得到了极大提升，但这又造成了数据分析方面的能力已远远落后于数据监测获取能力。在数据处理方面，耦合数据分离困难等技术问题一直未得到很好的解决，自动化处理程度有待进一步提高；在分析评估方面，通过构件级的直接或间接评估到全桥评估发展缓慢，评估指标体系与预警有待进一步优化，评估报告对业主养护管理的建设性意见支持度不够。在很长一段时间内，对于包括来源于设计、施工、检测、监测等多源数据的综合分析问题能力提升将是一个需要重点突破的环节。

二、在智慧化、数字化方向发展突破的建议

（一）技术趋势准确把握

加强动物防疫应急处理能力建设。完善动物防疫冷链设施建设，建立动物重大疫病防控专项资金，完善应急预案，储备应急防控物资，开展应急演练，提升重大动物疫病防控和处置能力。

深入化。结构损伤机理研究将逐步从微观向宏观、从短期向长期、从单因素向多因素耦合拓展。

集成化。无损检测装备与养护维修装备的小型化、专业化、集成化程度将日益提高；健康监测系统中传感、采集与传输设备的高度集成将是大势所趋；依托BIM平台，设计、施工、检测、监测、养护、维修的信息将高度集成融合。

标准化。不仅是传统意义上的检测、监测、养护管养动作和质量评定方法的标准化，也包括为实现数据互联互通的信息标准化工作的快速推进。

智能化。随着机理研究日益深入、数据积累日益增多，信息融合日益增强，大数据分析、云计算、机器学习等技术的进步，桥梁管养智能化研究将日益受到关注，结构病害的早期识别、趋势推演、检测评分自动进行、安全风险自动排序、养护资金智能优化配置、桥梁寿命预测将成为可能。

（二）理念与观念创新突破

结合城市发展与新型桥梁建设需求构建城市桥梁资产管理系统，积极推进面向桥梁管养的精细化设计、资产管理与分类分级。

（三）标准体系的完善

为加强桥梁结构检测和监测领域的建设和管理，使安全检测和监测系统的实施和验

收工作制度化、规范化，越来越多的行业标准被制定和执行。由于桥梁检测和监测工作的涉及面广、专业技术要求高，因此高水平的行业标准正在追赶工程实践的发展脚步。

为此，在桥梁检测方面，行业内部存在一些计划修订的标准，并且会对行业规范发展产生极大的推动作用，包括《公路桥梁预制节段拼装混凝土桥墩技术规程》《钢混组合结构梁桥养护技术规程》《钢结构桥梁质量检验评定规程》《桥梁快速荷载试验与评估技术规程》《桥梁振动测试与性能评估技术规程》《公路工程预应力施工质量与验收规程》等。在桥梁监测方面，包括《桥梁健康监测报警阈值设定规程》《桥梁健康监测系统数据库架构设计规范》《桥梁健康监测系统数据处理指南》《桥梁健康监测系统施工质量评定指南》《桥梁健康监测系统运营维护技术指南》等。

（四）实现重点技术突破

在桥梁检测中，目前大量采用近距离人工观测或接触式仪器，风险高且需投入大量的人员与资金。另外，部分关键部位由于位置隐蔽往往难以得到有效的检查，从而出现桥梁检测合格但实际承载能力严重受损的情况。因此，应大力发展非接触性的表观病害检测，提高隐蔽部位、难检部位的检测能力和检测效率，提高现场记录的自动化和信息化的水平。例如研发基于深度学习的病害识别技术，通过计算机视觉自动提取病害的特征，实现病害高精度识别；研发基于磁致伸缩导波的无损性拉吊索断丝检测技术，对断丝截面损失情况进行精准化评估；研发准静态快速荷载试验技术，缩短荷载试验时间并降低试验成本，同时精准评价桥梁的承载力状况；研发同步压缩变换瞬时频率算法，有效提取重车通过时索承桥的索力极值，为超载报警和突发事件的安全评估做出及时预判；研发更高精度、高频率的位移测量技术，如长标距的光纤传感、微波干涉雷达等技术。只有不断突破技术瓶颈，才能不断提高桥梁检测的效率，准确地评估桥梁状态。

在桥梁状态实时监测方面，目前普遍存在传感器寿命低、点式布置传感器难以反映全桥的损伤状况，以及缺乏现场实施、评定与维护标准等问题。同时，对于海量的监测数据，自动化处理程度仍有待提高，且耦合数据分离始终存在困难。另外，在分析评估中，目前总体停滞于构件级评估层面，而全桥评估发展缓慢，对于结构健康状态的预警与评估指标也有待进一步优化。基于上述因素，应进一步加强耐久性强、生产成本低且易更换的传感器的研发与应用。同时，推广分布式传感器的应用，加强传感器对结构全局状态的捕捉，并建立健全传感器采集标准，推进传感设备布设与运营维护的规范化。此外，在数据处理与状态评估方面，充分利用云计算、人工智能技术推进数据处理自动化与智能化，并研发时空数据融合计算，推进检测监测一体化大数据分析，建立桥梁健康状态时空演化模型。新型数字温度传感器测温系统，运用无源摆幅速率控制和瞬时强上拉技术，提高监测效率的同时成本较低，具有作为长期监测手段的可能。基于长标距光纤光栅技术，通过推算结构挠度转角、动力特征、交通荷载等关键数据，实现应变处理、变形解析、模态解析、全桥荷载识别、损伤识别及异常分析。基于分布式传感导电涂料对裂缝有电阻强敏感性，对桥梁混凝土裂缝的宽度计算、发展阈值报警，实现了实时监测裂缝进展的目的。对于监测过程中采集的海量数据，采用深度神经网络的异常数据自动探测，在数据缺失时补充数据，利用实测和预测的差异进行探测异常。综合发展传感设备与监测系统管理制度，并面向自动化、智能化发展桥梁数据分析技术，从而实现现有桥梁健康监测技术发展问题的突破。

随着中国桥梁建设的不断发展，巨大的存量和增量不仅为桥梁健康和安全带来了巨大挑战，也为桥梁检监测技术实践和创新带来了巨大机遇。文中阐述了现阶段桥梁检测与监测技术的存在问题，同时指出了可能的突破方法和手段。

随着人工智能、5G通信、大数据及云计算的进步和普及，未来桥梁的检测和监测发展趋势，可以归纳为以下方面：①从破坏性检测向无损检测转变；②从人工检测向机械智能化检测转变；③数据采集方式从人工记录向系统自动采集转变；④从周期性检测、检查向实时数据监测转变；⑤检测手段从现场实操向智能感知转变；⑥检测装置从临时性设备向长期性预埋传感器转变；⑦检测评估从少量抽样数据研判向大数据分析转变。

第六章 道路与桥梁工程试验检测

第一节 试验检测的目的和试验检测规程

一、试验检测的目的

（1）道路桥梁试验检测的主要目的是确保工程施工质量，其中包括在工程施工前进行试验检测来选择合适的施工材料，施工中进行试验检测以达到预期的施工目的，此外，在工程投入使用后如出现质量问题，也可通过道路桥梁的试验检测技术来寻找问题的根源所在。

（2）道路桥梁工程竣工后，试验检测技术是一种常用的验收方法，可判断工程的使用寿命、施工质量、荷载能力等，为工程的后期运营提供参考数据，在一定程度上可以延长桥梁的使用寿命，减少桥梁质量问题，对道路桥梁的发展起到推动作用。

二、试验检测规程

（一）确定工程检测重点

在实际的施工过程中，影响工程质量的因素很多，其中常见的主要包括集中应力、挠曲、缝隙、连接断裂等，因此，在实际的检测过程中，工作人员首先应该明确检测工作的重点，确定一些关键部位，然后对这些关键部位进行检测，还要保证其完整性以及作用最大化。最后，再对一些次要部分进行检测，才能保证工程的整体质量。

（二）逐步检测

检测过程中，工作人员可以将重要部分依据工程的实际状况进行划分，通常来说，分为上中下三部分，然后在将各个部分进行细化，并且对其进行逐步排查。工作过程中，工作人员应该严格按照相关施工要求进行施工，同时工作人员还要有严谨的工作作风，将各个部位的检测合格指标铭记在心；另外，如果发现存在内部缺陷，工作人员应该依据实际情况对其进行更换，如果缺陷较为严重，应该积极地组织二次施工，才能保证施工质量符合实际工程建设需求。

（三）内部缺陷检测

在实际的道路桥梁检测工程中，不仅要进行外部检测，还要进行内部检测，只有这样才能保证建筑工程的承载能力满足实际的工作需求。通常来说，内部结构主要存在的问题包括锈蚀、中空、分层、碎裂等。这些问题严重影响工程结构质量，导致工程使用寿命减少，一定程度上增加工程的维修成本。

第二节 试验检测人员配置及检测机构资质要求

一、试验检测人员配置

（一）实验室人员比对试验的目的和意义

建筑工程实验室的主要任务是对用于建筑工程施工现场的建筑材料、建筑构配件以及建筑物整体进行检验和测试，为工程质量提供可以量化的产品性能指标，即大量的检测报告，作为质保资料。由于建筑工程质量检测的项目繁杂、技术涵盖面广，而且建筑工程试验的对象大多数是非匀质性的建筑材料，因而检验工作一般具有破坏性，过程无法复现。在实际工作中，同一实验室中同一样品由不同人员操作的试验误差是客观存在的，同一样品由不同实验室检测也会存在试验误差。

质量认证机构一般通过两种技术手段来评价实验室能力：一是派出评审组按照标准要求对实验室进行现场能力评估；二是通过能力验证来评价实验室的能力。在国认实函〔2006〕141号《实验室资质认定评审准则》中，也把实验室人员比对试验、实验室间能力验证作为实验室必须进行的一项质量活动。实验室人员比对试验是指在相同的仪器设备、试验项目、环境和设施下，由不同的操作人员来进行的试验；而能力验证是指不同实验室间对指定样品、指定检测项目的比对试验。试验工作中往往通过人员比对试验、能力验证等方法来抵消试验误差对试验结果的影响，提高实验室检测工作的准确性。一般来说，只有在人员比对试验合格后，才进行实验室能力验证试验。由于实验室人员比对试验易于操作，通常作为一种技术层面的监管。用客观的数据作为识别和缩小检测人员检测结果的差异，发现实验室在检验工作中存在偏差的原因，并采取相应的改进方法和纠正措施，可以消除试验室的系统误差，提升实验室检测能力，以确保实验室工作的可信度和有效性。

（二）实验室人员比对试验项目的确定

实验室建材检测样品很多，但并不一定能够满足比对试验要求。根据笔者经验，每年都选定钢筋力学性能、水泥物理性能检测作为实验室人员比对试验项目。这主要出于以下考虑：一是钢筋、水泥作为建筑工程中最重要的原材料，其质量直接影响到建筑工程质量，在国家强制标准中，这两项都是必须进行复检的建筑材料。二是钢筋力学性能、水泥物理性能检测每年都作为广西质量技术监督局实验室间能力验证的项目之一，成为评价实验室检测能力的重要依据。三是钢筋和水泥的特性。水泥是一种散体物质，相对来说其均匀性比较容易控制；钢筋原材料虽不是散体物质，但在同一根钢筋上所截取的样品，其匀质性也是在检测样品间的差异范围内；同时，国家对钢筋、水泥检验也有一系列操作性很强的标准，这对参加人员比对试验的过程和结果评价具有指导性。

（三）实验室人员比对试验的实施

（1）编制比对试验计划。根据公司质量控制要求编制比对计划，确定比对试验的时间、人员安排、检验依据和评价方法。比对试验的参数包括钢筋的力学性能和水泥的物理性能：其中钢筋的力学性能指标含屈服强度、抗拉强度、伸长率和弯曲试验；水泥的物理性能指标含细度、安定性、凝结时间、抗折强度及抗压强度。

（2）比对试验的仪器设备在计量检定有效期内，并经过运行检查合格。

（3）参加比对试验的人员为公司持证上岗人员，现从事该项目的试验。

（4）试验室的操作间、养护室符合标准规范规定的要求。

（5）样品的准备。

水泥：对于同一生产厂家和出厂编号、同品种、同强度等级的水泥，随机地从不少于20袋中各采取等量水泥，搅拌均匀后，再从中称取每份12kg水泥作为检验试样，共n份。样品在试验前提前一天放置于20±2℃、相对湿度≥50%水泥操作间内。

钢筋：对于同一生产厂家、炉批号、牌号及规格的钢筋，从每批中任选2根，从每一根钢筋距端头不小于500mm处切取拉伸试样和弯曲试件各n个，分别组成n份样品。

（6）检验依据。

水泥：GB 175—2007、GB/T 17671—1999、GB/T 1345—2005、GB/T 1346—2001。

钢筋：GB 1499.2—2007、GB 1499.1—2007、GB/T 228—2002、GB/T 232—1999。

（7）评价方法（见表1~表2）。

（8）比对试验过程的控制。

为了保证比对试验的真实性，对于钢筋的力学性能指标——屈服强度、抗拉强度，水泥的物理性能指标——抗折强度、抗压强度等参数试验，采用珠海新华通NEWTOP

建材检测试验室自动化管理系统试验全自动采集，并使用曲线显示功能。通过曲线查询了解试验员操作过程，如加荷速度、试验时间、试件破坏状态等操作问题。其他参数，如钢筋伸长率和弯曲试验、水泥的细度、安定性、凝结时间等在规定的试验时间完成后一天内即输入新华通 NEWTOP 建材检测试验室自动化管理系统，不能修改数据。

（9）比对结果的评价。

由于笔者所在的检测公司内持有钢筋和水泥上岗证且正从事该项目的试验人员不超过 4 人，因此人员比对试验按上述水泥比对试验允许误差表、钢筋力学性能试验允许误差表进行结果评价。不超过上表中允许范围的误差值 50% 评价为很满意，不超过上表中允许范围的误差评价为满意，超过上表中允许范围的评价为不满意。对于评价为不满意的比对试验，需通过试验操作细节的调查和查询新华通 NEWTOP 建材检测试验室自动化管理系统中的曲线来找出原因，制定纠正措施。必要时再次进行人员比对试验，找出发生偏差的原因，及时纠正与改进过程中各因素引起的偏差，以达到试验室工作的一致性。

（四）比对试验的总结

1. 试验操作细节对检测结果的影响

在人员比对试验中笔者发现，很多偏差存在于操作细节中。如在水泥胶砂强度试体制备过程中，从振实台上取下试模，用一金属直尺以近似 90° 的角度架在试模模顶的一端，然后沿试模长度方向以横向锯割动作慢慢向另一端移动，一次将超过试模部分的胶砂刮去，并用同一直尺在近似水平的情况下不超过两次将试体表面抹平。从胶砂的制备到试体的制备是一个很连贯的过程，而且应是相对规范的操作过程，在操作中对力度的掌握很关键。若过于用力，试件成型后尺寸偏小；若力度过轻，试件成型后突出试模，尺寸偏大。而试件抗压强度是按标准尺寸计算的，所以这一操作过程的正确与否对强度检测结果的影响很大。

抗压过程中，每块试体压完后，往往对夹具内的残留物清理不净，甚至有的不清理就进行第二块试验，残留物对试件和夹具接触面强度也有影响。对于水泥三天强度抗压值，若平均值是 12MPa，5% 的误差值也就是 0.6MPa，非常容易引起超差。

在钢筋伸长率试验中，要注意钢筋标距的打点过程。钢筋的伸长率是通过拉伸后与拉伸前标距的差值与原始标距的比值计算的。目前，钢筋标距是用打点机进行打点的，当打点机上的打点钢头使用一段时间后，常常会磨钝，打出的点有时直径会有 0.3mm 左右，有些小钢筋，如 φ10、HPB235 的钢筋原始标距是 50mm，比对试验中两个试验员量测的断后标距有 0.3mm 的差，则会有 6% 的伸长率为绝对误差。

钢筋断后标距在量测时，若试件断裂处不在中间位置，则一定要采用移位法进行量测。因为钢筋断裂处及离断裂处位置不同的材料的变形也是不同的，钢筋断裂处因颈缩变形最大，离断裂处越远，变形变小，若直接量测就会造成偏差。

2.加荷速度对检测结果的影响

在建筑材料的强度测试中，一般都规定其加荷速度范围。如加荷速度超过规范规定的范围，加荷速度急剧增加时电脑自动采集系统有时无法采集到试件的屈服荷载，对于直径较小，如φ6.5、φ8的钢筋特别明显。一般情况下，加荷速度较快，试件的变形滞后于加在其上的荷载，测出的强度值高于材料固有的强度。如同一根钢筋做比对拉伸试验，通过新华通NEWTOP建材检测试验室自动化管理系统的加载时间—荷载曲线中可发现：检测中加荷速度较快，屈服强度和极限强度会有所提高（但在规定的加荷速度范围，其比对试验偏差仍在允许范围内）。对于水泥抗压试验，应根据不同的龄期，选择其合理的加荷速度；控制加荷速度，使试体自初始受载至最终受载破坏始终处于连续均匀的加载状态下。应该注意的是，在水泥3天抗压强度比对试验中，如果6个抗压试件中有1个试件加荷速度超过上限，急剧增加，强度会明显提高。通过新华通NEWTOP建材检测试验室自动化管理系统的加载时间—荷载曲线可发现，这一曲线在很短的时间内陡升，到达顶点后直线下降，很有可能这一试件的抗压强度超出6个试件中的平均值10%，评定结果作废。所以，建筑材料力学性能检测试验中，不按照标准规定的加荷速度进行检测，会导致检测结果失去可比性、真实性，严重时甚至会直接影响检测结论。

影响检测工作准确性的因素有很多，要真正使试验室的检测能力上一个台阶，试验室的内部质量得到有效控制，在实验室人员比对改进之后，还须参加认证认可机构或上级主管部门下达的实验间能力验证试验。只有通过能力验证，才能了解自己在该检测项目中的真实水平，发现问题，采取措施，及早纠正和整改。

二、检测机构资质要求

检验检测机构经省级专业技术评价机构，组织评审人员对机构的基本条件和技术能力，按《检验检测机构资质认定评审准则》及评审补充要求，进行审查和考核，保证检验检测活动的公正性，进行第三方科学公正检测活动。

（一）机构

检验检测机构应是依法成立并能够承担相应法律责任的法人或者其他组织。检验检测机构或者其所在的组织应有明确的法律地位，对其出具的检验检测数据、结果负责，并承担相应的法律责任。不具备独立法人资格的检验检测机构应经所在法人单位授权。

检验检测机构应明确其组织结构及管理、技术运作和支持服务之间的关系，检验检测机构应配备检验检测活动所需的人员、设施、设备、系统及支持服务。

检验检测机构及其人员从事检验检测活动，应遵守国家相关法律法规的规定，遵循客观独立、公平公正、诚实信用原则，恪守职业道德，承担社会责任。

检验检测机构应建立和保护维护其公正和诚信的程序，检验检测机构及其人员应不受来自内外部的，不正当的商业、财务和其他方面的压力和影响，确保检验检测数据、结果的真实、客观、准确和可追溯性。检验检测机构应建立识别出公正性风险的长效机制。如识别出公正性风险，检验检测机构应能证明消除或减少该风险。若检验检测机构所在的组织还从事除检验检测以外的活动，应识别并采取措施避免潜在的利益冲突。检验检测机构不得使用同时在两个及以上检验检测机构从业的人员。

检验检测机构应建立和保持保护客户秘密和所有权的程序，该程序应包括保护电子存储和传输结果信息的要求。检验检测机构及其人员应对其在检验检测活动中所知悉的国家秘密、商业秘密和技术秘密负有保密义务，并制订和实施相应的保密措施。

（二）人员

检验检测机构应建立和保持人员管理程序，对人员资格确认、任用、授权和能力保持等进行规范管理。检验检测机构应与其人员建立劳动、聘用或录用关系，明确技术人员和管理人员的岗位职责、任职要求和工作关系，使其满足岗位要求并具有所需的权力和资源，履行建立、实施、保持和持续改进管理体系的职责。检验检测机构中所有可能影响检验检测活动的人员，无论是内部还是外部人员，均应行为公正、受到监督、胜任工作，并按照管理体系要求履行职责。

检验检测机构应确定全权负责的管理层，管理层应履行其对管理体系的领导作用和承诺：

1）对公正性做出承诺；2）负责管理体系的建立和有效运行；3）确保管理体系所需的资源；4）确保制订质量方针和质量目标；5）确保管理体系要求融入检验检测的全过程；6）组织管理体系的管理评审；7）确保管理体系实现其预期结果；8）满足相关法律法规要求和客户要求；9）提升客户满意度；10）运用过程建立管理体系和分析风险、机遇。

检验检测机构的技术负责人应具有中级及以上专业技术职称或同等能力，全面负责技术运作；质量负责人应确保管理体系得到实施和保持，应指定关键管理人员的代理人。

检验检测机构的授权签字人应具有中级及以上专业技术职称或同等能力，并经资质认定部门批准，非授权签字人不得签发检验检测报告或证书。

检验检测机构应对抽样、操作设备、检验检测、签发检验检测报告及提出意见和解释的人员，依据相应的教育、培训、技能和经验进行能力确认。应由熟悉检验检测目的、程序、方法和结果评价的人员，对检验检测人员包括实习员工进行监督。

检验检测机构应建立和保持人员培训程序，确定人员的教育和培训目标，明确培训需求和实施人员培训，培训计划应与检验检测机构当前和预期的任务相适应。

检验检测机构应保留人员相关资格、能力确认、授权、教育、培训和监督的记录，记录包含能力要求的确定、人员选择、人员培训、人员监督、人员授权和人员能力监控。

（三）场所环境

检验检测机构应有固定的、临时的、可移动的或多个地点的场所，上述场所须满足相关法律法规标准或技术规范的要求。

检验检测机构应确保其工作环境满足检验检测的要求。检验检测机构在固定场所以外进行检验检测或抽样时，应提出相应的控制要求，以确保环境条件满足检验检测标准或者技术规范的要求。

检验检测标准或者技术规范对环境条件有要求或环境条件影响检验检测结果时，应监测、控制和记录环境条件。当环境条件不利于检验检测进行时，应停止检验检测活动。

检验检测机构应建立和保持检验检测场所良好的内务管理程序，该程序应考虑安全和环境的因素。检验检测机构应将不相容活动的相邻区域进行有效隔离，应采取措施以防止干扰或者交叉污染。检验检测机构应对使用和进入影响检验检测质量的区域加以控制，并根据特定情况确定控制的范围。

（四）设备设施

1. 设备设施的配备

检验检测机构应配备满足检验检测（包括抽样、物品制备、数据处理与分析）要求的设备和设施。用于检验检测的设施，应有利于检验检测工作的正常开展。设备包括检验检测活动所必需并影响结果的仪器、软件、测量标准、标准物质、参考数据、试剂、消耗品、辅助设备或相应组合装置，检验检测机构使用非本机构的设施和设备时，应确保满足本机构标准要求。

检验检测机构租用仪器设备开展检验检测时，应确保：1）租用仪器设备的管理应纳入本检验检测机构的管理体系；2）本检验检测机构可全权支配使用，即：租用的仪器设备由本检验检测机构的人员操作、维护、检定或校准，并对使用环境和贮存条件进行控制；3）在租赁合同中明确规定租用设备的使用权；4）同一台设备不允许在同一时期被不同检验检测机构共同租赁和资质认定。

2.设备设施的维护

检验检测机构应建立和保持检验检测设备和设施管理程序,以确保设备和设施的配置、使用和维护,满足检验检测工作要求。

3.设备管理

检验检测机构应对检验检测结果、抽样结果的准确性或有效性有影响或对计量溯源性有要求的设备,包括用于测量环境条件等辅助测量设备有计划地实施检定或校准。设备在投入使用前,应采用核查、检定或校准等方式,以确认其是否满足检验检测的要求。所有需要检定、校准或有有效期的设备应使用标签、编码或以其他方式标识,以便使用人员识别检定、校准的状态或有效期。

检验检测设备,包括硬件和软件设备应得到保护,以避免出现致使检验检测结果失效的调整。检验检测机构的参考标准应满足溯源要求。无法溯源到国家或国际测量标准时,检验检测机构应保留检验检测结果相关性或准确性的证据。

当需要利用期间核查以保持设备的可信度时,应建立和保持相关的程序。针对校准结果包含的修正信息或标准物质包含的参考值,检验检测机构应确保在其检测数据及相关记录中加以利用并备份和更新。

4.设备控制

检验检测机构应保存对检验检测有影响的设备及其软件的记录。用于检验检测并对结果有影响的设备及其软件,如可能,应加以唯一性标识。检验检测设备应由经过授权的人员操作并对其进行正常维护,若设备脱离了检验检测机构的直接控制,应确保该设备返回后,在使用前对其功能和检定、校准状态进行核查,并得到满意结果。

5.故障处理

设备出现故障或者异常时,检验检测机构应采取相应措施,如停止使用、隔离或加贴停用标签、标记,直至修复并通过检定、校准或核查表明能正常工作后为止。应核查这些缺陷或偏离对以前检验检测结果的影响。

6.标准物质

检验检测机构应建立和保持标准物质管理程序。标准物质应尽可能溯源到国际单位制(SI)单位或有证标准物质。检验检测机构应根据程序对标准物质进行期间核查。

(五)管理体系

管理体系应包括总则、方针目标、文件控制、合同评审、分包、采购、服务客户、投诉、不符合工作控制,并制订风险与机遇控制程序。

为了减少或避免公司风险事件,确保检验检测工作的顺利进行,公司应制订《风险和机遇管理程序》，对本公司检验检测活动范围内所涉及的风险机遇进行识别、评估和控制。

考虑公司检验检测活动相关的风险和机遇，需要满足以下要求：确保公司管理体系能够实现其预期结果，管理体系预期的结果包括执行质量方针、实现质量目标、保证检验检测质量、提高客户满意度、方法验证确认、监控结果有效性、质量监督、维护公正性等；开辟新市场，赢得新顾客，建立合作伙伴关系，利用新技术满足客户需要，增强客户满意度，提高检验检测质量，引进先进检验检测方法和先进设备，提升人员能力，扩充检测项目，增强检验检测能力，提高市场占有率；采取适当的措施预防或减少公司活动中的不利影响和可能的失败，包括检验检测数据错误、服务和供应品不合格、泄密、影响公正性、记录文件不符合规范、环境条件失控、仪器设备故障等。

（六）风险和机遇管理

在风险事件发生之前或之后（但还没有结束），对其可能造成的影响和损失进行量化，通过有计划的变更来降低损失发生的概率或者降低损失程度，通过识别机遇来实现改进。

公司制订《风险和机遇管理程序》，对风险和机遇进行识别、评价、应对。

应对风险和机遇的措施要与风险和机遇对公司结果有效性的潜在影响相适应。

应对风险的方式包括但不限于下列方式：识别风险，规避威胁，为寻求机遇承担风险、消除风险源、改变风险的可能性或后果，在了解相关信息的基础上决定保留风险。

对于机遇需要考虑下列因素：机遇可能促使公司扩展活动范围、机遇可能促使公司赢得新客户、机遇可能促使公司使用新技术和其他方式应对客户需求。

通过以上"人""机""法""环"要求及管理体系、风险与机遇浅析，切实做好检验检测活动，规范操作，规避风险，抓好机遇，使检测水平更上一个台阶。

第三节　试验检测数据处理及评定

一、试验检测数据处理

在施工中要保证建筑材料不使用劣质产品，施工工艺和技术符合工程建设标准，工程的实用性满足投入使用后的需求，都需要专业的试验检测来验证和把关。在我国大多数公路工程中，试验检测在其中都发挥重要的监督和鞭策作用。对于试验检测的数据要进行科学客观的处理和分析，得到最公正的检测试验报告，工作人员要认真履行试验检测职责，为公路工程的质量负起责任。

（一）公路工程试验检测数据分析

在进行公路工程试验检测数据的相关分析时，要注意选择正确有效的分析方法。数据分析需要大量的精密运算、绘图与建立表格来开展。工作人员要掌握专业的学科知识，并灵活运用于试验检测工作当中。根据精密运算和解析得到的重要参数以及图表等分析依据，才能为工程的各项施工技术和功能去粗存精，找出问题所在以及制定整改措施。

1. 图示法

概括来讲，图示法就是应用图形具体表现检测数据，能够使人们清晰地看出函数的变化趋势和规律。但图示法仍有它的缺点，在图形中不能很清晰地表现函数关系，使得人们无法进行精确的科学分析。如果用图示法对数据进行处理，首先要准确把分度值、名称和有效数字的位数等重要数据标注在坐标轴上，在书写过程中，要尽量将文字的书写方向和坐标轴保持平行。第二值得注意的是，要让测量数据的精度和记录分度相对应，作图时一定要采用平滑曲线的连接方法，坚决杜绝绘制成一条没有任何意义的工程折线。

2. 表格法

表格是一种直观、全面的工具，对于试验检测工作来说，表格法是通常在实际工作中使用的方式，企业的报表、工程各项参数以及各项试验数据都可以转化为表格的形式表现出来，让人一目了然，清晰快速地了解事物的属性和重要数据分析。但是，在表格法的使用过程中我们发现了一些问题：表格是一种标准设计，其内容和重要的数据都放置于规定的方格内，空间有限，如果有其他重要的数据，就会出现遗漏或者错漏，导致试验检测的数据分析出现问题，精确度下降，对于事物的了解虽然迅速高效，但是只能做到初步粗浅的理解，深入地反映事物的关联和内在联系是很难通过表格呈现出来的，在施工中就无法进行很好的衔接，会造成施工环节的不连贯，给施工进度造成一定的负面影响。表格法所呈现的数据虽然简易明了、通俗易懂，但数据都是孤立性的存在，表格无法体现我们通常需要的一般线性规律，其重要程度大打折扣，虽然通过表格数据分析可以知道工程检测的结果，但相关的具体分析和前因后果都无法做到全面的了解和补充。

3. 经验公式法

我们在绘制完曲线后，可以很直观地发现它与一些特定函数有相似之处，我们把这种与曲线对应的函数称为经验公式。实际上，要想简明扼要地表达所有数据之间的关系，最简单的方法就是用一个公式来表达，这样可以直接得到自变量和应变量的关系。

（二）公路工程试验检测的误差处理

1. 误差的来源

公路工程的试验检测数据要求精确精准，但是在实际检测工作中，工作人员发现误差是无法避免的，专业知识扎实、检测经验丰富的工作人员检测时也会发生一定概率的误差，再精密的检测设备和仪器都会发生理论上的误差，更何况是人呢，所以数据误差的来源是工作人员或者设备仪器的本身误差造成的。而在大多数试验检测数据分析和处理工作中，出现一定范围内被允许的误差是正常的。但是检测人员要全力避免误差的扩大，避免对检测结果造成不良影响，延误施工进度。

2. 误差的表示

误差有两种最基本的表达方式，即绝对误差和相对误差。绝对误差指的就是实际测量值和真实值之差。在具体工作中，我们通常把用精度较高的仪器设备测量得到的数据称为实际值。实际值比较接近真实值，所以用它来替代真实值。绝对误差要有单位，要与被测值的单位保持一致，然后用绝对误差表示实际偏差，但是不能得到误差的精确程度。所以，相对误差不单能够表示绝对误差，还能表示精度，同时还可以表示误差的方向。

3. 误差的处理与分析

尽管误差很可能出现或者已经存在于检测结果中，但也是有办法可以进行补救的，最常用的办法就是多次进行重复的试验检测，将每次的检测结果进行对比和整理，依靠数学中的统计学原理进行取值，以此方法得到的数据就会更加可靠和准确。一般情况下误差是普遍存在的，而很有可能是人为过失的因素酿成的，而不是检测设备或者仪器本身存在的误差率造成的，因此，要进行重复试验，找出错误所在，排除第一次错误的数据，然后进行多次试验验证，直到满足检测需求的准确结果。在检测工作中应该全力避免人为失误或犯错导致的数据误差，这就要求检测人员不断提高自身素质和检测水平，检测机构也要加大对硬件设备和先进仪器的维护保养，营造更加专业和适合检测工作的环境氛围。

二、试验检测数据评定

试验检测的数据处理与分析是检测结果的基础和来源，而数据分析的准确度关系到检测结果的公正性与客观性，在工作中要避免误差，保证准确度，从公路工程施工的角度考量，也需要一份专业精准的检测数据来衡量施工技术水平和工程质量的高低，所以，检测机构和人员要不断提升检测能力，增强业务素质和专业技能。

（一）测量不确定度评定的必要性

在汽车检测领域，检测不确定度应用的场合很多。可以说，对于任何有数值要求的测量，原则上在给出检测结果的同时还应给出该检测结果的测量不确定度。否则这一检测结果便是"不完整的"。特别是当检测结果在标准限值附近时，检测结果测量不确定度的大小将直接影响合格或不合格的判定。因此，凡是需要对被测量进行合格性判断的场合，必须给出检测结果的测量不确定度。一般来说，在检测结果的完整表述中通常应给出检测结果的扩展不确定度。

（二）测量不确定度的影响量

检测结果中测量不确定度的影响因素很多，大体源于以下几个方面：被测量的定义不完整；测量方法不理想；取样的代表性不够；对模拟式仪表的读数存在人为的偏移；测量仪器的不确定度；引用的数据或其他参数的不确定度。总结为两个方面，即：在重复测量中由检测结果的变化所得到的随机分量（上述第1~4条），以及由于对系统影响的修正不完善所引入的系统分量（上述第5~6条）。在任何情况下，测量不确定度的评定都应包括这两方面的因素所引入的不确定度分量。

随机效应对检测结果的影响是不断地变化的，即使在重复性条件下进行测量，其观测列也将分布在一定的区间内。因此随机效应对检测结果的影响不能通过修正值或修正因子而消除。但是可以通过增加测量次数的方法来降低它们对平均值测量不确定度的影响。这一分量用对在规定的测量条件下重复测量所得量值的统计分析的方法进行评定，我们通常称之为测量不确定度的A类评定。

系统效应对检测结果的影响导致在检测结果中引入系统误差，在重复性条件下多次测量时，这些误差大小保持不变。因此可以通过修正值或修正因子对检测结果进行修正。对这一系统效应分量的分析计算我们通常称为测量不确定度的B类评定。

第七章 大跨径桥梁施工监控

第一节 大跨径桥梁施工控制温度应力分析

温度应力是由于内部构件温度不同而引起的变形受到了来自结构之外的束缚所生成的相应应力。温度分布就是在某一特定时刻,桥梁结构内部与表面的状态。在大跨径的桥梁建设施工中,会有很多不确定因素对其造成影响,如此一来就会使桥后线性和结构与设计出来的有较大或较小的偏差,所以就是要通过大跨径桥梁的施工控制温度应力分析来减少甚至除去这些由于不确定因素而引起的偏差。

一、温度应力是如何生成的

桥外环境长时间的变化使桥梁的整体结构发生变化而产生了常年温差应力。在太阳光的照射下,大跨径桥梁会因为它所处的位置、风力的方向以及太阳光照射的时间等各种不确定的因素产生局部温差应力。线性变化的温度梯度会引起桥梁结构的移动,但不会出现温度内力;非线性变化的温度梯度会使桥梁结构因为温差的变化而受到束缚,这种约束力就是温度应力。

温度的升高和降低以及日照的时间长短都会影响桥梁结构内外的温差,混凝土箱梁会因为温度的影响而产生变化。需要注意的是,温度的变化有时不是及时的,它可能延缓出现,温度变化的不确定性就会使桥梁结构内部存在不均匀易变化的温度场力。从控制应力的分析角度出发,系统理论数据通常是不固定的,没有规律性且不断变化,在这些变化中,要想将这些没有规律与整在性的数据变成整齐有序的规律数据库,需要采取数据处理的模式并且对所选取的材料数据进行大量的研究。

二、简化的计算温度应力的处理方法

在大跨径桥梁结构中,可以先假设一个温度分布图有关纤维的自由伸缩式为:$\varepsilon T(y) = \alpha T(y)$ 式中的 α 为材料膨胀系数;$T(y)$ 为沿梁高的温差分布。

假定平截面可得出总应变为：ε(y)=εc+ky，其中 εc 为桥梁的重心温度应变；k 为在平截面处的微段曲率。

因为总应变不等于温度产生的应变会得出如下几何关系：

ε(y)=εT(y)+εe(y) 其中：εe(y) 为弹性应变并且对应的应力为：

σT(y)=Eεe(y)=E[ε(y)-εT(y)]=E[εc+ky-εT(y)]

其又可以叫作温度外约束应力，它的产生原因是桥梁结构温度赘余力的存在，而且其相对应力分布在截面上的形状为线性。

温度自应力又可以叫作温度自约束力，它讲究自身的平衡：σ(y)=NT+MTy-Eε

三、如何控制大跨径桥梁施工温度应力的方法研究

大跨径桥梁控制温度应力的方法可以分为平衡稳定的控制方法、几何控制目标的方法和施工过程中安全控制的方法。其中，第一种控制方法关乎桥梁结构的稳定性，在当前的大跨径桥梁施工过程中因为没有完善的监控系统，所以在施工过程中容易发生一些突发状况或者失稳的情况，这样一来就会威胁到桥梁施工的正常进行，甚至会造成一些安全事故。因此，建立一个稳定可靠的控制系统是十分重要的。

第二种控制方法就是通过各道工序的几何控制目标达到所需的状态要求。任何结果的产生都达不到真值，只是努力做到接近真值，而使结果值与真值产生距离的就是误差，所以要在允许范围内将误差控制在最小，而误差的范围值由桥梁施工建设的规模大小与跨径的大小等决定，所以误差允许值需要在施工前结合实际情况提前研究分析出来，这样才能达到几何控制的目标。

第三种控制方法就是涉及安全的安全控制法，毋庸置疑安全在各行各业各个方面都是重中之重，也是最受关注的。这里所说的安全控制主要的就是施工安全，只有各方面的安全工作做到位了才能提高施工的效率，保证桥梁的顺利建设。其次，安全控制也是由桥梁结构的形式所决定的，不同的结构形式所产生的安全问题也是不同的，这就需要在施工过程中抓住重点进行防范，当然小问题也要予以重视。只有将上述所说的三种控制都做到位了，大跨径桥梁的施工安全也就得到了一定的保障。

德国的学者早在 20 世纪就开始致力于温度应力对大跨径桥梁施工的影响研究，并且通过实验研究已经明确了在不同光照温度下，线性温度应力与非线性温度应力对桥梁建设地影响。在大跨径桥梁的建设中由于受到很多不确定的因素而导致了桥梁建成结果与设计初期预想有一定的差距，所以消除这些不确定的因素也是当前所需要进行的工作研究之一。从温度应力对大垮进桥梁建设施工的影响可以研究出三种上述所提到的控

方法，这对桥梁建设者以及未来的桥梁建设都是有很大的帮助与指导意义的。近年来的研究重点都是基于建桥后温差对其造成的影响，但是目前在桥梁施工过程中温度变化对其所产生的影响更是不容小觑的，更应该受到国内外研究学者的重视。这里需要提到的一个内容就是温度参数，它在桥梁结构的确定中有着至关重要的地位，而且很难对其有准确的判定。温度变化是随机的，这就给桥梁建设施工增加了难度，所以通过计算温度应力，利用其结果进行分析研究就可以减少施工过程中的难度，使结果更具准确性。

第二节 大跨径连续混凝土梁桥的施工监控

一、工程概况

上海大芦线航道整治二期工程（闵行浦江段）4标（恒南路桥），主线桥梁由主桥、南引桥、北引桥和梯道四部分组成，桥梁分两幅设置，间距0.5 m。主桥上部结构采用三跨预应力混凝土连续箱梁，跨径布置为65 m + 107 m + 65 m。主桥现浇箱梁被划分为0#节段（长13 m）、1# ~ 11#节段（悬浇段，节段长度分别为3.5 m、4.0 m、4.5 m）、边跨现浇直线段（长10.4 m）和合龙段（长2 m），合计总长度为237 m。

为抵抗桥墩两侧施工过程中产生的平衡偏差，需在每个主墩承台四角分别设置一个临时固结柱。主桥现浇箱梁需分段施工，0#块采用钢管支架施工，悬浇段采用挂篮对称施工，边跨现浇段采用支架现浇施工。主桥施工流程如下：主桥下部结构施工→临时固结柱施工→0#块施工→挂篮对称悬浇施工1# ~ 11#块→边跨现浇段施工→边跨合龙段施工→拆除临时固结（第1次体系转换）→中跨合龙段施工（第2次体系转换）→桥面混凝土铺装层施工→桥面系附属结构施工。

二、监控的总体思路和关键技术

（一）监控的总体思路

恒南路连续梁桥采用线形控制与内力控制相结合的方式，对主桥的施工过程进行监控，通过"施工→测量→计算分析→修正→预告"的循环过程，保证桥梁顺利合龙和结构内力、成桥线形符合设计要求。

（二）监控的关键技术

恒南路桥的施工监控需要解决的技术难点主要有：主梁线形控制、主梁应力控制和结构温度场对主梁的影响控制。

1. 主梁线形控制

本桥主梁的线形控制分为两部分：0#块与边跨现浇段、挂篮对称悬浇段（主桥曲线部分）。主梁的线形控制主要取决于各节段箱梁的标高控制，特别是底板的标高控制，应依据各部分的实际施工情况和结构特点采取针对性的措施。

对于0#块的标高控制，首先要保证其下部的桥墩标高符合设计要求，其次对支架进行预压，消除支架的非弹性变形值（包括拼装误差），获取支架的弹性变形值，为0#块的预拱度值提供数据支持，最后依据施工模拟计算得到的理论结果确定0#块的立模标高，实际立模标高偏差控制在5 mm内（以底板为主），且应适当高于监控指令，以补偿施工的实际状态与计算的理想状态偏差产生的影响（下挠）。边跨现浇段的标高控制与0#块类似，不再赘述，应注意的是：为了保证边跨合龙段的合龙精度（不得大于20 mm），在边跨悬浇段施工完成后，应尽快进行合龙施工，避免边跨现浇段持续地地基下沉对合龙精度产生不利影响。

对于悬浇段的标高控制，控制的基础是获得挂篮的弹性变形值与质量的关系，方法是对挂篮进行预压（预压质量为最大节段箱梁质量与施工临时荷载之和的1.05～1.10倍），可消除挂篮的非弹性变形（含拼装误差）。标高控制的核心仍然是底板的高程控制，通过施工模拟计算的理论结果，结合0#块施工的实际标高偏差与设计规定的预拱度，确定1#块的立模标高，1#块施工完后，通过测量各观测点的标高变化，确定预应力张拉的效果，并与理论计算结果比较，适时修正模型参数，各节段施工后实际标高若与理论标高偏差5 mm以上，则可通过调整下一节段立模标高的预抛高，完全或部分消除施工误差（偏差小的可一次性消除），确保误差不持续累积。

2. 内力控制

内力控制是本桥施工监控难点中的重点，主要是通过在0#块根部、1/4跨径和合龙段埋设传感器进行实时监测来实现的。在桥梁合龙前，0#块根部位置为施工过程中的最不利位置（应力最大），1/4跨径位置主要是监测悬浇段施工时的内力变化情况，合龙段位置主要是监控合龙段在不同工况下（如体系转换）的内力变化情况。将实测的内力值与对应的工况下计算得到的理论值比较，以此来确定实际的主梁内力状态是否符合预期，若实测值明显超出计算的理论值，偏离理论状态（如理论为压应力而实际为拉应力、应力超标等），则应立即停止施工，找出原因，以确保主梁在可控的情况下施工，保证安全。

3. 结构温度场影响控制

温度场变化对桥梁结构的受力和变形影响很大，温度变化会使结构出现不均匀的伸缩变形，这会给主梁线形测量带来误差。为减少温差影响产生的测试误差，可以采用两种方式对结构变形测量予以修正：一是通过有限元分析方法，在结构中模拟各种温差，建立温度变形与温度的关系表；二是通过一天连续 24 h 的结构变形监测，建立温度变形与温度的关系表，通过该关系表修正以后的变形测量数据。此外，应对混凝土水化热产生的不均匀温度梯度进行实时监测，并采取相应的措施来减少温度应力的影响，如对关键工序、部位施工提出合理的建议，确保成桥线形和内力符合理想的成桥状态。

三、基于 Midas/Civil 的有限元模型分析

（一）建立计算模型

恒南路桥工程采用 Midas/Civil 软件进行计算分析，全桥建立空间杆系单元，并充分考虑不同施工工况下的边界条件。计算分析首先保证了施工过程中结构受力安全（理论计算得到主梁应力、位移符合实际情况和相关规范要求）；其次，结合施工工艺和桥型特征，消除了施工实际状态与设计理论状态之间的误差，并保证成桥后的受力状态结构满足合理成桥状态的要求。恒南路桥的主梁模型共划分为 100 个单元（测点断面在每个节段的梁端）。

1. 单位模型的建立

0# 块需在截面突变（悬臂根部）、中心位置（模拟边界条件需要）、悬臂近中间部位（模拟临时固结柱需要）进行单位拆分，将 0# 块拆分为 8 个单位，全桥共计 16 个。悬浇段按设计的节段箱梁长度，将每个悬浇段箱梁划分为 1 个单位，主墩每侧 11 个单位，共计 44 个单元，因需在桥梁 1/4 跨径位置处监测应力应变等参数，故需在悬浇段桥墩每侧增设一个断面，共增加 4 个单元，即全桥悬浇段共被划分为 48 个单元（44+4）。边跨现浇段长 10.4 m，为提高计算精度，同时也是模拟边跨现浇段边界条件的需要并结合现场施工方案，将边跨现浇段近似等分为 7 个单元，全桥共计 14 个单元。合龙段因在中部位置处有监测应力应变等参数的需要，需将合龙段划分为 2 个单位（获得理论值，以便与各工况下的实测值比较），全桥共计 6 个，故全桥主梁单位共 84 个（16+48+14+6），再加上 16 个临时固结柱单元（每个临时固结柱按高度等分为 4 个单元，全桥共 4 个），全桥仿真模型共计 100 个单元。

2. 施工模型的建立

在单元模型建立完成并输入完主梁的预应力钢束相关参数信息后，即可进行施工模型的建立。采用前进分析方法（按照主梁施工工况发生的先后顺序建立模型计算），按工程实际的施工方法和施工先后顺序（悬浇段施工、合龙顺序、体系转换节点等均按设

计的要求模拟），通过在模型中输入各种参数进行仿真模拟，建立与工程实际一致的施工工况，模拟整个主梁的施工过程。

（二）计算结果分析

恒南路连续梁桥根据设计图纸和预定的施工流程，进行了施工全过程的仿真分析，得到了施工监控的理想成桥状态和理论监控数据。

四、监控与成果分析

（一）测试截面及测点布置

1. 主梁线形监测

为了满足施工过程测试控制目标的要求，全桥主梁每一测试截面的梁顶和梁底混凝土表面处设立6个变形观测点（梁顶和梁底各3个），以便主梁施工过程中的线形控制监测。本工程单幅桥共设70个测试截面、420个测点，其中边跨现浇段取3个截面，共18个测点。

2. 主梁应力监测

主梁应力测试是恒南路桥施工监控的另外一项重要工作。恒南路桥选择在每个T构的悬臂根部截面、1/4截面以及合龙段截面，进行纵向应力的监测。在综合考虑某些节段的受力非平截面假定、剪力滞效应和预应力扩散角等因素后，每个T构的悬臂主梁根部靠近截面布设10个应力测点，靠近边跨及1/4截面布设4个应力测点，合龙段截面布设6个应力测点，本工程单幅桥一共布设了40个应力监测点。

（二）施工阶段的测试工作

施工阶段测试是桥梁施工监控工作中必不可少的一部分，恒南路桥的各项测试工作均在规定的工况和环境状态下进行（减少温度场变化对结构状态的影响），将每一梁段的施工划分为一个测试循环（包括3个测试工况）。

（三）监控成果分析

1. 主梁线形监控成果

在恒南路桥主梁施工的各个阶段，通过观测每个截面在进行挂篮立模、混凝土浇筑、预应力张拉时的标高，记录分析了各个控制点挠度以及主梁曲线的变化历程，保证了主梁悬臂端的精确合龙。

通过以上的实测标高数据可以得出结论：在各主梁悬臂施工过程中，东（西）幅桥对应节段的实测标高高差较小，东（西）幅桥成桥后的标高、轴线偏位都控制得较好，主梁悬臂施工过程中线形满足监控和规范要求。

2. 主梁应力监测成果

从结构安全的角度来说，主梁根部靠近主跨位置、主梁靠近边跨位置、边跨合龙段和中跨合龙段位置的应力大小是最需要关注的。恒南路桥在悬臂施工的过程中对结构的受力状态控制较好，且实测应力与设计应力相比，预留适当，这些因素都确保了施工过程中的结构状态安全。

结合应力监测数据与理论计算结果，从整体的应力测试结果来看，本工程主梁桥面板实测应力值与理论值较为接近，考虑到混凝土收缩徐变的影响，监测数据可以反映结构的实际受力状况，主梁受力正常。

施工监控技术在大跨度连续桥梁施工安全和质量控制方面具有重要的作用，是大跨度桥梁施工中一个必不可少的部分。本节中恒南路桥的施工监控技术运用 Midas/Civil 软件指导和控制施工，取得了良好的效果。在整个施工过程中，桥梁结构的几何线形和各个应力控制部位的实测应力值都在规范限值范围内，桥梁结构的受力处于安全状态，实现了预期的施工监控目标。

第三节　大跨径悬臂浇筑桥梁施工线形监控

一、工程概况

三明市国道 205 线沙县后底至永安吉山公路改线工程荆东互通主线桥为单线双幅桥，上部结构采用 (72+130+72)m 单箱单室变截面箱梁连续刚构。箱梁横截面为单箱单室直腹板，箱梁顶板宽度为 16.5 m，底宽为 8.5 m，箱梁梁体两翼板悬臂长度为 4 m；控制断面梁高：中间支点处 8.2 m，边跨直线段及主跨跨中处 3.0 m，其高跨比分别为 1/15.85 和 1/43.44。

二、悬臂浇筑施工流程

连续梁悬臂浇筑施工流程如下：移动模架主梁拼装、起吊→牛腿安装→主梁就位→鼻梁安装→横梁及底模安装→底模预拱度调节→侧模、翼缘模板安装及预拱调节→移动模架预压→箱梁施工→移动模架前移至下一跨直至合龙。

三、线形监控的目的

所谓线形监控实际上是以施工监测中所获得的结构参数的真实的数值作为主要的依据，进而计算出施工的节段，再逐一确定悬浇节段的立模标高，另外在施工的时候，还要以施工所监测的成果作为根据，深入分析和预测存在的误差，方便调整下一个立模标高，这样能够有效地降低轴线、标高的累积误差的产生率。通过施工过程的数据采集和严格控制，确保线形平顺，避免施工差错，确保成桥后的主梁线形符合设计要求。

四、线形监控的原理

线形监控实际上是一个循环的过程，从预告开始，要经过施工、量测、判断、修正的过程，再到预告和施工。为了将连续梁的线形尽可能地控制好，必须对箱梁的每一个施工工况的标高进行量测监控，这样能够较好地将每一个工况的量测数据都及时反馈，方便进行下一步的综合分析与判断，从而将施工过程中产生的误差显露出来，及时地对产生误差的原因进行分析，将这些误差都及时消除，才能将下一梁段的立模标高给出来。本工程由独立的第三方监控量测单位来负责原始数据的采集、整理、汇总、分析和预控处理。

五、影响线形的因素

施工过程中影响连续梁线形的因素主要有以下几种：

挂篮制造、安装误差、挂篮弹性变形的影响；桥梁施工荷载的影响，每个梁段浇筑混凝土的重量偏差、施工荷载(桥上人员、设备、材料的大小、位置)的变化；混凝土收缩、徐变的影响；气温变化和日照影响；测量误差的影响等。

六、线形监控的措施

为了减少或消除各种因素对连续梁线形产生影响，施工过程中就需要采取相应的措施，具体需要做到以下几个方面：

做好准备工作。在施工之前，一定要确定好施工的工序和施工所要采取的方法，施工所采用的设备也要提前订好，同时制订线形控制实施计划。

做好挂篮的设计与安装工作。挂篮的设计也是很重要的，不仅要考虑强度和刚度的问题，还要将重量问题考虑在内，尽可能选重量轻的。挂篮安装完以后，还需要将挂篮的非弹性变形尽可能地消除，主要采用预压的方法，并利用试验的方式对挂篮的弹性变形进行实测。

梁上的施工问题。为了使梁上施工受到的荷载影响尽可能地减小，就需要降低制造和安装模板时产生的误差，确保每个梁段上都浇筑与设计相符合的混凝土重量与位置，施工的时候，还要明确规定梁上所需要的施工人员、设备以及材料的重量，从而使施工荷载的变化尽可能地减少。

线形监控在施工过程中一个重要的手段就是进行连续梁悬臂端的中线与高程的实测。首先在每一个施工块上设置标高监测点，即在0号块两侧及中间布置9个控制点（同时也用作高程控制点），其余号块件的顶板各布置3个控制点。布置控制点的时候，一定要将挂篮的位置避开，与离块件前端保持10 cm的距离，在横向布置上，要与腹板顶部外侧保持70 cm的距离。控制点所需要的钢筋也有明确的规定，其直径要保持在8 mm，而且要在前期完成加工，将钢筋的顶部做磨圆处理，在进行混凝土浇筑的时候就做好预埋的工作，还要焊接在竖向的钢筋上，端头要将混凝土表面露出来，长度约为20 mm，要将测头磨平，做好标记。另外，在浇筑悬臂混凝土的过程中，要做好测量工作，可以对箱梁的中线、标高按照不同的工况进行测量，通常将工况分成3个。在L/4跨径梁段的施工完成之后，还要对全桥进行一次通测，主梁每进行4~5个节段的浇筑以后，就复测一次墩顶的偏位，合龙前做全面的复测。测量观测的时间要保持固定，避免温度过多的影响和干扰观测的结果，最为适合的观测时间就是清晨的6：00~8：00，这时要将空气温度和箱梁内温度都记录清楚。

合龙段的施工控制。本桥共设1个中跨合龙段，2个边跨合龙段。连续梁合龙是控制全桥线形的一个非常重要的工序，一定要与设计要求相符合，整个施工过程中都要按照要求进行。合龙段可以使用常规的方法完成施工，采取的措施主要就是为了做好连续梁的线形控制：第一，悬浇梁段的开端要与合龙段保持4节的距离，注意将两边悬臂梁的中线和高程调整好，尽可能地缩小偏差，在抵达合龙段的时候，要控制好两端悬臂梁的中线和高程偏差。第二，为了使两端悬臂梁的高程偏差尽可能地缩小，改变梁上施工荷载的大小、位置，也可以调整水箱配重的设置。

七、获得的成果

因为在施工的时候采用了有效的监控措施，连续梁成桥时中线偏差较小、梁顶平直、梁底曲线比较圆顺、合龙精度较高。

根据JTG F80/1—2004公路工程质量检验评定标准的规定，合龙段两端悬臂梁的允许偏差如下：轴线为13 mm(L/10 000)，高程偏差为26(±L/5 000)。本桥合龙段合龙精度符合质量检验评定标准要求。

连续梁桥的悬臂施工中,线形监控是一个非常关键的环节,因此做好施工状态的相关监测和调整,将直接影响到成桥合龙精度和施工线形与设计线形的吻合程度,做好施工过程中的监控工作十分重要。

第四节 大跨径桥梁工程主梁浇筑施工监控

一、工程概况

新建大明路工程沪蓉高速采取56m+90m+56m连续梁跨越,桥体总宽为25m,设计行车速为50km/h,道路级别为城市主干道。线路在K0+832.09处跨越沪蓉高速,与高速公路的中心线斜交70.96°(左前角),连续梁里程为K0+731.089×K0+933.089,设计沪蓉高速公路净空不低于2.5~5.2m,在高速公路两侧平行于公路的支架现浇87m梁体,呈顺时针旋转约70.96°后转体到位,两侧的现浇直线段总长度均为9.5m,施工完成边跨3m的合龙段,在最后施工中跨3m的桥体合龙段达成全桥合龙。

二、大跨径桥梁工程主梁浇筑施工监控方案

(一)施工监控内容

施工监控的主要内容包括以下几个方面:对工程设计规划图进行评估与复审,重点评估预测施工作业不同阶段的结构性效应与风险,结合具体情况编订施工监管规范。评估工程规划时,应测算模拟工程施工计划的全过程,分析计划中各施工作业阶段的不同状态,给出主要施工阶段中的桥梁水平应力和结构形变的预计值。为此,必须细致真实地模拟实际施工过程,根据实地测量的工程数据进行基本建造参数的估算与修改,并以此为根据制定建筑施工控制细则。

当已建成的桥梁段产生较大的误差时,应及时对其原因进行分析研究,制订纠偏方案,全力协助承建单位进行纠偏,避免建造过程中的小误差累积为大的工程灾难。在施工控制中,应重视线形控制与应力控制。对施工支架的拆除、桥梁边跨间距合龙、中跨间距合龙等重要施工内容依据施工现场的实际情况(实际测算桥梁线形结构)制订科学有效的桥梁施工计划。

（二）施工监控的具体步骤

施工监控的具体步骤如下：(1) 梁段立模前，由监控单位提供梁段立模标高指令表，经监理签认后提供给施工单位。(2) 钢筋绑扎好，模板标高调整完毕后，由施工单位测量立模标高，经监理签认后向控制小组提供立模反馈结果。(3) 混凝土浇筑前，施工单位协助监控小组预埋应力传感器和变形监测点并现场复核立模标高，反复调整直至满足监控要求。(4) 混凝土浇筑后，按相关标准检查截面尺寸，经监理方签认后，提供给施工控制小组，并向施工控制小组提供混凝土等材料的超重情况。(5) 测量所有已施工结构上的高程测点，经监理签认后报监控小组，同时，监控小组测试节段混凝土应力状态。(6) 预应力张拉后，施工单位测量小组和监控小组同时测试梁段线形，经监理确认后，形成预应力张拉后梁体线形变化反馈结果。(7) 监控控制小组分析测量结果，根据上一施工周期标高测量值和应力、温度等测量结果计算、预测下一施工周期的标高和截面内力状态。

（三）实施监测初步方案

1. 线形监控

在不同桥体节段的二分点水平截面，应设置观测点。观测点应整体布置于桥体主梁段悬臂的同一侧面的外凸部分，横向排列分布6个测点。观测点在桥体各个节段的钢筋结构绑扎固定阶段进行设备预埋。观测点使用特种加强钢筋架设在桥体骨架上，观测点所在的钢筋骨架顶面应加工为半圆形，冠顶需比桥体混凝土顶面高约2cm。混凝土浇筑完成后，应对观测点处的混凝土表面进行清洁并使用红色油漆画圆标记及按序编号。

梁体施工各监测阶段的监测工作应根据桥体主梁的建造进度情况布置在夜间8时（在夏秋两季为夜间10时）以后至次日上午8时前进行。考虑到现实施工场地的环境因素，桥体立模监测若在日间开展，所获的桥体立模测量数据应在修正温度误差后使用。

2. 应力监控

主梁的监测截面及测点布置系根据施工各阶段主梁的内力分布特点，兼顾施工监控布点要求等综合确定，能充分反映主梁应力的纵向分布规律和横向变化情况。全桥分别选取各跨主梁的根部（0号梁段与1号梁段交界处）、二分点及合龙段控制截面位置，并与主桥结构施控分析的计算截面相对应，全桥共7个截面。各测试截面内箱梁的顶板横向布置3个测点、底板横向布置3个测点，以反映主梁应力的横向剪力滞差异（测点均靠近腹板处）。

3. 温度监控

温度测量主要包含箱梁混凝土内部温度场测试和箱梁内外大气温度测量。箱梁内温度场测试采用内埋温度传感器进行，位置与测试阶段同应变计测点。

4. 温度测量

在墩顶处布设测量基点，配合施工定期进行跟踪监测，以了解墩顶的沉降。在0号块墩顶中心截面横向布置3个测点，采用精密电子水准仪和0.5秒全站仪进行观测。

5. 合龙前后轴线监测

合龙前后轴线监测的方法是将全站仪布设在0号块墩顶中心截面中心处，以另一墩主梁中心线后视点定向，对于后视方向同侧的主梁中线测量，可采用视准线法直接利用小钢尺测量每一节段主梁中心的偏移量；对于后视方向异侧的主梁中线测量，采用正、倒镜观测法，依次测量每一块主梁中心的偏移量，最后取2次结果的平均值作为该节段主梁中心点的偏移量。

综上所述，在桥梁建造中，由于大跨径桥梁工程的施工难度大，对施工质量与安全防范领域的要求非常高。预应力混凝土连续梁桥的设计与施工相关性很强，高度耦合。因此，除监控方采取技术措施使数据尽量准确外，也需施工方严格进行施工管理，积极配合。因此，在大跨度桥梁工程的实际建造中，要做好监控测量工作，保证施工作业的安全性，确保工程建造质量，进而持续促进我国桥梁建设事业的发展与进步。

第五节　大跨径钢桁架上承式拱桥的施工监控技术

本节以某钢桁架上承式拱桥的建设为例，研究了该桥在整个施工过程中的监控技术。首先，应用有限元计算软件 Midas/Civil，对整个施工过程进行了模拟计算，得到各控制工况下各构件的位移和应力等数据；其次，对拱桥关键控制截面的线形和应力进行监测，并与理论值进行比对分析，总结了部分施工监控的成果，可为同类桥梁施工监控提供参考。

钢桁架上承式拱桥具有桥型美观、施工周期短、跨越能力强等优点，是大跨径拱桥一种比较理想的结构形式。钢拱桥结构的施工和计算极为复杂，桥梁成桥后的内力和线形状态与桥梁的施工方法和施工顺序密切相关，桥梁在施工过程中有很多不确定因素，如果不加以控制，会使结构的应力状态和线形偏离设计值，这种偏离不仅会影响桥梁合龙，还会危及施工过程中结构的安全。因此，为了减少或消除这些偏差和不确定性带来的影响，使桥梁的受力和变形状态始终处于结构和设计的要求之内，同时成桥后的钢桁梁内力和线形达到设计期望值，需要对钢桁架上承式拱桥进行施工监控。

一、工程概况

本节以某钢桁架上承式拱桥为工程背景，桥梁的净跨径100m，净矢高21m，矢跨比1/5，拱轴线采用悬链线，拱轴系数m选用2.352；主拱肋采用钢箱桁架结构，钢桁高度为等高3.5m，横向分两片拱肋，肋间中距8m；拱肋上、下弦杆为等截面钢箱；拱上立柱墩采用钢排架结构；拱上桥面行车道采用分离式钢箱梁，跨径15m，采用连续结构，钢箱梁梁高1.5m，桥面全宽12.5m，外悬臂1m；拱肋采用支架组拼，钢箱梁采用架桥机拼装施工。通过对本桥施工监控技术进行研究，在有限元分析的基础上，同时监测了施工过程中各控制截面的应力以及各控制点的线形，并与理论值进行比对分析，采取相应的调控手段，确保拱肋顺利合龙，使成桥应力、线形等满足设计和规范要求。

二、施工监控方法

钢桁架上承式拱桥理想的几何线形及内力状态，不仅与设计有关，而且还依赖于科学合理的施工方法。本桥采用自适应控制方法，受施工过程中节段重量、环境温度、施工临时荷载等的影响，施工监控理论计算分析时，假定这些控制参数为设计值，为了消除因设计参数取值的不确切引起的问题，在施工过程中需要对这些参数进行识别和预测，因此要得到相对准确的控制措施，需要先根据施工中测到的结构实际反应来对计算模型中的控制参数值进行修正，使计算模型和实际结构磨合一段时间后，自动适应结构的物理力学规律。闭环反馈控制和系统识别过程相融合，就形成了自适应控制系统。

三、施工监控主要内容

（一）施工模拟计算

模拟计算依据施工组织设计确定的施工顺序和施工荷载，采用尽可能真实的参数，采用已确定的、不再更改的临时荷载等，考虑已确定的施工方案、临时施工荷载及合龙方案等，以反映出设计与施工的差异。施工过程计算的目的是得到各施工阶段及成桥状态的结构受力和变形等控制计算目标数据。

桥梁结构分析采用有限元程序Midas/Civil。根据设计图纸中的结构布置、结构尺寸及结构离散图等，将全桥结构离散成477个节点、975个单元。

（二）拱座沉降观测

随着拱肋节段及主梁节段的施工，拱座承受的拱肋自重、钢箱梁自重及施工荷载等作用越来越大，因此，需要对拱座沉降变形进行观测。

拱座混凝土表面粘有反光片，并用红色油漆对监测点进行标记，在监测点标记完成后，进行初始高程的监测，在后续施工中，每个工况完成后对拱座进行一次沉降监测，时间选在晚上温度场稳定时进行，通过与初始高程数据进行比较来判断基础的沉降大小。

（三）拱肋线形监测

拱肋线形监测采用在拱肋上黏贴反射片的形式，测点选择在拱脚、1/4L、拱顶、3/4L、拱脚截面，用全站仪进行测量。拱肋每一节段的端截面上、下弦杆设置平面位置及标高观测点。用全站仪测定拼装点的平面位置及高程。白天吊装施工时，可针对吊装时的实际温度对吊装标高进行适当修正，但标高观测及调整的时间，应安排在次日早上太阳出来半小时之前，使结构经过一昼夜的热交换后大致处于均匀温度场的状态，待标高观测及调整之后，再进行节段之间的拼接。在拱肋安装完毕后，需要对平面位置进行仔细核查，在符合设计等要求后，方可进行下个工序。

（四）拱肋应力监测

拱肋应力测试断面选择在拱脚、1/4L、拱顶、3/4L、和拱脚截面。

由于拱肋采用支架安装，拱肋安装过程中的自重主要由支架承担，拱肋本身应力变化较小，因此，拱肋应力监测主要关注支架拆除后的拱肋应力变化情况。应力监测主要工况为支架拆除前、支架拆除后、钢箱梁安装后、桥面铺装后等关键阶段。通过对监测拱肋应力，分析在施工过程中，结构控制截面的应力变化情况，并对可能发生的超出设计规范要求的情况提出应力调整措施。

（五）桥面线形监测

对于桥面线形控制，主要是通过对拱上立柱和桥面铺装高程的控制来保证。首先要通过监测保证盖梁精确安装到位，才能确保后续桥面板安装和桥面铺装工作。桥面板安装完成后，根据实测梁体顶面高程和设计桥面高程数据，拟合桥面铺装标高，使桥面线形平顺并符合设计要求。

四、实测数据分析

通过对拱桥整个施工过程监控数据进行整理分析，得到以下结果：

（1）本桥拱座沉降量最大为 -2mm，总体较小，处于正常状态；（2）拱桥线形变化值与监控计算值变化规律基本一致，高程偏差最大为 -4mm，桥梁整体线形较为平顺；（3）拱肋监测截面实测应力值与理论计算应力值基本吻合，成桥后实测最大压应力为

62.4MPa，满足规范要求。

　　本节以某大跨径钢桁架上承式拱桥为工程实例，对桥梁施工监控技术进行了研究，得到的主要结论如下：（1）对大桥进行了施工模拟计算，得到了拱桥施工过程中各构件的位移和应力，其结果均满足设计和规范要求，桥梁结构受力合理，计算所得可用于指导桥梁施工。（2）通过制订科学合理的桥梁施工监控方案，对大桥进行了施工监控，从该拱桥的施工监控结果可知：拱座沉降量总体较小；拱肋线形变化值与监控计算值变化规律基本一致，桥梁整体线形较为平顺；各个施工阶段的拱肋监测截面实测应力值与理论计算应力值基本吻合；相关结果均符合设计和规范要求，达到了桥梁施工监控预定的目的，可为同类钢桁架拱桥施工监控提供参考。

第八章　道路与桥梁地基基础检测

第一节　地基承载力检测

一、公路地基承载力检测的现状

现代的公路桥梁等建筑发展很快,同时浮现出来的问题也不少,特别是在地基承载力的检测方面出了不少的问题,有以下原因:首先,业内没有统一的标准,检测方法五花八门,检测所采用的设备也没有统一的标准,导致的结果就是数据的不确定、检测结果失真等等;其次,在选择检测方法的时候,不能从实际出发,盲目地选择检测方法或者是套用方法,这种措施的后果非常严重,如果是遇到特别复杂的工程,仅仅是机械的套用检测方法,而没有因地制宜的话就会导致严重的后果。因此,合理使用检测方法是非常必要的,笔者通过多年的实践经验,结合前人经验,通过对检测方法的特点以及现状了解,提出一点见解。

二、公路地基承载力的常用检测方法

(一)静载荷试验

静载荷试验是一种原位试验,相比其他公路地基承载力检测方法,它有其自身的优势。这是因为静载荷试验全程模拟地基的实际受力过程,并真实记录其受力变化。它的直观性和真实性是其他检测方法不能比拟的。因此静载荷试验才能够成为其他检测方法的标杆和检验标准,为各大规范所推崇。静载荷试验的具体操作方法是利用堆载的方式提供荷载,并将荷载逐级(比如最大荷载320kPa,分为8级,每级增加40kPa)传递给地基,每级荷载维持一段时间,达到规定的稳定标准后再施加下一级荷载,测得每级荷载的沉降量和总沉降量,绘制出 p-s 曲线,结合曲线的特征,通过一定的判定方法可以得出地基承载力的值。

它的优点比较明显,就是直观真实。这是其他检测方法不能比拟的。缺点也十分明

显：第一，给地基施加的荷载往往由堆载提供。比如大型混泥土块，它的制作和堆载都需要花费大量的人力、物力，因此工程量很大。第二，堆载一次只能测定一根桩，而且每根桩需要花费的时间往往需要一天，检测周期太长。第三，该种检测方法往往选取场地的某块区域或几块区域，代表性不够强，鉴于地基的复杂性，难以保证每块区域的地基承载力都差不多，因此得出的地基承载力值难免具有片面性。第四，该方法只能在地表进行检测，因为工程的桩基有时候很深，深地基的承载力通过该方法不能直观反映。第五，该方法得出的 p-s 曲线往往依靠简单的人为判定就得出结果，其判定方法也具有很强的人为随意性。尽管静载试验存在这么多缺点，但是相对而言仍然是目前最为准确的测定地基承载力的方法。由此可见，当前的地基承载力的检测方法已经不能满足工程建设的需求，亟待更先进的检测方法来改变这一现状。

（二）标准贯入试验

标准贯入试验属于动力触探试验的范畴。其探头是标准规格的圆筒形探头。该方法是利用锤击动能将贯入器打入土中，根据贯入器受到的阻力来推定土层的物理力学性质。适用于砂土、粉土和一般黏性土的地基承载力的检测。另外，根据锤击数还可鉴定土的类型，评价砂土的密实度或者黏土的土质及土的强度、地基承载力、变小模量等。

（三）十字板剪切试验

十字板剪切试验是一种原位测试试验。它的基本原理是将十字板头用钻孔压入一定深度的土体中，然后施加一定的扭矩使十字板头能够开始匀速转动，直到土体破坏，土体会形成圆柱形的破坏面，这时的力矩便可计算出土的抗剪强度。十字板剪切试验适用于测定饱和软黏性土的不排水抗剪强度。

（四）旁压试验

旁压试验是水平向荷载试验。它是将旁压器竖直地插入一定深度的土体中，再对旁压器内的土体加压，土体膨胀，进而对旁压器周围的土体产生横向压力，土体受力产生变形，建立给旁压器施加的压力和外围土体产生的变形之间的应力—应变关系或是体积—压力关系曲线，即可估算出地基的承载力。适用于砂土、粉土、碎石土、软岩、黏性土和极软岩等地基承载力的测定，并可在不同深度进行测定。

（五）触探方法

触探方法有两种：静力触探试验和圆锥动力触探。静力触探试验的原理是由机械装置提供外力，施加在一定标准的金属探头上，金属探头受静力压入土层中，探头在被压入土层的过程中会受到土的阻力，传感器能够反映土的阻力并通过仪器记录下来。土的强度越大，探头压入土层受到的阻力就越大，因此仪器反映的读数能够用来分析土体的强度。该方法的优点是直观、简便、快速和准确，但缺点是不能直接观测土层，不适用于密砂地基和碎石地基。圆锥动力触探的原理是给一定标准的圆锥探头施加锤击动能打入土中，根据贯入的击数或贯入阻力来判别土层的变化，进而判定土的工程性质，可用来对岩土工程进行评价。该方法适用于碎石地基和密砂地基。其检测设备简单，操作也简便。其缺点是不能直接观测土层，具有一定的经验性，因此不够准确。

对于公路地基承载力的检测方法，每种都有一定的适用范围。选取哪一种地基检测方法，这需要综合各个因素来考虑。每种检测方法都有各自的优劣，测得的数据并不是真实的地基承载力，只是接近真实承载力，综合几种检测方法的结果，能否更加接近真实地基承载力，这是一个待研究的课题。通过上面各种检测方法的分析，在所有的地基承载力检测方法中，静载荷试验是最可靠的，因为它模拟地基的实际受力过程，得出的结果大致能作为地基的真实承载力，可检验其他检测方法是否准确，为规范所推崇。

第二节 钻孔灌注桩成孔质量检测与质量标准

钻孔灌注桩指的是在施工过程中采用机械钻孔的方法，使地基留下桩孔，并将钢筋笼以及混凝土灌注桩置入其中。在实施混凝土钻孔灌注桩工程时，需要做好工程前期工作，钻孔后实施清孔、成孔检测的工作，注意对钢筋笼、截桩头以及混凝土进行施工，最后利用取芯样、试桩、超声波无损检测等方法严格进行施工质量检测。本节针对混凝土钻孔灌注桩施工过程实施质量控制及检测，质量控制实施步骤如下：施工前对材料进行控制，对成孔进行清理及检测，浇筑水下混凝土，桩体清理工作以及取芯样、超声波法等检测工作。

一、混凝土钻孔灌注桩施工的前期工作

混凝土钻孔灌注桩工程施工前期工作内容主要有对原材料的质量检测、制订施工方案以及施工现场的工作。

混凝土钻孔灌注桩工程所需原材料包括水泥、骨料、掺加剂及钢筋等，确保参与施工的材料质量符合相关混凝土钻孔灌注桩的标准，且符合以下七点要求：第一，粗型骨料以卵石为佳，若使用碎石，则需将砂率提升3%左右，以保证混凝土的和易性，骨料应当选择连续级配较好的材料；第二，细骨料需要使用级配型中砂集料；第三，选择

骨料时，要保证骨料粒径不超过40mm，小于导管直径的1/8及钢筋间距的1/4；第四，慎重选择缓凝添加剂，保证其质量；第五，成品混凝土的坍落度要在160～200mm之间，水下混凝土应在180～220mm之间；第六，保证原材料的水灰比小于0.6；第七，钢筋的选择需要满足施工设计及技术标准的要求，特别是焊接加工件要严格按照设计执行。施工设计方案的制订需要具备以下内容：第一，施工工程的平面设计图；第二，严格保证施工各个环节中施工工艺的质量，避免出现导致桩基工程损伤的因素，具有可实施的技术性文件做保障；第三，明确钻孔灌注桩工程施工技术人员及管理人员的基本信息，标明施工所需机械设备信息；第四，合理的施工进度规划；第五，检测工程施工安全及工程质量的技术。

二、混凝土钻孔灌注桩施工标准及要求

混凝土钻孔灌注桩需要具有规范化的施工标准，包括对钻孔方法、钻孔深度、混凝土配比、施工进度、成孔检测方法等内容。同时在实施钻孔时，需要安排具有施工经验的员工对施工现场进行监督，主要工作内容如下：第一，施工人员充分了解施工现场的地质条件及水文条件，保证钻孔机械设备的正常运作，并对施工过程进行全程记录；第二，若钻孔施工现场的地质水文状况与设计图纸不符时，施工现场管理人员需要立即上报并及时处理；第三，选择厚实、防水的护筒，护筒进入土层后，利用振动、锤击等方式加深护筒入土深度，确保护筒入土端口无凸出物。混凝土钻孔灌注桩施工完成后，钢护筒及钢筋护筒需要予以拆除的应立即拆除，避免影响后续工程施工进程。同时，护筒内径需大于桩径，护筒顶端高于水位1.5～2.0m，采用长度及强度合理的护筒，避免施工时出现坍塌的情况，将护筒与地面水进行分离，保证钻孔内的泥浆水位对钻孔施工的引导作用。护筒入土要大于2m，保证护筒水平位置偏差小于4cm，护筒倾斜度与设计要求误差不超过1%，护筒入水后，利用导向设备使护筒保持垂直方向。

钻孔内泥浆对钻孔施工具有极大的影响，因此施工人员需要对钻孔泥浆进行合理处理，使其具备以下要求：第一，保证除地表层土质外的所有地层土具有良好的膨胀土用于调配钻孔泥浆；第二，护筒内的泥浆表面需要超出护筒外地下水位1.0m以上；第三，利用黏土调制泥浆时，保证土质塑性指数高于15；第四，对泥浆进行严格试验，保证泥浆质量符合设计要求。

在实施混凝土钻孔灌注桩工程前，需要对钻机等机械设备进行严格检查，保证机械设备的正常运作，利用线锤或水平尺对导杆进行检测，保证导杆的竖直，避免钻机钻头出现偏差的情况。钻机导杆与桩基位置对齐后，在钻杆运作到地面上时，及时开启钻杆，

避免钻孔出现偏差。同时保证整个钻孔过程的连续性，若遇障碍物钻杆出现摇晃、偏移等情况时，需要立即对障碍物进行移除处理，保证钻孔施工的顺利进行。此外，实施钻孔灌注桩施工时，需要在距离灌注桩 5m 范围内的混凝土浇筑完成后 24h 再实施钻孔施工，避免出现影响周围混凝土灌注桩的情况发生。

三、混凝土钻孔灌注桩中成孔检查及清孔

在混凝土钻孔灌注桩施工完成后，对成孔的检查及清理工作具体工作内容包括以下几个方面：第一，利用相应仪器设备对成孔的孔深、孔径、成孔位置以及成孔斜度进行检测，使其符合施工设计图纸的规定，经过严格的检查程序后方可安置钢筋笼、灌注混凝土；第二，灌注桩钻孔与设计的偏差要在规定范围内；第三，若发现成孔有缺陷及异常情况，需要立即采取合理的补救措施；第四，对成孔进行检查后，需要根据钻孔实际情况对钻孔进行清理，清理钻孔的过程中保持钻孔内水位高于孔外地下水位 1.5 ~ 2.0m，沉渣厚度不得高于 5cm；第五，进行严格的成孔检测及清孔程序后，详细填写终孔检查单，再实施后续的浇筑混凝土的工作。

四、混凝土钻孔灌注桩中浇筑水下混凝土

对混凝土钻孔灌注桩实施浇筑水下混凝土之前，需要做到以下五点：第一，合理设计钢筋笼，保证钢筋笼质量符合要求；第二，钢筋笼强度需符合设计要求，对钢筋笼固定位置进行准确定位，利用垫块等形成钢筋笼的保护措施；第三，密切观察钢筋笼的位置，避免出现偏差位移的现象；第四，钢筋笼的制作及安置需要在允许的偏差范围内；第五，钢筋笼置放到位后，及时浇筑水下混凝土。

浇筑水下混凝土需要注意以下五点：第一，混凝土混合料需要保证均匀且坍落度合理，必要时采取二次拌和的方法保证混凝土混合料的配比质量；第二，安置好钢筋笼骨架后，及时浇筑混凝土，保证施工过程的连续性；第三，浇筑混凝土的导管需要具有严密的防水性能；第四，浇筑导管需要避免出现气泡的情况，杜绝空气和水的混入，出料口需要高于浇筑的混凝土 2m 以上且不超过 6m；第五，在浇筑完成后，详细填写水下混凝土灌注记录表，并对混凝土浇筑各方面情况进行详细记载。

五、混凝土钻孔灌注桩中截桩头及清除混凝土

在进行混凝土浇筑工程后，对桩顶的混凝土进行清除处理，浇筑混凝土灌注高度要超过设计图纸 50cm 以上，且截掉的桩头至少为 50cm，以保证截面高度之下的混凝土

的质量。桩体顶部的混凝土在基坑开挖后可移除，避免损坏桩体的情况发生。在钻孔灌注桩工程完成后，上交桩质报告，对每根桩体的施工过程进行完整记录，以便后续补救措施的实施。

六、混凝土钻孔灌注桩中钻孔桩的检测试验

混凝土钻孔灌注桩施工完成后，需要使用静载试验法对单桩承载力进行检测，使用小应变对桩身质量进行检测，使用静载实验法检测的试桩数量超过总桩体数量的1%，试桩数量不得低于3根，利用动载试验法检测的试桩数量占总桩数比例在15%以上，试桩数量不得低于15根。采取取芯样进行检测的桩体，钻取芯样直径为70～110mm，且芯样至少高于桩底50cm。取芯样检测试验结束后，利用高压注入纯水泥浆对桩体进行填补。若质量测试结果显示桩体质量不合格，需要至少增设1～2根桩进行替换，并对新桩体的尺寸、位置以及承受力进行重新设计，再进行钻孔施工处理。

另外，在如今的基桩检测中，超声波跨孔透射法检测基桩完整性成为无损检测的代表性方法，具有检测方便、精确度高、定位清楚的特点。此方法是在桩内预埋若干平行于桩纵轴的声测管道，检测时将声测管内灌满清水作为耦合剂，然后放入超声换能器，一只发射高频弹性脉冲波，经由桩身混凝土被另外的换能器接收，转换为电信号传至终端，由接收的超声脉冲升学参数，如声速C、频率F、振幅A的变化及波形来分析桩身混凝土的连续性及断层、夹砂、夹泥、蜂窝等缺陷和缺陷的大小、位置。在进行超声检测时要注意四个要点，以排除此类因素对检测结果产生的影响：第一，声测管内必须保持清洁，没有堵塞，否则必须进行冲洗洁净，保证清水耦合剂的均匀性，以免将接收到的脉冲信号削弱；第二，接收脉冲的换能器必须保持高度一致，位置不得上下不一；第三，安设声测管以及浇筑混凝土期间，要保护好声测管，避免管斜；第四，检测速率控制得当，特别是桩底及桩顶部位，对桩身完整性影响较大的部位，要检测清楚。一般来讲，检测频率应当为100%，超声检测有难以判断的桩基，可转由取芯法或其他方法进行验证性检测。

随着我国建筑行业的不断发展，钻孔灌注桩施工工艺被广泛应用于我国各项建筑桩基工程中，并发挥着巨大的作用。由于钻孔灌注桩施工工艺较为复杂，在施工过程中较易产生钻孔质量的问题，因此施工方必须严格制订施工方案，根据施工设计方案合理实施钻孔施工工程，保证施工各项环节的有序进行，在试验检测中要充分考虑多种方法的补充性，确保基桩的质量得到清楚验证。

第三节 桩身完整性检测

为统一铁路工程基桩检测方法,确保基桩施工质量,制定了《铁路工程基桩检测技术规程》(TB10218—2019),用于铁路基桩的承载力和桩身完整性的检测和评定。铁路基桩的承载力检测,采用单桩静载试验和高应变法进行检测;桩身完整性检测,常用低应变反射波法和声波透射法为主,钻芯法和高应变法为辅。

低应变反射波法随着电子科技的发展,仪器设备越来越迷你化,无线、手机接收、智能化的发展让现场检测工作更加便捷,数据文件小,信号处理分析相对简单,并能比较直观地进行判读,所以低应变反射波法检测成本相对较低。由于低应变反射波法基于一维弹性杆件的检测原理,使其在检测软土地基中的等截面预制桩时相当快捷,能够快速准确地判断预制桩桩身缺陷位置。但对于混凝土灌注桩而言,因为混凝土灌注桩桩身尺寸受到地质条件的影响颇多,加上施工工艺等因素的影响,容易造成混凝土灌注桩桩身截面尺寸渐变或多变,桩身垂直度有可能随地质的变化而变化;桩身周围岩体也会对桩顶传下来的应力波进行反射,以上原因都会导致桩顶传感器接收的实测信号复杂、无规律,无法对桩身质量进行准确分析和评定。

声波透射法是利用埋设在混凝土中的一定数量的声测管,通过换能器间发出或接收超声波信号,对采集到的声学参数信号(波形、首波声时、波幅、波速)进行分析,来判定桩身完整性的。因为需要埋设一定数量的声测管,施工当中还需要固定,相对来说成本较高;现场检测时仍需要较长时间,检测效率略低,但声波透射法可以通过平测、斜测、加密检测等手段对异常位置进行细测,能够确定混凝土缺陷的位置和程度,准确性较高;但是声波透射法只能检测声测管之间的混凝土质量,对于支承桩或嵌岩桩的支承情况,需要通过别的检测方法来确认,以确保基桩承载力满足设计要求。

一、常用的检测方法及原理

(一)低应变反射波法检测原理及应用

低应变完整性测试检测原理主要基于弹性波传播理论。假设桩是一个连续的一维弹性构件。基桩检测时,桩顶受到锤击力,驱动桩体颗粒振动产生弹性波,弹性波沿桩身向下传播。在桩的传播过程中,不同的区段会出现透射波和反射波,反射波沿桩身向上传播到桩顶,被安装在桩顶的传感器接收,形成反射波测试信号。

对于桩周软土的混凝土灌注桩，桩身一般较长，长径比大，符合一维弹性构件模型。采用低刚度的重锤作为锤击法激振，激振能量大，弹性波在桩体传播过程中衰减慢，适用于获得桩身深部缺陷或桩端反射波；采用高刚度的轻捶作为锤击法激振，适用于识别和定位桩身浅层缺陷。因此，对于桩周软土的混凝土灌注桩，可以通过调整锤击激振方式来测试桩的浅层部分和一定深度的桩身完整性。

对于一般的嵌岩桩或支护桩，根据地质条件、施工工艺和施工条件，可以推断桩进入岩石的位置，根据测试信号的共同特征和规范，可以综合判断桩的完整性。

但是，对于整个桩身都在岩石中的混凝土灌注桩，岩石特性、岩石与混凝土之间的胶结作用等，会对弹性波在桩身中的传播产生影响。如果桩周岩石强度与混凝土强度匹配良好，弹性波会通过桩体传播到桩体周围的岩石中，导致激发能量衰减过快。弹性波进入桩周岩石形成的反射波也会对安装在桩顶的传感器采集的测试信号产生很大影响。即使使用刚度较小的重锤，采集的测试信号也不能反映桩身质量。

（二）声波透射法检测原理及应用

混凝土灌注桩的声波透射法检测方法是在桩中埋设若干根平行于钢筋笼并固定在钢筋笼上的声波管，现场检测时，将超声波换能器放入注满清水的声测管中，通过超声换能器之间发射或接收超声脉冲波，将接收到的信号通过检测设备转换成波形图，然后通过电脑软件计算、分析得出桩身完整性结论。

超声波换能器在声测管内部上下移动，对声测管间混凝土进行完整性检测，当超声波在混凝土中碰到缺陷时，会产生绕射、反射、折射，使超声波传递路程变长、能量衰减增大，从而使接收换能器接收到的信号发生改变，通过对接收到的超声波脉冲的声学参数（首波声时、波幅）及波形的变化，可以判断声测管间混凝土内缺陷，并通过斜侧、加密测，进一步确定缺陷的范围和程度。但声波透射法只能测声测管之间混凝土的完整性，对于超长、大直径的混凝土桩来说，是一种比较适用的检测方法。

二、工程案例

某高速铁路项目，某桩基承台采用混凝土灌注桩，桩长 6m、桩径 1m，桩身混凝土强度 C30，根据施工钻孔地质柱状图，整根桩身在"泥质条带灰岩"（弱风化）内。

依据《铁路工程基桩检测技术规程》（TB10218—2019）第 4 章 "低应变反射波法" 第 4.1.2 条 "本方法检测的基桩桩径应小于 2.0m，桩长不大于 40m。当现场组织试验时，桩长标准可根据现场试验数据确定"。依据规范要求，现场采用低应变反射波法对桩身完整性进行检测。

（一）低应变反射波法检测的应用

该承台共有 9 根桩，现场进行低应变反射波法检测时，发现实测信号复杂、无规律，部分桩波形在 2L/c 时刻前出现明显缺陷反射波。

从实测波形可以看出，桩顶以下 2m 左右波形反向反射，疑似扩径，但现场成桩方法采用的是冲击成孔施工法，施工资料显示，在成桩过程中，没有塌孔现象，不存在扩径的可能；在桩顶以下 3.8m 左右，有明显的同向反射信号，即明显缺陷反射波信号。依据规范，低应变反射波法判定该桩为Ⅲ类桩。

（二）钻芯法验证结果

为确保工程质量，有效降低工程风险，避免误判，可以开展必要的验证工作，验证方法采用钻芯验证。

混凝土芯样连续、完整、表面光滑、胶结好、骨料分布均匀、呈长柱状，断口吻合，仅见少量气孔，符合《铁路工程基桩检测技术规程》（TB10218—2019）中"表 10.6.2"中关于Ⅰ类桩的"混凝土芯样特征"。

（三）测试结果分析及综合判定

通过对低应变反射波法实测波形的分析，结合 1 号桩的钻芯验证结果，又陆续对波形复杂的 3 号、6 号、7 号桩进行钻芯法验证工作。从混凝土芯样判定，3 号、6 号、7 号桩，钻芯法验证结果均为Ⅰ类桩。

结合多种检测方法综合判定，该工程该承台 1 号、3 号、6 号、7 号桩均综合判定为Ⅰ类桩。

低应变反射波法是假定桩为一维弹性杆件模型，适用于规则截面，应力波传递过程中还受地质条件，桩身截面变化，土阻力、桩长、长径比、桩端约束条件等多种因素影响。对于工程基桩，常出现低应变实测信号复杂、紊乱或者难以解释的现象，为确保检测的准确性，避免误判造成损失，尚需开展必要的验证工作。

对于整个桩身在岩石内的基桩，桩身周围的岩石性质、强度、混凝土和岩石的胶结、岩石在成桩过程中的受损情况等，都将直接影响低应变检测法实测信号波形。若桩身周围岩石和混凝土匹配较好，桩顶的锤击应力波也将传入桩身周围的岩石中，那么桩顶传感器接收的反射波信号就会受到岩石中反射波的干扰，就不能完整地反映桩身质量，从而对低应变检测结果形成影响，容易造成误判；然而之后的验证工作，也增加了工程成本，耽误了工期。

所以，建议对整个桩身在岩石内的基桩、桩身完整性采用声波透射法进行检测。根据声波透射法准确性高的特点，只需埋设声测管，就能进行桩身完整性检测，并且可以定量分析出桩身缺陷的位置和程度。增加的声测管的成本相对于低应变检测钻芯验证工作和工期成本比较低。

第四节　灌注桩钢筋笼长度检测

随着我国工程建设事业的蓬勃发展，灌注桩基础已在高层建筑、桥梁、高架桥、港口码头等工程中大量采用，成为我国工程建设中最重要的一种基础形式。灌注桩中钢筋笼长度是按照有关规范，根据水平荷载、弯矩大小、桩周土情况、抗震设防烈度以及是否为抗拔桩和端承桩等来计算确定的。灌注桩施工是采用机械或人工成孔后，将制作好的钢筋笼吊入孔中，随后进行混凝土浇筑。钢筋笼对桩的抗拉、抗弯，土层差异较大时承受地震波速差异引起的水平荷载、桩身裂缝控制等起到关键性的作用。特别是对于抗拔桩和一、二级裂缝控制等级的桩，钢筋笼的作用尤其重要。由于灌注桩属于隐蔽工程，且施工后钢筋笼长度的检测难度大，桩身钢筋笼的短缺将对灌注桩的质量造成重大影响。

最直接的钢筋笼长度检测方法是开挖验证，但对于桩长达数十米、桩径超过800mm的混凝土灌注桩，开挖验证难度很大。随着科学技术的发展，桩基工程检测技术在不断更新和提高，新理论、新方法不断推出，人们寻求各种既能准确检测且又无损于桩基的技术来检测钢筋笼的长度，如磁法(磁力梯度法)、电磁波法和声波法等。由于钢筋笼与混凝土、桩周岩土之间存在明显的磁性差异，故磁力梯度测试方法为国内检测灌注桩钢筋笼长度较普遍采用的一种方法。

一、磁力梯度法的基本原理

磁力梯度法采用的磁通门磁力仪是测量地磁强度和方向的相对磁力仪，磁通门探头有一个在弱磁场中就能达到饱和磁化的由高导率合金制成的磁芯。其方法是在两个平行的磁芯上分别绕以初级和次级线圈，两个初级线圈串联通以50~1000 Hz的激励磁场，使磁芯达到饱和状态。次级线圈与差动放大器连接，在外磁场为零时，磁芯所感应的交流磁通的正半周与负半周完全对称，两个次级线圈输出均为零。当沿磁芯轴向有直流磁场时，则磁芯将在某一半周先达到饱和，正负半周就不对称。两个次级线圈的输出电压差与磁通量的变化率成正比，测量此电压即可得到地磁场的变化。磁通门磁梯度测量仪采用双探头结构的梯度测量原理，因而相对均匀的磁干扰不会对它的测量结果产生影响。另外，由于其激励频率比较高，而测量线路中又采用了相应的抗干扰措施，因而对50

Hz 城市用电、高压线路及通讯广播线路等外来干扰有极强的抑制能力。该仪器主要用于探测地下不同深度的铁磁性物体或含有铁磁的其他物体，混凝土桩中的钢筋笼即属于强磁性物体，钢筋笼底部会显示尖峰梯度异常，对应的深度即为钢筋笼的长度。

二、检测仪器

检测仪器采用武汉岩海公司研制的 RS-RBMT 钢筋笼长度磁法测试仪。该检测设备简单便捷，能够准确地反映小范围、近距离内磁性物体的异常变化。在检测前，先进行平行度的检查，使用仪器工作状态正常后即可投入实际检测。将探头（长 0.80 m）顺着钻孔，按固定的间距逐点往下移动，并在每个测点测量磁力梯度数。在钢筋笼底端，磁力梯度必然会产生一个突变，在磁力梯度曲线上将对应一个异常尖峰显示，梯度量有正负之分，通过正负数值的增大或减小，可以判定钢筋笼的长度，准确率高，不易产生异议。

三、现场布置及检测

在桩外侧边沿不大于 0.5 m 处钻孔，也可以在桩中间利用钻芯孔进行检测，并保证垂直度。钻孔深度应超过桩底标高 3~5 m，置入探头至孔底，支好管口滑轮和计数滑轮，连接计数电缆、探头数据线，自下而上采集数据。为保证钻孔通畅，要求采用 PVC 等非磁性材料套管。初步测量如发现钢筋笼长度与设计长度不符时，应分析原因进行复测。确认所测结果是客观、真实、可靠的，消除人为疏忽或仪器设备工作状态造成的不真实数据，才能正确检测钢筋笼的长度。

检测数据的分析与判定是根据测得钢筋笼磁异常的特点，依据磁性体磁场的数学理论进行形态分析，从而判定钢筋笼长度。钢筋笼底部是铁磁性物质（钢筋笼）与无磁性或弱磁性物质（素混凝土、岩土层）的界面。在界面上实测磁场强度会有较大的变化，超过界面向下逐渐变为稳定的背景场。

磁场垂直分量 (Z_a) 深度变化曲线的拐点位置对应的深度应为钢筋笼底端埋深，结合有关资料可确定钢筋笼长度。

四、工程实例

莆田某工地，基础采用（冲）钻孔灌注桩，持力层为中风化凝灰熔岩，水下灌注混凝土，混凝土强度 C30，桩径 1 000 mm，桩长 6~10 m。场地土层自上而下分别如下：

素填土：松散、稍湿，厚度 1.00~2.60 m；

粉质黏土：湿，呈可塑状态，厚度 1.30~5.00 m；

淤泥质土：饱和，呈流塑状态，含少量腐殖质，具臭味，厚度 0.80 ~ 1.20 m；

砂土状强风化凝灰熔岩：凝灰质结构，散体状构造，岩芯呈砂土状，厚度 1.50 ~ 3.20 m；

碎块状强风化凝灰熔岩：凝灰质结构，碎裂状构造，岩芯呈碎块状，揭露厚度 0.70 ~ 9.00 m；

中风化凝灰熔岩：凝灰质结构，块状构造，节理裂隙发育，揭露厚度 6.20 ~ 17.30 m。

桩身钢筋笼长度是影响桩身受力性能的一个关键因素，桩基础施工后其长度是否符合设计要求却很难直接验证。采用磁梯度法对灌注桩的桩身钢筋笼长度进行检测是可行且有效的，建议有关部门进行推广并制定有关规程，以指导该方法的应用。

第九章 桥梁预应力施工控制及检测

第一节 预应力混凝土后张法施工技术

大跨径桥梁，要求桥梁结构坚固、耐久性好、通行能力大。预应力混凝土梁桥能有效地使用高强度材料，减轻桥梁重量，节省钢材，增大桥梁跨径，在桥梁荷载作用下混凝土梁体不出现裂缝。桥梁预应力混凝土后张法施工技术是先浇筑梁体混凝土，当混凝土强度达到设计强度的85%以上时，穿张拉预应力钢筋束，使截面混凝土获得预压应力，形成预应力混凝土桥梁的施工方法，因后张法在大跨径桥梁施工中施加预应力效果显著，所以在桥梁施工中得到广泛使用。本节结合工程实例对预应力混凝土后张法施工技术要点进行详细介绍。

一、工程概况

海七桥为单跨39 m预应力钢筋混凝土简支梁桥，桥全宽40.5 m，主梁采用18片预应力钢筋混凝土T梁，设计梁长38.96 m，梁高1.95 m，翼缘板宽1.5 m，腹板厚度18 cm，梁端加厚至50 cm，腹板下部呈"马蹄形"，梁底宽50 cm，梁两端横隔梁间距为4.08 m，中间间距为5.00 m，主梁梁体混凝土设计强度为50 MPa，内布7束钢绞线，预应力采用后张法施工。海七桥T梁采用定型钢模板施工，吊装钢模板后，在桥梁台座上安装绑扎钢筋骨架，腹板钢筋绑扎结束后，将波纹管按设计位置逐根穿入，用铅丝与定位钢筋牢固绑扎，在施工中防止波纹管产生上下位移。梁体混凝土采用水平斜向分层浇筑的方法，每层浇筑厚度不宜大于30 cm，按梁底→腹板→翼缘板从下向上顺序浇筑，混凝土输送泵车将混凝土直接泵入模内，混凝土从两端开始以一定倾斜角向中间浇筑，要求连续浇筑，一次成型，以增加混凝土密实度。

二、预应力施工要点

（一）穿预应力筋束

当梁体混凝土强度超过设计强度的 75% 时，在梁体波纹管内穿入预应力钢筋束，穿束前，先对孔道使用空压压缩机吹风，清理孔道内的灰尘污物，保证孔道顺通。

预应力筋束一般采用人工方法直接从孔道一端穿入，但海七桥 T 梁较大，预应力筋束长度过长，人工穿束难度较大，为此工地上采用先穿入一根 Φ5 钢丝为引线，然后用卷扬机牵引较长的预应力筋束进行穿入。

（二）张拉预应力筋束

预应力张拉设备采用 YC250B 型穿心式千斤顶，采用 OVM15-7、OVM15-9 锚具。张拉设备使用前，为准确得到千斤顶实际张拉力值，千斤顶初次使用，或张拉 100~200 次，或连续张拉 1~2 个月时都要及时对千斤顶进行校验，油压表计数要重新标定。对千斤顶、油泵及管道进行仔细检查，确保千斤顶管道不漏油，千斤顶能正常工作。

预应力筋束按照设计要求，从 N1 束开始、N2 束到 N3 束结束顺序张拉，用 2 台千斤顶从梁体两端对称同时张拉。张拉时先施加 10% 的张拉应力，将预应力筋束拉直，在预应力筋束上选定适当位置刻画标记，作为测量延伸星的基点。张拉采取分级张拉，两端千斤顶升降速度应大致相等，测量伸长的原始空隙、预应力筋束伸长量应在两端同时进行，张拉到 100% 控制应力后要持荷 3 min 后锚固。

（三）孔道压浆和封锚

孔道压浆的目的是防止梁体波纹管内预应力筋束锈蚀，并使预应力筋束与梁体黏结成一个整体。预应力筋束张拉结束后，对孔道要及早压浆，所压入的水泥浆强度应满足设计要求。压浆前先用高压水冲洗孔道，之后用吹风机吹除积水，然后压浆机通过管道从压浆嘴注入水泥浆，压浆过程要缓慢而均匀，不中断。为保持水泥浆的流动性，可在水泥浆内加入一定量的塑化剂或铝粉，以使水泥浆凝固时体积膨胀而充分填满孔道。孔道压浆要认真填写压浆记录。压浆完成后将锚具周围的混凝土冲洗干净，凿毛表面混凝土，设置钢筋网，将所有的锚头用不低于梁体混凝土强度 80% 的混凝土封闭，完成预应力混凝土 T 梁的预制工作。

三、施工注意事项

（一）预应力筋的保管

预应力混凝土梁桥一般采用高强度钢丝束、钢绞线为预应力筋束，为两端张拉安装千斤顶，其下料长度为孔道长度加长 150 cm，必须采用砂轮切割机切割下料。每个预应力筋束以标签编号，穿预应力筋束时不能扭结，不能松动，在桥梁的每一端要容易辨认。穿束前，要将预应力筋束顺直，每隔一定长度用细扎丝绑扎，以防止在穿束中预应力筋束扭结。预应力筋束如在空气中暴露时间过长将会受潮而发生锈蚀，工程使用中，预应力筋束表面允许有轻微的锈迹，但锈蚀严重，有看得见的麻坑现象出现是不允许的。要求预应力筋束到货一周内应对其表面进行检查，确定该批预应力筋束是否符合产品技术要求。所以预应力筋束在工地上应注意保管，对在露天堆放而又暂不使用的预应力筋束，应及时覆盖雨布，定期检查，避免预应力筋束严重锈蚀，造成浪费。

滑丝产生的原因很多，当张拉时，预应力筋束上有油污，或在锚具锥孔与夹片之间、锚垫板喇叭口内有杂物，锚垫板承压面与孔道中线不垂直，千斤顶大缸回油过猛，产生较大冲击振动等都易发生滑丝。所以张拉时，应先仔细清除锚具上的杂物，刷去油污，在锚圈下垫一薄钢板调整承压面垂直度，张拉操作严格按规定进行，时刻注意是否有响声、油压表指针抖动等异常现象，及时检查预应力筋束在夹片上的划痕，以及早发现滑丝问题。滑丝一般采用单根滑丝单根补拉，补张拉困难时也可用叠加锚环法处理。

在预应力筋束张拉过程中，有时会发生滑丝或断丝现象，将使预应力筋束受力不均，严重时会影响梁体预应力的形成。

（二）锚固和封锚

断丝是后张法施工中最严重的问题，当预应力筋束张拉达到一定控制力时，如发现油压回落，不能加压，则有可能是发生了断丝现象。断丝产生的主要原因有以下几种：在梁体孔道内部弯曲处，预应力筋束发生了扭结，使预应力筋束张拉时受力不均匀；预应力筋束存在一定质量问题；千斤顶超限使用，没有认真检查标定，千斤顶张拉读数不准确，导致张拉控制力大于设计值，将预应力筋束拉断。

在监理同意的情况下，单张拉预应力筋束发生断丝时，可采用超张拉方法补救。超张时根据断丝数量以规范控制应力误差下限为计算超张值，采用全断面超张或同束号超张的办法进行。根据规范，后张法钢绞线允许超张拉 6%。如果断丝率超过规范要求，必须要卸载重新穿束张拉。

海七桥工地，某片 T 梁共有 21 束预应力筋束，在 T 梁张拉过程中，某工作锚夹片由于未夹紧，张拉时导致1预应力筋束没有参与受力，形似断丝。处理方法采用更换夹片后重新再次张拉，达到设计要求。如果发生断丝，则应将预应力筋束和夹片全部更换后重新张拉。

（三）伸长量的控制

预应力筋束张拉一般采用预应力筋束的伸长量和油压表力读数双控制张拉，张拉前，计算预应力筋束的理论伸长值；张拉中，测量记录预应力筋束的实际伸长值，规范要求理论计算伸长值与实测伸长值误差要求应在±6%范围内。

在张拉施工过程中，影响预应力筋束伸长量的变化因素很多，如预应力筋束弹性模量的取值，按材料实际面积的计算准确性较高；预应力筋束的扭曲导致其摩擦阻力和设计值不符；张拉时测量方法的不正确；锚具及张拉设备的质量问题也会影响伸长量的控制，如锚具的打滑，张拉时钢绞线明显的扭转都会使伸长量变大，超出伸长量的控制范围。所以张拉时，应认真计算、测量预应力筋束的伸长量，若有出入，应查明原因及时处理后再张拉。

（四）滑丝和断丝的处理

张拉达到设计要求后，松开送油通路阀，在预应力筋弹性压缩下张拉活塞回程几毫米，千斤顶回油到零，锚具锚固好预应力筋束。按顺序取下工具锚夹片、工具锚板、张拉千斤顶和限位板。

（五）注意事项及施工安全

张拉作业时，现场应有明显标志，严禁无关人员入内。预应力筋束正面、千斤顶后面都不得站人，以防预应力筋束拉断或锚夹具弹出伤人，发生危险。作业时应有专人指挥，两端张拉，应配备清晰度较高的对讲机，以防误操作。张拉设备采用同一型号的千斤顶、油压力表。千斤顶支架位置要正，与梁端锚垫板接触密实，不能多加垫块，以防支架受力不稳而倾斜伤人。

后张法产生预应力混凝土梁，不需要大型的张拉台座，其预应力的产生是通过张拉预应力束直接对梁体施加预应力的，产生的预应力较大。同时预应力束通过梁体预埋波纹管而设置，更符合梁体预应力筋的受力要求。因此，后张法预应力施工技术在公路大跨径钢筋混凝土桥梁上广泛使用。但后张法施工工艺复杂，技术要求严格，张拉作业时，必须加强施工现场的管理和检查，提高作业人员的基本素质和安全责任感，具有严谨的工作态度，保证施加梁体预应力效果，确保桥梁工程质量。

第二节　后张法预应力张拉质量的控制及检测

近年来，我国处于经济高速发展中，这与国家大兴基础建设密切相关，特别是交通工程方面的建设，一方面，促进了国家经济高速发展；另一方面，也促使自身领域技术不断突破，造就了各种超级工程。但就在经济及技术不断发展过程中，桥梁的施工质量及使用安全越来越受到国家和社会各界的关注与重视。近年来，不少桥梁出现安全隐患，甚至发生安全事故，在事故原因分析中发现，危桥拆除或城市桥梁提升改造过程中问题经常出在预应力混凝土质量上，比如，钢绞线锈蚀、预应力张拉质量差、孔道压浆不饱满等问题。在预应力施工中，很多技术人员都知道预应力张拉时采用张拉力和伸长量进行双控，却忽视了规范还有几个重要参数控制要求；或者说忽略了如何有效地控制来达到真正的双控指标，而是通过编制漂亮的记录表来实现双控。《公路桥涵施工技术规范》JTG/T F50—2011（文中简称"桥规"）在预应力混凝土工程7.12节中对质量控制与检验对千斤顶同步误差、持荷时间、张拉控制应力的精度、锚下有效预应力、有效预应力的不均匀度都提出了具体要求参数。本节结合碧溪大桥现浇预应力混凝土实际施工过程及经验总结，就施加预应力阶段进行预应力张拉质量分析和提出相应质量控制措施。

一、工程概况

碧溪大桥采用双幅桥布置，桥梁跨径布置为2联（3×40m+2×40m）共5跨，每跨40m。第一联3跨共120m，第二联2跨共80m。上部采用现浇等截面连续箱梁，单箱双室，梁高2.2m，箱梁共有三道腹板，中间一道腹板竖直布置，两侧腹板倾斜布置。第一联预应力采用两端张拉，第二联预应力采用单端张拉，张拉方式为智能张拉。

二、本次工程中的主要材料

（1）混凝土：箱梁采用C50混凝土，预应力孔道压浆材料强度等级同结构强度。
（2）预应力筋：预应力钢绞线采用高强度低松弛钢绞线，公称直径15.2mm，标准强度1860MPa。箱梁纵向预应力腹板束采用15-Φs15.2，顶、底板束采用12-Φs15.2。

三、后张法预应力混凝土张拉质量分析

预应力是一座桥梁的灵魂,在提高梁体工作性能的同时减轻了梁体的自重,带来了很强的实用性和经济性。但预应力并不是越大越好,而是依据设计计算的应力值去精准的施加。如果施加的有效预应力值过小,结构刚度不足,不足以平衡自重和行车重载,结构可能过早出现裂缝、向下挠度超限等质量问题。如果施加的有效预应力值过大,虽然结构的抗裂性较好,但因此预应力筋在承受使用荷载时经常处于过高的应力状态,结构上拱过大导致变形和裂缝,甚至产生脆性破坏;也可能造成预应力筋的安全储备不够,产生更严重的危害。在预应力施工中,设备的局限性、技术人员对规范内涵的理解不足、人为操作的正常误差及不正常误差都对预应力施工的质量产生了很大影响,主要影响因素有以下几种:

(1)传统人工张拉和智能设备张拉的选择,分别代表了低效的管理、落后的思维和科学的管理、先进的思维。(2)预应力混凝土的张拉时机不对,仅单一以混凝土强度来控制张拉时机对结构是不利的。(3)两端张拉时,两台千斤顶的同步性、对称性难以协调和控制,各千斤顶之间同步张拉偏差超规范允许值。(4)预应力施加的精度受设备及人工技能影响,精度低,难以提高。(5)实际伸长量的计算和校核不够科学,误差比较大,偏差率离散,质量不稳定。桥规中初应力 σ_0 宜为张拉控制力 σ_{con} 的 10%~25%,初应力 σ_0 以下的推算伸长值采取相邻级的伸长值,很多技术人员不解其中含义,图操作和计算方便不管实际预应力筋长短,都统一选取初应力 σ_0 为 10%σ_{con} 来操作,这是很不科学的,对实际建立的预应力值是有较大误差的。在张拉前,预应力筋在孔道内的弯曲程度、松紧程度都不一致,在伴随着预应力筋越来越长、孔道弯曲越来越复杂的情况下,初应力 10%σ_{con} 可能只够抵消孔道、锚头的摩阻力及预应力束在孔道内缠绕紊乱带来的摩擦力。只有科学地选择初应力值,才能正确地计算实际伸长量,从而进行有效的伸长量校核,以控制预应力施加质量。(6)张拉过程中停顿点、加载速率、卸载速率控制不稳定,持荷时间不足造成预应力损失大,有效预应力不足。很多工人和现场技术人员对持荷时间认识不足,总以为达到控制应力值就可以了,持荷时间多了也是浪费。多年的施工实践及研究表明,持荷时间是完全必要的,特别是在超长预应力筋,管道弯曲段多,弯角和大的预应力体系中,预应力的传递是需要时间的,持荷时间增加有利于调整预应力筋的松弛和均匀性。桥规原对持荷时间规定是 2 分钟,新版修订改为 5 分钟,可见持荷时间的重要性,但 5 分钟也仅仅是对一般长度预应力筋的一个基本要求,如本工程 120m 超长预应力筋,将持荷时间延长至 7 分钟。(7)张拉数据记录不真实,

人为影响因素大。只是为了满足规范要求而编制出一个个漂亮的数据表，这是行业的乱象。

四、后张法预应力混凝土张拉质量控制

（1）选取先进的智能张拉设备。智能张拉相比传统人工张拉具有压倒性优势，解决了传统张拉的低效性，更解决了传统张拉的局限性。智能张拉在作业过程中依据预设指令自动完成，作业过程不受人为因素的影响和干扰，全过程依据规范要求自动完成。智能的张拉能有效地解决下列问题：①由电脑精确控制两台或多台千斤顶同时、同步张拉，能满足桥规7.12.2第1条各千斤顶同步张拉力的允许误差宜为±2%的要求。②张拉控制应力精准，精度高，偏差极小，完全符合桥规7.12.2第2条精度±1.5%的要求。③张拉过程中停顿点、加载速率、卸载速率控制精准，采集的数据精度高、有效性高，可自动计算伸长量，及时校核实际伸长量和理论伸长量的差值是否符合±6%的要求。④持荷时间由系统控制，不受人为干扰，减少了预应力的损失。⑤锚固时自动采集回缩量，计算预应力损失值，真正实现张拉应力和伸长量双控的目标。

（2）预应力混凝土张拉的时机应由混凝土强度和弹性模量两个指标进行双控，设计未规定时，混凝土强度不低于设计强度的80%，同时，弹性模量不低于28d弹性模量的80%。在实际施工中，弹性模量检测较为复杂，通常情况下，C40砼3d弹性模量可达28d弹性模量的84%，7d弹性模量可达95%，C50砼3d弹性模量可达90%，7d弹性模量可达95%，因此，可用龄期代替弹性模量指标来控制。通常情况下，龄期不宜少于7d，最短不宜少于5d。但在现浇预应力混凝土结构中，在混凝土浇筑后7d如不张拉，则结构发生开裂的可能性将持续增加，对结构是非常不利的，因此，在龄期的控制上，还是以7d为宜，过长的龄期对结构并无好处。在实际施工时，应当做好计划安排，并严格执行，以保证预应力结构的最佳质量。

（3）张拉设备必须配套标定，千斤顶、油泵、压力表必须依据标定时配套使用，不得混用，两端张拉时，选择两套一样型号、一样性能参数的设备来尽量保证两端张拉的同步性、对称性。同时，张拉顺序、张拉程序和施工技术交底应经批准，操作人员应经培训掌握预应力施工知识并持证上岗。

（4）对初应力的确定，应当是在初应力施加使预应力筋在孔道内的伸长消除了非线性影响因素，进入线性伸长阶段，此时，选取的初应力值才能建立起准确、符合设计要求的最终预应力值。根据此基本理论，对预应力筋长度30m以下，初应力宜取10%~15%σ_{con}；预应力筋长度30~60m时，初应力宜取15%~25%σ_{con}；预应

力筋长度大于 60m 时，初应力宜取上限 25%σcon；当预应力筋超过 100m 时或管道弯曲段多，弯角和大的预应力体系中，25% 的上限仍可能达不到初应力的目的，此时，则应当根据前面的理论现场试验来确定初应力的大小。现场需要试验确定初应力值的，建议采用智能张拉设备来进行试验和张拉，这对试验的精度、效率及张拉质量和后续的有效预应力值建立都可以进行很好的控制。

综上所述，在当今的桥梁工程建设施工过程中，后张法预应力混凝土施工技术是一项关键技术，通过该技术的应用，可以实现桥梁工程施工效率、质量、安全等级和经济效益的全面提升。在预应力混凝土结构中，预应力张拉的质量好坏、建立的预应力是否准确，关系结构的安全，故对此应引起足够的重视。在具体施工中，施工单位一定要对预应力张拉技术深入理解、合理应用，结合工程实际的情况来分析质量控制关键点，对各个工艺流程和关键技术进行良好的把握，并推行新技术、新设备，科学地提高工程质量。通过这样的方式，才可以全面提升施工效果，让整体工程质量与安全性得到有效保障。

第十章 桥梁检测与评估

第一节 桥梁技术状况评定

随着我国交通基础设施投资规模的不断扩大和城市化进程的不断推进，我国城市桥梁建设发展突飞猛进，结构新颖、造型美观的各类桥梁也日渐增多。在城市桥梁建设获得长足进步的同时，部分建造年代久远的桥梁原设计标准低、结构构件劣化，使用功能下降，且突发的地质气候灾害、交通车流量急剧增大、集装车辆超载导致桥梁产生各类病害，并日趋严重。如何及时检查桥梁病害、发现异常现象，依据评估标准正确检定结构物的实际损伤程度，客观评价桥梁的实际承载能力，从而采用合理的维修加固方法，已成为当前工程技术人员亟待研究的重要问题。

在桥梁技术的评估研究方面，各国依据实际情况，研究制定符合本国实际的评估规范标准。基本原理差异不大，多采用结构分级的方法。评估内容一般包括使用功能状况、结构缺损状况、实际承载能力、重要性等方面。目前我国城市桥梁的技术状况评估标准主要依据为《城市桥梁养护技术规范》(CJJ 99—2003)，规范中的评估方法以结构状况评估为主，本节选择一座中承式混凝土拱桥进行技术状况评估，为我国城市桥梁技术状况评估的修订提供有益参考。

一、规范评估体系

CJJ99—2003 根据桥梁在城市中的重要性，将桥梁分为五类养护等级。Ⅰ类养护的桥梁和Ⅱ~Ⅴ类养护的桥梁分别采用两种不同的评估方法：Ⅰ类养护的桥梁按其完好状态直接分为合格级和不合格级；Ⅱ~Ⅴ类养护的桥梁采用分层加权法，根据评估结果将桥梁的技术状况分为 A~E 五个等级。

将桥梁结构按照如下顺序进行分级："全桥→三个部位→十五个部件→每个构件"四个层次，在各部位和部件的分级中采用固定的权重值，具体构件中损坏类型的权值参照经验公式：$\omega_{ij}=3\mu^3-5.5\mu^2+3.5\mu$ 计算得出。可参照文献中 4.5.2 由底层构件开始计算，逐层加权综合得到上层直至全桥的技术状况指数 BCI。

二、中承式混凝土箱型拱桥评估实例

（一）桥梁概况

某桥梁跨径为 80 m 的中承式混凝土箱型拱桥，该桥设计荷载为汽车 - 20 级、挂车 - 100，矢跨比为 1/3，悬链线拱轴线，拱顶设有一道横撑相连。拱肋采用 C40 混凝土箱拱，混凝土桥面板与 3 道纵向肋梁和横向系梁为整体现浇，U 形桥台。养护等级为城市桥梁 I 级。

（二）技术状况检测

桥面系：全桥桥面有多处交错裂缝，网裂面积约占全桥总面积的 2%；第 3 跨右侧行车道有 1 处开裂破损，A=1×0.8 m²；伸缩缝有泥沙堵塞，橡胶条老化，2# 伸缩缝保护带开裂，最大缝宽为 2 mm；个别护栏破损露筋。

排水系统：全桥有 12 个泄水孔，8 个泄水孔堵塞，部分泄水孔设置不合理，雨水侵蚀梁底。

栏杆、护栏：上游侧护栏有 1 处破损露筋，下游侧护栏有 2 处破损露筋。

混凝土箱拱：总体状况良好，2# 主拱圈 1# 拱脚处左、右两侧各有 1 处胀裂露筋，A1=0.1 m²、A2=0.4 m²。

吊杆：2# 拱肋 2# 吊杆不锈钢护套开裂，1# 拱肋 1# 吊杆下部混凝土防水护筒开裂。

纵向肋梁：纵向肋梁为刚性系杆，全部纵向肋梁多处竖向裂缝，最大缝宽为 0.18 mm，且 1-1#、1-3# 纵梁在 5# 立柱顶部发生梁体断裂、露筋。

横向系梁：全部横向系梁多处竖向裂缝，最大缝宽为 0.22 mm。

立柱：个别立柱有局部破损露筋，程度较轻。

下部结构：总体技术状况良好，未见明显病害。

其他：标线模糊，灯具完好。该桥未设置支座、桥墩、锥坡护坡和调治构造物。

（三）技术状况评估

根据 CJJ 99—2003 规定，吊杆拱桥属于特殊结构桥梁，按照其中的 4.5.3 条"上部结构有落梁和脱空趋势或梁、板断裂"时，可直接评定为不合格级桥。由于该桥 1-1#、1-3# 纵梁断裂，影响桥梁结构的安全，桥梁技术状况等级评定为"不合格级"，应立即修复。

（四）按照公路桥梁技术状况评定标准（JTG/T H21—2011）评估

JTG/T H21—2011 中按不同桥型进行桥梁评定分类，并对不同桥型的部件进行细化；根据不同桥型的部件类型制定评定细则，细化评定指标并提出量化标准，改进桥梁技术状况的评定模型。上述中承式混凝土箱型拱桥中没有设置某些构件时，根据此构件隶属于上部、下部构件或桥面系关系，将此缺失构件的权重分配给其他部件。

现浇桥面板：桥面板技术状况良好，未见明显病害。

三、规范中其他不足

（一）评估方法的适用性

CJJ 99—2003 对 Ⅰ 类和 Ⅱ~Ⅴ 类桥梁采取不同的评估方法，分类方法值得商榷。其中 Ⅱ~Ⅴ 类桥梁的评估采用分层加权法，部件划分细化，但上部结构只列出几种常见梁，评定模型仍然不够完备适用。对于 Ⅰ 类桥则依据结构损伤程度和是否影响桥梁安全，直接评定为合格与不合格等级，无法直观准确地反映桥梁整体及部件的技术状况，评估方法受主观因素影响较大。

（二）构件缺损状况及扣分标准

对 Ⅱ~Ⅴ 类桥梁 CJJ 99—2003 给出了较详细的构件缺损分类和扣分标准，但规范中的部分缺损扣分值存在不合理性，如桥面铺装"坑槽"损坏程度无论大小，扣分值均为 65 分。上部结构 PC 或 RC 梁式构件中梁体下挠为"轻微"时扣分值为 40 分，而梁体由于受力而产生的裂缝为"明显"时扣分值为 35 分。

（三）未设置的桥梁构件评分

当桥梁没有设置某构件时，规范中没有适用的处理方法，如规定权重分配给其他部件处理方法，因而不同的检查人员可能得到不同的评估结果。

（四）不合格桥和 D 级桥梁单项评定指标

CJJ 99—2003 中规定当出现第 4.5.3 条和附录 D 评分等级、扣分表中 16 种构件"*"损坏类型时，Ⅱ~Ⅴ 类桥梁不再分层加权评估而直接评定为 D 级桥，使得 Ⅱ~Ⅴ 类桥梁损坏程度可能达到 E 级而只能止于 D 级，不能准确评估桥梁的技术状况；Ⅰ 类养护桥梁直接评定为不合格桥梁，不能详细得出桥梁结构各组成部分的技术状况。

本节介绍了 CJJ 99—2003 中桥梁技术状况指数的计算方法，对一座中承式混凝土拱桥分别按照《城市桥梁养护技术规范》和《公路桥梁技术状况评定标准》进行了技术状况评估，最后从评估方法的适用性等几方面分析规范 CJJ 99—2003 的不足之处，并提出以下几点建议：规范附录 D 中可适用评估的桥型不够全面。例如"钢-混"组合式桥梁和钢管混凝土拱桥在城市中应用比较广泛，但规范中缺少相应的评估内容，应以现有规范为基础，对其他未列入规范中的桥型开展相关研究。规范中对构件的划分较为粗糙，对各类病害的描述以文字为主，部分病害程度划分不合理，应以现有规范为基础，不断积累资料和经验，根据不同桥型完善详细的评估细则。对Ⅰ类和Ⅱ～Ⅴ类桥梁采取不同的评估方法，分类评估方法有待研究改进。依据构件局部严重病害采用直接评估方法，规范 CJJ 99—2003 中该方法有局限性，使得有些可能达到 E 级的桥梁在评估时只能止于 D 级，不能准确反映桥梁的实际技术状况。建议对其进行相关的修订，以免当某些主要构件出现严重影响结构安全的病害，桥梁整体技术状况评估还较好时，造成实际危险程度被覆盖。

第二节 桥梁构件材质状况无损检测

由于无损检测技术对结构本身基本没有损伤，可靠性也在可接受的范围内，近年来发展得比较快，对混凝土结构来讲这类设备主要有回弹仪、超声波探测仪、数显裂缝测宽仪、钢筋位置测定仪和钢筋锈蚀仪等。

一、回弹仪

回弹仪是根据设备在某种冲击力的作用下可以测出混凝土的回弹大小，而这个量值是根据与结构物表面的硬度有着某种线性关系的原理研究出的一种主要适用混凝土强度检测的非破损性检测设备。回弹仪按其作用力的大小可分为三种类型：轻型、中型和重型，轻型一般用来检测砂浆混凝土和砖石强度，中型和重型主要用来检测混凝土强度。

现在的新型回弹仪，采用数显装置，仪器测试后，直接显示、打印出混凝土强度，使用十分方便。

由于混凝土材料属于非匀质性的，采用回弹仪检测的结果会存在一定的离散，如果想得到较为理想的强度数值，就应该测试尽量多的测点，然后进行数理统计分析。回弹仪使用方便，价格低廉，适合于现场检验混凝土强度。

二、超声波探测仪

超声波频率大于 20000Hz 声波，人耳是感觉不到的，以这种频率做机械振动并在介质中传播。超声波探测仪就是利用超声波在结构物不同介质中传播时，会在接合面处产生反射，并记录发射与接收之间的时间间隔的原理制成的。

测试探头（换能器）是电声能量相互转换的元件，一般用压电材料（如石英、陶瓷等）制成。发射换能器可以将超声仪发射过来的电信号转换为声信号，然后向被测结构物透射；接收换能器接收到从被测结构物传来的声信号，并将其转换为电信号，传输到超声仪的数据处理系统中。超声仪有分频控制、发射接收、扫描示波以及计时显示等功能。

以往工程上比较成熟的超声波探测技术，主要用在对均匀材料进行的无损检测上。现今土建行业积极地把超声检测技术引入非金属材料的探伤和检测，已有许多实际应用。非金属超声波检测仪一般用来检测混凝土的弹性模量、均匀性、裂缝深度、强度以及孔洞等。

相对超声波金属探测系统而言，用于混凝土检测的超声波探测系统一般都是大功率、低频率的。这里设备可分为两类：模拟式和数字式。前者接收信号为连续模拟量，以显示屏上显示的时域波形为基础，直接读出声时、波形和波幅，就此再做分析，随着计算机技术的发展已趋于淘汰；或者接收信号转换为离散数字量，具有采集、存储数字信号、测读声学参数和对数字信号处理的功能。

目前市场上的数字式超声波检测仪可分成两类：一类是以 TICO 为代表的国外的数显式非金属超声波检测仪，这类仪器只能测读声时，无法观察声波波形、读取声幅。这不仅使"波幅"无法得到应用，对被测介质物理性能较差的情形还会造成测声误差；另一类为以国产 NM-4B 型为代表的非金属超声波检测分析仪，该检测仪具有进口数显式非金属超声波探测仪的全部功能，还可以观察声波波形、读取声幅。

具体应参照颁发的《超声法检测混凝土缺陷技术规程》（CECS 21—2000）使用。该规程统一了超声法检测混凝土缺陷的检测程序和测试判断方法，主要内容包含超声波法测试混凝土病害的适用情况，测试仪器相关要求，主要相关参数的测试方法，混凝土孔洞空洞、混凝土裂缝深度，新旧混凝土接合面质量，钢管混凝土和混凝土灌注桩缺陷等的检测及判断方法。

三、钢筋位置测定仪

当前检测市场上主要使用的钢筋位置测定仪基本为电磁感应型，主要由主机和匹配的探头组成。探头的核心部件是一个金属线圈，混凝土中的钢筋和金属线圈构成了一个相互作用的电磁模型。当主机信号源供给交变电流时，金属线圈就向结构物发射出电磁场；钢筋在线圈产生的电磁场作用下产生沿钢筋走向的感应电流。而该电流又会向结构物发射出电磁场（二次场），使原激励线圈产生感应电动势，使线圈的输出电压产生变化，钢筋位置测定仪就是按照上述原理来判定混凝土的保护层厚度和钢筋所处位置的。

当钢筋位置测定仪探头位于钢筋正上方，即探头与钢筋的距离最小时，电动势具有极大值。因此可以通过对扫描信号峰值的判断来准确判断钢筋的位置，钢筋位置确定后即可定出钢筋的间距。

钢筋保护层厚度的检测确定与已知或未知钢筋直径有关，信号幅值 E 与钢筋直径 D 和探头到钢筋的直线距离 L（保护层厚度）有关，E=f(D, L)。当钢筋的直径已知时，信号幅值 E 仅与探头至钢筋的直线距离 L 有关，一般测定仪都预先标定出信号幅值与钢筋直线距离的关系。当钢筋直径未知时，采用同时检测钢筋直径和保护层厚度的方法。此时测定仪预先标定出每一种钢筋直径 D 的信号幅值 E 和钢筋距离探头的直线距离 L 的关系式，并得到对应于直径 D 与距离 L 的信号幅值 E 的二维矩阵。具体用联立方程法或最小二乘法可解得所检测钢筋直径和保护层厚度。

由钢筋保护层厚度检测的原理可知，钢筋位置测定仪可检测钢筋位置、直径等。目前钢筋位置测定仪的国产产品比较多，其中较有代表性的有 KON-RBL 钢筋位置测定仪。它可以测定钢筋直径 Φ6 ~ Φ32、保护层厚度 10 ~ 170mm。测试钢筋直径误差一般为 1 ~ 2mm，显然相对较细的钢筋误差要大一些。国外比较典型的有 Profometer 系列产品，其性能与国产差别不大。

钢筋保护层厚度检测是一门相对成熟的无损检测技术，从 20 世纪 70 年代起就在全国得到普遍应用，但一直未有国家级的技术标准或规范。原交通部《公路工程质量检验评定标准》(JTG F80/1—2004)《水运工程混凝土试验规程》(JTJ 270—98)、原建设部《混凝土结构工程施工质量验收规范》(GB 50204—2002) 等规范中对混凝土中钢筋保护层检测的抽样数量、检测误差、验收合格标准等做了规定。

四、钢筋锈蚀仪

目前针对钢筋锈蚀检测的无损方法主要有三类：物理分析法、电化学检测法和综合分析法。其中综合分析法是根据混凝土强度变化、碳化程度、裂缝和环境条件等情况，其中定性和判定量值多，对检测结果做综合分析。物理分析方法是通过测量钢筋的电阻（用电阻法）、电磁（用涡流探测法）、光影（用 X 光照相法）、热传导（用红外热像法）、声传播（用声发射探测法）等物理特性的变化分析钢筋锈蚀情况。由于受混凝土中各种不利因素的扰动，钢筋锈蚀量和物理检测指标两者的对应关系建立起来比较困难，造成物理分析法通常只能进行定性分析。电化学检测法是能反映出钢筋锈蚀本质的测试方法，更是当前检测市场测试钢筋锈蚀的主要方法。

本节描述的钢筋锈蚀仪是指采用电化学测试方法检测混凝土中钢筋锈蚀的仪器，当前电化学测试方法检测钢筋锈蚀的应用和仪器开发几乎都以半电池电位法为主。

半电池电位法检测的是钢筋的自然腐蚀电位，其主要反映金属锈蚀的活动性，它是钢筋上某区域的混合电位。处于各种状态的钢筋，它们的腐蚀电位并不相同。当钢筋在钝化时，腐蚀电位就随之升高，显示电位为正；当钢筋由钝化状态转为活化状态时，它的腐蚀电位随之降低，显示电位为负。阳极区（也叫活化区）和阴极区（也叫钝化区）的最大电位差最大为500mV。所以，通过测试腐蚀电位的量值就能判断钢筋的腐蚀情况。

既然混凝土中的钢筋活化区和钝化区显示不同的腐蚀电位，那么在这两个区域之间就会出现电磁场，从而有电流产生。混凝土中的钢筋可看作半个电池组，与合适的参比电极连通而形成了全电池模型。这里的电解质是混凝土，由于参比电极的电位量值是相对不变的，而混凝土中的钢筋由于锈蚀出现的不同区域的电化学活性的不同引起全电池电位的变化，它直接反映出混凝土中钢筋各处的电位量值，依据该处电位就能够评价钢筋的锈蚀状态。

用半电池电位法检测钢筋锈蚀的钢筋锈蚀仪由铜/硫酸铜半电池、电连接夹、特殊的电压表和导线构成。具体做法是用导线把钢筋和电压表连通，电压表的另一端与参考电极连通，构成测量系统。

半电池电位法作为钢筋锈蚀程度的一种检测方法，优点是设备简单、操作简便、数据一目了然。该方法在美国早已普及，我国住房和城乡建设部2008年10月颁发的《混凝土中钢筋检测技术规程》（JTJ/T 152—2008）和交通运输部2011年10月颁布的《公路桥梁承载能力检测评定规程》（JTG/T J21—2011）也已将其列入。

近年来无损检测技术发展得很快，在土木工程上的引用也日益普及，计算机信息化时代的来临已使桥梁现场测试设备和数据处理技术趋向智能化和实时化，很多仪器设备更新很快，要不断学习并适应这种发展。

第三节　桥梁静载试验

近些年来，由于我国桥梁工程建设规模的不断扩大，对桥梁工程静载试验检测工作提出了更高的要求，通过合理运用桥梁工程静载试验检测技术，能够确保桥梁工程的总体建设质量得到显著提升，防止桥梁工程在后期运行期间出现严重病害，但是，结合现阶段桥梁工程静载试验检测工作的具体开展情况可得知，在实际检测工作当中，仍然存在很多问题，影响最终试验检测结果的准确性，因此，本节主要探讨桥梁工程静载试验检测流程，具体内容如下。

一、研究背景

因为我国社会经济发展水平的不断提升，为交通运输行业的全面发展提供了良好机遇，使公路桥梁工程的建设施工规模不断扩大，桥梁工程作为交通运输体系当中的核心组成部分，也是连接道路的主要纽带，通过加强静载试验检测，不仅可以确保桥梁工程安全运行，而且能够有效延长公路桥梁的运行寿命。

此外，结合相关研究数据能够得知，已经建设完毕投入正常使用的桥梁项目，超出85%均为混凝土桥梁，受到外界环境因素的影响，包括长时间的荷载作用，部分桥梁工程在实际运行期间，其结构安全性与耐久性不断下降，若不能及时进行维护，会带来比较大的经济损失。结合桥梁工程结构特点，采用静载试验检测技术，能够帮助相关人员进一步了解桥梁结构的实际状态，并采取妥善的处理措施，防止桥梁工程出现带病运行现象。对于桥梁工程静载试验检测人员而言，要认真按照静载试验检测流程开展相应的检测工作，进而更好地了解桥梁工程的承载情况。

二、桥梁工程静载试验技术要点

根据桥梁工程静载试验检测技术的应用现状能够得知，检测人员需要严格控制桥梁工程的竖向压力与水平推力，并遵守逐级加压的原则，逐渐增大桥梁结构的竖向压力和水平推力，通过认真观测桥梁工程的水平位移和沉降量，可以准确判断出桥梁单桩的竖向抗压或者水平承载能力是否满足规定要求。

此外，桥梁工程静载试验检测人员在具体工作之中，还要认真遵守静载试验检测流程开展一系列工作，在试验检测工作中，需要结合桥梁结构特点，在指定的部位进行静载试验检测，并合理确定出荷载对象，密切观察桥梁结构的应力变化情况，包括桥梁结构表面是否出现较多裂缝和沉降现象。通过认真分析各项观测数据，并对观测数据与相关规范标准要求进行对比，更好地判断出桥梁工程的结构状态是否正常。

三、桥梁工程静载试验检测——以某工程为例

（一）案例概况

在本次桥梁工程静载试验检测工作当中，主要以某公路桥梁工程为例，该桥梁工程的总长度是162.32m，桥梁宽度为12.6m，桥梁上部采取预应力混凝土简支桥面，梁体

混凝土强度为C50。同时，桥梁工程的下部结构采取双柱式桥墩结构体系，桥台采用钢筋混凝土结构，为了更加客观地评价该桥梁工程的整体施工质量，试验检测人员决定对该桥梁工程开展静载试验检测，以更好地验证桥梁工程的最大承载力是否满足规定要求。

（二）试验设备

在此桥梁工程项目当中，试验检测人员需要使用专业检测设备开展检测工作，进而保证最终的试验检测数据更加准确、规范，提高桥梁工程静载试验检测的严谨性，避免出现较多漏洞。所以，要求试验室内部的各项检测设备各项运行参数满足规定要求，对于试验检测人员而言，在开展桥梁工程静载试验检测工作之前，需要对各项试验检测设备进行准确的校验，可以采用抽样检测方法进行全面检验，确保各项检测设备得到更好运用。

为了保证桥梁工程静载试验检测数据的精确性与规范性，检测人员还要对各项检测设备运行参数进行重点检验，确保各项设备的运行参数符合规定要求。通过对试验室内部的各项检测设备进行有效的核查，不但能够保证各项设备稳定运行，而且可以避免某些试验检测设备在后期运行过程当中出现较多异常现象。在实际核查工作当中，针对较为重要的试验检测设备，需要加大核查与检测力度，如果发现某些设备在运行过程当中出现比较严重的异常现象，或者产生比较大的偏差，需要立即调整，为后期的桥梁工程静载试验检测提供便利。

（三）检测标准分析

针对我国有关部门所颁布的各项检查标准进行有效分析，并科学使用，结合桥梁工程静载试验检测工作开展特点能够得知，通过严格遵守相关试验检测标准，可以为后期的检测工作提供重要支撑。对试验检测人员而言，还要对样品进行有效的保管，结合该桥梁工程的具体施工作业情况，有针对性地开展静载试验检测活动，从而保证最终的试验检测数据更加精确。

根据该桥梁工程静载试验检测工作的开展情况可以得知，要想进一步提升最终检测数据的精确性与规范性，检测人员还要密切观察桥梁工程所在区域的环境条件，并根据试验室内部的气候与湿度，进行有效的调整，在保证各项试验检测设备稳定运行的基础上，减少错误检测结果。

（四）试验检测流程

（1）进行预加载。在正式的加载试验前，试验检测人员需要开展预加载试验，通过利用静载加载车在桥跨部位进行两次行驶，对试验桥跨进行预压试验，尽可能地消除桥跨所在地区的非弹性变形，确保最终的静载试验结果更加精确。此项操作完毕后，还要在将加载车辆有序地停靠到试验区外部,确保桥梁结构更加稳定,提升试验结果的精确性。同时,试验检测人员通过做好一系列的准备工作,能够为后续的桥梁工程静载试验检测工作顺利进行奠定良好基础。

(2)明确具体的桥梁工程静载试验检测程序。试验检测人员需要对主梁静止变形进行准确读数,并对试验跨控制截面进行有效测试,测试完毕,对测试截面应变和变形进行准确测试,然后进行卸载处理,最后检测桥梁工程应变的变形残余量。

(3)在静载试验环节,检测人员不但要对各项试验检测数据进行有效校核,而且要对各项检测设备进行严格检验,确保桥梁结构的安全性能符合规定要求。同时,在桥梁工程静载试验期间,如果发生异常现象,检测人员需要立即暂停检测,并找到问题产生的实际原因,确认桥梁工程结构安全后,方可进行后续的试验检测工作。

(4)为了确保该桥梁工程静载试验结果更为精确,第一级加载之后,检测人员需要对最大的变位点、最大的应变点实施连续监测。

(五)结果分析

在此桥梁工程静载试验检测工作中,检测人员在关键截面部位并没有发现显著裂缝,桥梁结构也没有出现任何异常现象。

接合各项数据得知,通过开展桥梁工程静载试验,能够合理确定桥梁结构受到静力荷载之后,桥梁工程的各项性能参数是否满足规定要求,并和设计要求进行有效对比,进而更好地判断出桥梁结构安全状态,进而为后期的桥梁工程正常使用与维修提供良好的参考。

综上所述,本节通过对桥梁工程静载试验检测技术流程和要点进行有效性的分析,不仅能够减轻试验检测人员的工作压力,而且可以有效延长桥梁工程的使用寿命,对于桥梁工程静载试验检测人员而言,在具体工作当中,还要综合考虑桥梁工程结构特点,采取科学的检测方法,确保桥梁工程静载试验检测数据更加精确。

第四节 桥梁动载试验

桥梁是承受动荷载的结构物,针对日常运营过程中存在的各种各样的桥梁动态问题,是否存在安全隐患并影响结构安全,我们有必要研究清楚在动荷载作用下桥梁结构的实际工作状态。由此,桥梁动载试验就应运而生,其主要研究桥梁结构本身的动力特性和动荷载作用下的动力响应,弥补一些理论计算上的不足,并有助于发现隐蔽病害。能够检验桥梁结构的设计与施工质量，确定桥梁结构的实际承载能力，为发展桥梁设计理论和提高施工工艺水平、积累技术数据提供科学依据，为制订桥梁加固或改建技术方案提供可靠保障。

一、动载试验的主要内容

桥梁结构动载试验的主要内容可分为两部分，即模态参数（频率、阻尼和振型）的测定和动力响应参数（动挠度、动应变、振动加速度、冲击系数等）的测定。通过对这些参数的分析，宏观判断桥梁结构的整体刚度、运营性能，对桥梁承载力进行评定。

（一）自振频率

自振频率是动载试验参数中最重要的概念，物理上指单位时间内完成振动的次数，通常用 f 表示，其只与结构的刚度与质量有关，并与刚度成正比，与质量成反比。一般情况下，结构部件出现缺损时，自振频率会降低。

（二）阻尼比

阻尼是存在于结构中的消耗结构振动能量的一种物理作用，对结构抵抗振动是有利的。结构工程上假定阻尼属黏滞阻尼，与结构振动速度成正比并习惯以无量纲 ζ（阻尼比）来表示阻尼量值的大小，阻尼比越大，说明结构耗散外部能量的能力越大，振动衰减的就越快。

（三）振型

振型不是结构的变形曲线，而是结构上各点振幅值的连线。结构动力学认为对应每一个固有频率，结构都有且只有一个主振型，结构线性微幅振动是其可能的自由振动都是无数个主振型叠加的结果。

（四）冲击系数

冲击系数是竖向动力效应的增大系数，表征汽车的冲击力。汽车以较高速度通过桥梁时，桥面不平整、发动机振动等都能引起桥梁结构振动，从而增大内力，对结构不利。

二、动载试验方法

（一）动力特性试验方法

桥梁动力特性试验方法主要有自由振动衰减法、强迫振动法和环境随机振动法等。自由振动衰减法。因桥梁结构的动力特性仅与其自身的刚度、质量和材料等固有形式有关，所以不管施加哪种方式的力、初速度或初位移大小，只要求能够激发结构的振动而且能测到结构的自由振动曲线，就可以通过对该曲线的分析处理得到一些动力特性参数。所以，只需给结构一个初位移或初速度能使结构产生振动即可。实际上，能让桥梁结构产生振动的方法还是挺多的，比如跳车、撞击、突然释放等，方法比较灵活，可以根据不同需求因地制宜地选择。若想要测试竖向振动可采用撞击、跳车等方法；若想要测试横向或扭转振动则可采用突然释放、撞击等方法。强迫振动法。桥梁结构的强迫振动法通常是利用激振器械、机械对结构进行连续正弦扫描，根据共振原理，当扫描频率与桥梁结构的某一自阵频率吻合时，结构振幅会明显增大，用检测仪器记录这一过程，绘出频率 - 幅值曲线，即共振曲线，通过该曲线得到结构的自振特性参数。把激振器按试验方案安放在桥上，采用事先理论计算得出的理论值对桥梁结构进行扫描激振，并采集下该过程中的幅值输出，把它与相应的频率分别作为横、纵坐标。环境随机振动法。环境随机振动法也称脉动法，可用来识别桥梁结构的动力特性。以前技术工作者认识到对桥梁等大型构造物进行"激励"的难度是相当大的，所以试图通过测量结构响应的时域信号来识别动力特性参数。在桥面无交通流量且附近无振动的情况下，通过测定桥梁结构由风荷载、大地脉动、水流等随机激励所引起的微幅振动来识别结构自振特性参数，这就是脉动法。该方法采集时间较长，需采集较长样本进行能量平均，消除干扰信号。但该方法试验条件较简单、易施行，所以运用较广泛。

（二）动力响应试验方法

动力响应试验主要分为三个工况，即无障碍行车（跑车）试验、有障碍行车（跳车）试验和制动（刹车）试验。无障碍行车时加载车辆应与静载试验的加载车辆相同，避免轴重产生的局部效应超过车辆荷载效应，而对横系梁、桥面板等构件造成损坏。若一辆车的动载试验响应偏低，则应每个车道布置一辆车横向并列同步行驶。有障碍行车试验和制动试验也可采用与无障碍行车试验相同的载重车无障碍行车（跑车）试验。在车速 5 km/h ~ 80km/h 范围内，运用多个相对均匀的车速进行跑车试验，车速在桥跨（联）上保持匀速，每个车速工况应进行 2 次以上重复试验。有障碍行车（跳车）试验。设置弓形障碍物或其他适宜障碍物模拟桥面坑洼进行跳车试验，车速一般为 5 km/h ~ 20km/h，障碍物布置在结构冲击效应明显部位。制动（刹车）试验。车速一般取 30km/h ~ 50km/h，制动部位应为动态效应较大的特征截面。一般情况下首先选择无障碍跑车试验，若因其他限制条件或桥梁类型因素等无法选择无障碍跑车试验时，也可选用有障碍跑车和制动试验。

（三）测试截面及测点布置

桥梁动载试验的测试截面应以行车动力响应最大和桥梁结构振型特征为原则确定。

一般情况下根据桥梁规模按其跨径 8 分点或 16 分点简化布置。桥塔或高墩，可按其高度分 3~4 个节段分段布置。大型桥梁振型测试可将结构分成几个单元分别测试，整个试验布置一固定参考点，并避开振型节点，每次测试都应包含固定参考点。将几个单元的测试数据通过参考点关联，拟合得到全桥结构振型图。在测试桥梁结构行车响应时，应选择桥梁结构振动响应幅值最大部位为测试截面。简单结构一般选择跨中 1 个测试截面，复杂结构应根据情况增加测试截面。用于冲击效应测试的动挠度测点每个截面至少 1 个。采用动应变评价冲击效应时，每个截面在结构最大活载效应部位的测点数不少于 2 个。

三、动载试验数据分析与评价

动力特性试验数据分析。随机信号预处理。桥梁结构动载试验测试、数据采集一般都会受到外界环境的干扰，可能会造成采集、记录的信号不理想、不完美，所以在正式对采集数据处理前应对采集的信号进行预处理。其目的是检验信号数据的平稳性、可靠性，并对不符合要求的信号进行剔除、拼接或置零处理。功率谱分析。随机信号处理的第一步是功率谱分析，环境随机振动信号处理一般都采用线性谱。首先确定频率，因为频率的确定是采集信号进行二次处理前必须完成的，功率谱上可直接显示频率，线性谱还可以用半功率法计算阻尼比。相位分析。随机振动数据的相位分析由相位函数确定，而不是靠曲线判断，由此得出互功率谱。振型确定。由以上分析可知，自功率谱的峰值及互功率谱的相位一经确定，便可以绘出振型曲线。

动力响应试验数据分析。动载试验数据整理的主要对象是动挠度和动应变。通过动挠度数据（曲线）可得到结构的最大动挠度和结构的动态增量或冲击系数；通过动应变数据（曲线）可整理出对应结构构件的最大（正）应变和最小（负）应变以及动态增量或冲击系数。

动载试验结果评价：自振频率。自振频率的实测值应先与理论计算值进行比较，再做评价。一般认为自振频率的实测值大于理论值，则说明桥梁结构的实际刚度大，桥梁工作状况好，反之说明桥梁结构的实际刚度小、桥梁工作状况差。阻尼比。桥梁结构阻尼比现阶段只能依赖试验得出，对于总体技术状况较好及以上的中小跨径桥梁，其实测阻尼比一般在 3.0%~6.0% 范围内，过大的阻尼比可以判断其有较严重病害。振型。实测振型与理论振型进行对比，观察两者的符合程度，符合程度较高就说明桥梁工作状况较好，否则就较差。冲击系数。通过实测值与理论值的比较，可得出结论。若实测冲击系数小，说明桥梁结构的行车性能好，桥面的平整程度好，反之亦然。

桥梁动载试验通过采集相应工况下结构振动，测定桥梁结构的固有频率、阻尼比、振型、动力冲击系数等参量，研究桥梁本身的动力特性和动力响应，从而达到宏观判断桥梁结构整体刚度和工作状态的目的。不论在新建桥梁竣工验收，还是旧桥承载能力评定以及新型桥梁结构性能研究等方面都广泛使用。普及桥梁动载试验技术，对于推动我国桥梁建设，提高桥梁工程质量，挖掘桥梁承载潜能，都具有十分重要的意义。

第五节 桥梁承载能力评定

一、检测项目

某大桥位于 Y457 线上，于 2006 年建成通车，全长 388.36m。该桥梁存在一定程度的病害：部分预应力混凝土简支空心板梁底板跨中有 3～5 条横向裂缝，缝宽 0.06～0.16mm；部分钢筋混凝土 T 梁腹板存在 3～5 条竖向裂缝，裂缝呈下宽上窄状，宽 0.06～0.12mm；混凝土局部有锈胀露筋现象。基于桥梁结构技术状况检查评定结果，对该桥 3#、11# 跨进行包含结构缺损状况、自振频率、混凝土强度、结构尺寸、裂缝深度、承载能力等参数的结构特殊检测，并基于各项检查结果，对在原设计荷载作用下的上述两跨上部结构的支点及跨中截面进行承载能力检算评定。

二、桥梁承载能力评定结果

（一）计算参数和荷载组合

根据设计资料及相关技术规范，确定该大桥主要计算参数如下：(1) 移动荷载：按原汽车 - 20 级，人群 3.5kN/m²，设计四车道计算，收缩徐变计算龄期为 1000d。(2) 荷载组合 I：根据原设计规范按原汽车 - 20 级，人群 3.5kN/m²，采用最不利荷载组合；如果桥梁结构不满足验算移动荷载等级，则增加低等级移动荷载进行验算。

（二）荷载效应及抗力效应计算

采用桥梁有限元计算软件 Midas Civil 2019 建立有限元模型进行该大桥理论计算分析，3-2# 预应力空心板梁、3-3# 预应力空心板梁、11-2# 空心板梁、11-3# 空心板梁的跨中截面、支点截面的组合 I 荷载效率和弯矩、剪力以及抗力效应的分析结果。

（三）承载能力极限状态评定

对该大桥 3-2#、3-3#、11-2#、11-3# 梁的分项检算系数，如活载修正系数、承载能力检算系数、截面折减系数、钢筋截面折减系数、承载能力恶化系数、结构重要系数等，按照相关规范要求计算评定，再根据相关计算公式进行抗弯、抗剪能力评定。

（1）桥梁承载能力恶化系数 ξe。根据缺损状况、钢筋锈蚀电位、混凝土电阻率、混凝土碳化状况、混凝土保护层厚度、氯离子含量、混凝土强度的权重和指标评定标度，3-2#、3-3#预应力空心板梁和11-2#、11-3#空心板梁的恶化状况评定标度 E 为 1.76，承载能力恶化系数 ξe 为 0.035。（2）截面折减系数 ξc。根据材料风化、混凝土碳化、物理与化学损伤的权重和指标评定标度，3-2#、3-3#预应力空心板梁和11-2#、11-3#空心板梁的截面损伤综合评定标度 R 为 1.65，截面折减系数 ξc 为 0.99。（3）钢筋截面折减系数 ξs。3-2#、3-3#预应力空心板梁和11-2#、11-3#空心板梁及检算截面沿钢筋出现裂缝，宽度小于限值，钢筋截面折减评定标度为 1，钢筋截面折减系数 ξs 为 0.99。（4）活载修正系数 ξq。活载影响系数用于考虑实际桥梁所承受的汽车荷载与标准汽车荷载之间的差异，主要根据桥梁运营荷载的调查统计情况，从典型代表交通量、大吨位车辆混入率和轴荷分布情况三个方面进行综合修正确定。因此该桥活载修正系数 ξq 取 1.00，即按原设计荷载进行分析评定。（5）结构重要性系数 γ0。该桥设计安全等级为一级，根据相关规范要求，该桥的结构重要性系数 γ0 取 1.10。（6）承载能力检算系数 Z1。根据缺损状况、混凝土强度、结构自振频率的权重和指标评定标度，3-2#、3-3#预应力空心板梁和11-2#、11-3#空心板梁的承载能力检算系数评定标度 D 为 1.8，承载能力检算系数 Z1 为 1.11。（7）组合 I 抗弯、抗剪能力评定结果。

（四）正常使用极限状态评定

由于在定期检测中发现该大桥有部分构件出现裂缝，为了更加全面地把控桥梁结构的工作状态，检算中增加了正常使用极限状态评定。

（1）限制应力评定。根据（σd 为计入活载影响修正系数的截面应力计算值、σL 为应力限值），3-2#、3-3#预应力空心板梁跨中截面在汽-20级移动荷载等级作用下的应力计算值分别为 2.66MPa 和 2.92MPa，均大于修正后的应力限值 2.66MPa，不满足限制应力的要求；3-2#、3-3#预应力空心板梁跨中截面在汽-15级移动荷载等级作用下的应力计算值分别为 2.44MPa 和 2.18MPa，均小于应力限值 2.40MPa，满足限制应力的要求。（2）荷载作用下的变形评定。根据（fd1 为计入活载影响修正系数的荷载变形计算值、fL 为变形限值），3-2#、3-3#空心板梁跨中截面在汽-20级移动荷载等级作用下的挠度计算值分别为 6.10mm、4.14mm，均小于修正后的挠度限值 29.60mm，满足变形的要求；11-2#、11-3#预应力空心板梁跨中截面在汽-20级移动荷载等级作用下的挠度计算值分别为 2.78mm、2.99mm，均小于修正后的挠度限值 16.46mm，满足变形的要求。

（3）裂缝宽度评定。根据（δd为计入活载影响修正系数的短期荷载变形计算值、δL为变位限值），11-2#、11-3#空心板梁裂缝宽度在汽-20级移动荷载等级作用下的最大裂缝计算值分别为0.03mm、0.04mm，均小于修正后的裂缝宽度限值0.28mm，满足裂缝评定要求。

三、验算结果

（1）承载能力极限状态下各跨验算结果：3-2#、3-3#、11-2#、11-3#梁均满足汽-20级的要求。

（2）正常使用极限状态下各跨验算结果：3-2#、3-3#预应力空心板梁限制应力不满足汽-20级的要求，满足汽-15级要求，变形均满足要求；11-2#、11-3#空心板梁裂缝宽度及变形均满足汽-20级的要求。

桥梁承载能力的检测和评定直接关系到桥梁工程的使用安全。检测和评定工作所涉及的方法和标准的涵盖面广、要求多，随着先进理论和技术的不断推动，桥梁承载能力的检测和评定技术将朝着更加科学化、规范化的方向发展。同时，该技术的应用和发展有助于行业技术的进步，有利于在役桥梁的养护和管理工作的开展。

第十一章 道路与桥梁检测技术

第一节 道路桥梁的桩基施工检测技术

公路工程作为基础建设项目之一,其质量备受业内人士的关注与重视。桩基工程作为一项重要的隐蔽性工程项目,在公路工程建设中具有非常重要的作用,其施工质量更直接关系到整个公路工程建设项目的质量水平以及使用安全。因此,必须提高桩基施工检测技术的应用水平,以最大限度确保桩基质量安全可靠,为道路桥梁工程奠定坚实基础。

一、桩基检测技术的重要性

在道路桥梁施工过程中,应用桩基施工检测技术对桩基完整性进行检测是非常重要的。无论在施工还是投入使用中,路基基础均会受到一定的重力影响,若不针对路基承载情况进行定期、实时检测,就可能产生不均匀沉降、裂缝等质量问题。不但如此,受到道路桥梁工程使用环境特殊性的影响,对比其他工程项目,道路桥梁桩基极易受到大风、地震等自然因素的影响,桩基施工检测技术应用的重要性更加凸显,只有掌握了桩基检测技术的正确应用方法,才能及时识别桩基存在的质量问题与缺陷,及时处理,从而最大限度确保公路道路桥梁的稳固性。

二、常见桩基施工检测技术

(一)低应变反射波法检测技术

在桩基完整性检测过程中,低应变反射波法检测技术的应用原理为一维波动理论。在一维波动理论中,桩基波阻抗水平与其横截面积、材料密度以及弹性模量存在函数关系。待检测桩基存在波阻抗差异明显的截面或经过桩身截面积变化的区域时,会形成相应的反射波,受到缺陷程度及其类型差异化的影响,所表现出的反射波大小以及相位也会有所不同。在现场应用低应变反射波法检测技术对桩基完整性进行检测的过程中,首先需要安排专人对桩头进行处理,开挖至桩顶设计标高,凿除浮浆并平整桩头,同时将加速度传感器装置安装于桩顶区域，装置与采集仪连接。数据采集前线全面检查仪器设备，确保其性能状态稳定，然后用手锤对桩顶施加瞬态脉冲激励作用，激发压缩应力波沿桩身下行方向传播，若应力波传播过程中遭遇端桩、夹泥、离析等质量缺陷（导致波阻抗出现明显差异），或桩身截面积产生明显变化（主要为扩径或缩径等问题），都会导致反射波的产生。反射信号被加速度传感器接收，在此基础之上经过放大、滤波等一系列处理，形成相对应的速度时程曲线，工作人员可通过分析曲线特征的方式得到相应的平均波速值，作为评估桩身完整性类别的重要依据。

（二）钻孔灌注检测技术

钻孔灌注检测技术可被广泛应用于各个环节，对各类工程项目实践活动有良好的适应性，同时也直接关系到公路工程的总体质量以及施工效率。在钻孔灌注检测技术的应用中，相关人员必须严格遵循钻孔灌注检测技术的应用流程与基本原则，安排专人详细检测相关机械设备的安装质量，钻孔完成后应及时清除孔内残留物，以确保其桩身检测性能的发挥。

（三）超声波检测技术

超声波检测技术的基本原理如下：在施工技术条件保持一致的前提下，将检测仪器布设于施工现场，通过仪器所发出超声波脉冲信号检测混凝土结构，对不同性状混凝土结构内部超声波的振幅频率以及传播情况进行记录，对比相关声学数据以作为判定桩基缺陷的依据。在桩基上，超声波脉冲信号的传播速度会在很大程度上受到混凝土结构密度的影响。既往经验表明，当测试距离以及质地保持一致的情况下，桩基密实度与超声波传播速度呈正相关关系。若待检测桩基中存在空洞、裂缝等质量缺陷，超声波脉冲信号经过这些区域时会绕开缺陷后被接收，因而导致脉冲传播路径的增加以及传播时间的加长。在工程实践应用中，超声波检测桩身完整性必须满足以下几个基本条件：①被检测桩基混凝土浇筑时间达到 14d 以上；②需在内部注入清水以确保传播声测管的通畅；③取芯孔与标准要求差异严格控制在 ±0.5% 范围内；④声管直径道测定允许偏差应当控制在 ±0.1cm 范围内。根据现场桩基布设情况，在桩径低于 150.0cm 时可以选择埋设 3 根声测管，高于 150.0cm 时需布设 4 根声测管。声测管内径应当按照现场布设换能器外径 +1.5cm 标准选择。在声测管安装完成以后，封闭管底，以安装声测管的方向为起点依次分组和编号桩基检测区域内的声测管。

三、工程实例分析

（一）工程概况

某高速公路互通式立交桥项目共包括四座匝道桥，2# 匝道桥起止桩号为 BK0+175.5 - BK0+457.5，中心桩号为 BK0+316.5，全长为 282.0m，桥型结构为预应力混凝土连续 T 梁，布设尺寸为 9m×30.0m，桥面标准宽度为 9.0m，布设方案为 0.5m 宽度防撞栏杆 +8.0m 行车道 +0.5m 宽度防撞栏杆。其中 5# 桥墩位置设置 D160 伸缩缝，两侧桥台设置 D80 伸缩缝，桥墩基础结构形式为柱式墩配桩。2# 匝道桥桥台设置 4 根钻孔灌注桩，桥墩设置 2 根钻孔灌注桩，桩基直径为 1 600.0mm，结构强度为 C25 等级，桩长设计标准值为 10.0 ~ 14.0m。

（二）检测结果

选择 8# 桥墩 B8-1、B8-2 钻孔灌注桩进行检测分析，桩基直径为 1 600.0mm，桩长设计为 10.0m，混凝土结构强度等级为 C25，桩基类型为端承桩，桩基布设现场勘探数据显示持力层为微风化凝灰熔岩，地层结构以黏性、全风化回填土为主。

桩基工程作为一项重要的隐蔽性工程项目，在公路工程建设中具有非常重要的作用，其施工质量更直接关系到整个公路工程建设项目的质量水平以及使用安全。本节在分析桩基施工检测技术应用价值的基础之上，对常见桩基检测技术如低应变反射波法检测技术、钻孔灌注检测技术以及超声波检测技术的应用原理及其操作方法进行分析，并结合工程实例，对桩基施工检测技术的具体运用问题展开探讨与分析，供相关人员参考。

第二节　市政道路桥梁检测与加固技术

随着车辆载重及行车密度的增加，很多市政道路桥梁面临严重的损害问题。桥梁改建、维护都需要一定资金，这也是市政道路桥梁面临的直接问题。通过加固桥梁可以提高桥梁承载能力，因此做好相关研究具有现实意义。

一、市政道路桥梁检测与加固的重要性

（一）路桥检测的重要性

市政道路桥梁受到一些因素影响出现安全隐患。例如，最常见的桥梁坍塌、桥面结构损坏等，造成人力、财力浪费，影响到桥梁作用发挥，有必要强化路桥检测工作。通

过路桥试验检测工作，施工单位可以准确判断桥梁情况。同时，试验检测可以提高桥梁施工质量，确保其按照相关标准完成施工；控制路桥施工质量、技术施工中存在的问题，在条件允许的情况下选择非破坏性的检测方法，保证桥梁施工质量。

（二）桥梁加固的重要性

城市内部存在大量早期修建的桥梁，这些桥梁经过长时间使用出现铺装不稳、钢筋直径不足及配筋偏小等问题。因此，这类桥梁改造及加固较为重要，通过加固施工，可以延长桥梁使用寿命，又能降低施工成本。同时选择合适的桥梁加固技术，避免影响到市区内交通，降低桥梁重建费用；部分桥梁长期重荷载、交通量大，需利用维修加工工作解决病害问题，消除交通安全隐患，满足交通发展需求，延长市政桥梁的寿命，促进其承载能力的提升。

二、市政道路桥梁检测与加固技术分析

（一）道桥检测技术应用

桥梁质量检测中地质雷达有着广泛使用，但依旧存在各类影响因素。地质雷达检测时借助电磁波原理完成，如何选取介电常数直接影响到检测准确度及后期数据处理。铁质媒介对电磁波影响较为明显，如果桥梁内部存在铁质媒介，将直接影响到检测质量，如施工混凝土构件中的钢筋、照明电缆等。

（1）利用地质雷达检测时，存在表面不平整的情况，将影响到检测结果的准确性，表现为里程记录误差与误判检测结果；

（2）现场雷达操作人员并未经过专业性的培训，操作天线时存在不规范的情况，使得检测结果误差偏大；

（3）现场检测选择采集参数时不合理，对采集信号的质量产生不利影响。

针对上述问题提出相应的解决措施：

（1）不同段落、不同日期隧桥梁介电常数存在较大差异。因此实际中即便同一桥梁检测时，也需要不断调整介电常数，现场标定施工日期相差较大的段落，将误差控制在最小范围内。

（2）地质雷达现场检测时要对现场环境进行详细记录。

（3）地质雷达检测时，如果遇到表面不平整的段落采集数据时利用时间触发方式进行，并每隔5m进行手动标记。选择时间触发方式检测时最大限度保持天线匀速前进。

（4）现场检测技术人员专业水平高低不同，甚至出现同一检测数据出现不同判断结果的情况。

（5）做好专业培训，提升现场检测人员采集天线的操作方式，或直接由现场技术人员操作完成。

（6）全面落实模型试验并反复验证，不断优化检测参数。

（二）科学设置路基路面结构

市政道路桥梁工程沉降段路基路面施工时，要选择合适的设计方案。沉降段路基包括三部分，即表层、底层及本体。设置好相应的坡面防护，避免路堤直接受到雨水侵蚀，保证结构的稳定性。同时，要做好地基土处理工作，提高桥背软弱土地基性能，控制好异常沉降情况，避免出现桥头跳车。如果存在较大的软土土层，可以将其他高性能材料加入填筑土中，提高填筑土的刚性，同时减少体积，避免桩基承压过大出现桥台、桥面受损情况。路面基层主要包括两部分：原路面与回填沥青混凝土。选择沥青缓凝土回填土提高路面基层承载力，掺入适量的砂石，大幅度提高承载力，实现控制路基路面沉降变形的目的。回填土实施时选择分段分层方式，逐段逐层回填，避免施工缝的出现。通过这种方式实现对沉降段路基路面施工质量的控制。

建设市政道路桥梁前，需要做好相关准备工作，如地质勘测、设计方案等。市政道路桥梁地质勘测时，要综合性分析，制定科学合适的勘测报告，了解整个桥梁情况，分析地质水文条件，提高勘测方案的针对性，控制好整个工程建设质量。同时，市政道路桥梁建设时还会受到材料质量、天气因素等内容的影响，要根据具体情况制定阶段性目标，根据实际情况分析材料、队伍情况，合理确定施工周期，实现有效控制沉降的目的。此外，要根据市政道路桥梁工程实际情况，提前制订合适的施工质量控制方案，结合工程进度与实际情况进行调整，保证方案落实下去，大幅度提升道路桥梁建设质量，推动城市现代化建设。

（三）混凝土裂缝解决

混凝土结构裂缝出现后，要选择合适的方法进行改善。结构强补法最为常见，处理因为荷载过高引发的裂缝问题。这类问题直接威胁到桥梁物的安全，如果不能及时采取处理措施，直接影响到桥梁物的使用寿命。实际应用过程中，需要剔除破损的混凝土，选择新混凝土与修补材料对破损部分进行补充，解决混凝土结构裂缝问题。

比如混凝土裂缝，这也是混凝土养护过程中最常见的问题之一。就当前养护手段而言，最主要的方法就是在浇筑好的混凝土表面进行洒水处理，然后对其进行遮盖，避免阳光直射。在进行后期养护时，为有效控制裂缝的产生、确保施工质量，在实际施工中不可避免地需要对大体积混凝土进行浇筑。借助施工后路桥检测技术可以提供必要的数据库基础，建立桥梁可能存在的其他隐患与质量问题的后续档案，能够客观公正地评价整体加固施工的效果。除此之外，施工后路桥检测技术可以有效地配合桥梁施工验收工作，从而保证桥梁加固的施工效果。

总之，市政道路桥梁作为现代交通体系的主要组成部分，在人们出行方面起着重要作用。桥梁加固施工过程中合理运用检测技术，采取行之有效的解决措施，能及时发现桥梁存在的问题，从而达到延长市政道路桥梁使用寿命的目的。

第三节　道路桥梁检测中无损检测技术

在我国的道路桥梁检测中无损检测技术作为应用最为广泛的一种，其优势十分显著，具有无破坏性、技术体系健全以及扩展空间较大等，但是在应用该技术的过程中也存在着诸多问题，需要相关人员加大对无损检测技术的研究力度，不断提高道路桥梁的检测能力，以更好地确保道路桥梁的质量，延长其使用寿命。

一、无损检测技术的应用优势分析

（一）技术体系健全

在道路桥梁检测中传统的检测方式在单一方面具有良好的成效，基于这一情况，我国对于无损检测技术投入了更多的人力和物力进行研究。就目前而言，我国的无损检测技术体系已经较为健全，能够很好地满足各方面的需求，具体来说，第一，规范化，在应用无损检测技术开展工作时必须严格依照有关的操作流程和规范进行作业，并反复进行核对，以免产生不必要的问题；第二，无损检测技术内容较为丰富，综合了多种技术操作方案，一旦在检测的过程当中发生问题能够及时地解决，总而言之，无损检测技术的优势十分显著，应该在道路桥梁检测中最大限度地推广和使用。

（二）无破坏性

在开展道路桥梁工程建设的过程中为了确保其建设质量会从多个方面加强重视，如材料、施工工艺和管理等，但切不可忽视对道路桥梁工程的检测，这样能够有效地避免出现质量问题。有关数据表明，在道路桥梁检测中无损检测技术的应用最为广泛，其主要原因在于优势较多，具有无破坏性，能够有效地提高桥梁的保护性能，同时还提高了检测的准确度以及及时性，除此之外，在应用该技术时对于人员和设备的需求也较低，节省了更多的人力和物力成本，可以对整个工程中比较重要的位置或区域展开相应的检测，最终获得较为全面的信息和数据。

(三)拓展空间较大

伴随着社会的快速发展,交通干线日渐复杂化,对于道路桥梁检测技术必将会迎来巨大的挑战,单一的检测技术必然会不再适应社会发展的需要,而无损检测技术给道路桥梁检测的发展预定了一定的空间。由于无损检测技术的体系越来越完善,能够融合众多技术和操作方式,能够优化过去的信息,与此同时,还可以提升有关的技术水平,大大地提高了企业的经济效益和社会效益,所以无损检测技术具有很大的拓展空间,对于未来的检测技术的发展奠定了基础,能够较为灵活地处理道路桥梁检测的变化。

二、道路桥梁检测中无损检测技术的应用分析

(一)超声波检测技术

由于超声波具有诸多优势,如无破坏性、技术体系健全以及拓展空间大等所以被广泛地应用于道路桥梁检测中,它的应用原理十分简单,主要是通过利用检测仪器中所产生的声音并以此来辨别道路桥梁是否存在着质量问题,它主要是基于超声波穿透性强的优势并从检测设备上获取到建筑内部反射波的不同,最终根据波长来确定道路桥梁工程中所存在问题的区域。

(二)图像检测技术

图像检测技术的工作原理,主要是利用数字化技术来将道路桥梁的实际情况通过图像的方式显示出来,这种方式可以更加直观地让检测人员进行检测。图像检测技术又分为两种应用形式,即激光全息图像技术和红外线成像技术,第一种红外线成像技术主要是利用自身的热敏性传感器并结合路桥中每个部位材料的导热性不同来产生相对应的检测数据,并最终以图像的形式呈现出来。第二种激光全息图像技术,它主要是借助摄像技术将所检测出来的结果以图像的形式直观地呈现出来。就目前而言这两种方式在道路桥梁检测中应用最为广泛,因为它们更加有利于检测人员用肉眼辨别,提高了检测的精准度,同时也节省了更多的时间,使其工作效率得到大幅度的提升。

(三)光纤传感检测技术

光纤传感检测技术具有良好的敏感性,这种检测技术同样也是属于物理检测技术中的一种手段,但是相比超声波检测技术而言还是存在着不同之处,尽管两者都属于物理检测技术,共同点在于都是通过接收到力波来对道路桥梁进行判断是否存在问题,而这两者之间的差别则在于光纤传感检测主要是通过运用传感器,不仅能够有效且快速地辨别出所存在问题的地方,而且还能够对损害的程度进行检测,这样一来对于相关技术人

员而言十分有利，能够及时地处理损害区域。

（四）探地雷达检测技术

雷达检测技术的优势在于定位性强，而且雷达技术也有多种类型，不同的雷达检测技术所适应的类型也会有所差别，一般来说在道路桥梁检测中应用最为广泛的是探地雷达检测技术，这一检测技术的原理是利用天线设备进行脉冲的传输，而它以桥梁工程地下的反射波为主，并以此来便被道路桥梁质量是否符合标准要求。

综上所述，当前随着社会的不断发展，在道路桥梁工程检测中无损检测技术具有诸多优势，能够很好地满足各方面的需求，所以需要相关的技术人员加大研究力度，提升对测量技术的认识与理解，确保它能够在实际工作中得到有效的利用。虽然无损检测技术的优势很多，但仍不可避免地存在着一些不足之处，需要在今后的工作中不断地完善与探索，提升道路桥梁建设水平，以更好地造福于人类。

第四节 道路桥梁的桩基施工检测技术

在我国的道路桥梁建设中，桩基础是一个非常重要的环节，桩基础在整个工程中的作用是不可忽视的，其质量对整个工程的工程安全和工程质量有着直接的影响。在我国，进行道路桥梁的桩基础施工中通常用到两种方法，分别是钻孔灌注桩和人工挖孔桩。目前我国使用这两种技术相对比较成熟，应用也十分广泛，在具体的工程施工中，技术人员会结合施工现场的具体情况来选择合适的施工方法。

一、道路桥梁桩基施工技术

（一）钻孔灌注桩

这种方法主要是通过机械设备来操作，用机器来钻孔，所以钻孔的速度比较快，成孔的质量也比较高，在实际施工中应用比较广泛。而且这种技术和其他桩基技术相比优势很大，不仅操作简单，而且效率很高，可以提高整体施工的质量，并且可以缩短工程期限。但是，并不是说这种技术是完美的，在实际施工中，也存在着一些问题，比如地质环境问题，要使用这种技术需要较好的地质构造，而且要根据地层的不同，采用不一样的钻进方法，不能只选用一种方法，这样才能提高成孔的质量。所以施工人员在应用这项技术的时候，应该提前对施工现场的地质环境进行细致的调研。另外一个问题就是调和泥浆，通常在进行钻孔灌注桩施工的时候，会通过在墙壁上涂抹泥浆来加固孔壁，避免孔壁坍塌。在具体施工时，要严格遵守规定，确保调和的泥浆比例合适，并且还要将调好的泥浆及时灌注到孔内，这样才可以提高整体桩基础的质量，满足施工的要求。

（二）人工挖孔桩

因为我国的相关科技水平还没有达到要求，所以在我国很多建筑行业中，还在广泛使用人工挖孔桩这项技术，人工挖孔桩的技术含量比较低，操作也十分简便，而且相对来说投入成本较少、检测方便。该技术需要通过人力挖孔，然后再安装上一些钢筋框架，最后再用提前调配好的混凝土进行浇筑，这样建造出来的桩基础就会比较稳固，不容易坍塌。这种方法在施工中也存在着一些问题，因为主要依靠工作人员在现场通过人力挖孔，而且是在井下进行作业，所以有很多安全隐患。如果遇见空地积水的情况，就会影响整体工作的进行，还会对施工质量产生不好的影响。而且，不论是在施工前还是施工的过程中，一旦发现道路桥梁的地下地形和水文情况和当初勘探的不同，就需要重新进行勘探工作，无疑加大了工程的资金投入。

二、道路桥梁桩基检测技术

目前，在进行道路桥梁的施工中，桩基础是一种很常见的基础形式，通过桩基础工程，可以提高整个工程的质量。但是，在对桩基础的检测中，却不是很容易，因为桩体是承载道路和桥梁的，通常是建造在地下的，没有办法对桩体进行检测，一旦桩体出现问题，轻则影响道路和桥梁的使用，重则会发生严重的事故灾难。所以，为了保障人民群众的生产生活安全，有关检测人员应该加大检测的力度，在实际检测过程中，应用一些科技含量较高的技术和设备进行检测，来确保整体工程的质量安全，为人民的出行保驾护航。

（一）成孔检测

在钻孔成功后，首先要检测这些成孔，这也是进行桩基检测的首要步骤。如果钻孔的质量都没有达到规定要求，那么也就无须再谈桩基础的质量了。所以说，在道路桥梁工程检测中，成孔检测是非常重要的一个步骤。我国在检测桩基的过程中，比较重视检测桩基础，但是，为了保证整体的工程质量，也应该做好成孔检测方面的工作，对其给予重视。

（二）静载荷试验法

这种方法主要是根据桩基础的具体使用功能，因为桩基础的作用是承载来自各个方向的力量，所以在具体应用前，首先要试验桩基础的承载能力，从水平方向和垂直方向不断地施加压力，然后观测桩体垂直位移和水平位移的情况，根据位移和荷载的相互关系，检测单柱的水平承载力和竖向承载力。经过大量的实践研究，我们发现，在实际检测中，受多种因素的影响，其得出的数据存在着一定的误差。所以，工程人员在以后的工程研究中，应该着重研究提高静荷载试验法的准确性和科学性。近些年来，我国在研究静荷载试验的吨位上有了一定的成果，在进行大吨位的桩基础工程时，可以采用将千斤顶和传感器埋在桩底的方法来进行载荷试验，大大提高了静载荷试验法的可靠性和准确性。

（三）声波透射法

声波透射法主要是通过声波来进行检测，需要事先在桩底埋声测管，通过发射声波，对返回的声波进行接收，通过观察声波在混凝土中传播的频率变化，对桩身的情况进行分析。这项技术和其他技术相比，技术性较强一些，所以对相关的检测设备要求科技含量比较高，以前受技术水平的限制，这种检测技术并没有得到推广。但是随着近些年来科学技术的不断进步，相关的设备越来越先进，所以声波投射法也逐渐得到广泛应用，并且效果十分明显。过去在进行检测的时候，通常只是单纯地选择判断回声这一种方法，而随着技术设备的更新，检测的方法也逐渐增多，还可以检测声波的频率和幅度，根据变化判断检测桩基的整体质量。而且，随着声波CT的应用，也为声波投射法提供了更加广阔的发展前景，所以，声波透射法今后会在道路桥梁桩基检测中得到广泛的应用。

（四）地质雷达检测

这种方法也叫勘测雷达，是一种无损检测技术，而且检测的精度很高，直观性比较强，检测的速度也十分快。这种技术通过地质雷达来作业，向桩基结构中不断发射电磁波，接受反射回来的电磁波，并根据反射回来的情况对桩基结构进行判断。这种技术属于物理探测的范畴，在道路桥梁检测中也得到了较为广泛的应用。这项技术的流程也比较简单，首先是由工作人员发送指令信息，控制单元随后发出信号，然后会向桩基结构发射电磁波，电磁波在遇到不同的界面时，会反射回发射点，设备再接收这些反射回来的信号以后，以图像的形式放映出来，最终检测人员根据图像内容对桩基结构进行判断。

（五）红外热象检测

这种方法主要是通过使用红外线热像探测仪器来获取桩基结构产生的热量，然后根据显示的温度分布来分析桩基结构中是否存在缺陷。这项技术有很多优势，首先是其探测间距可以达到无穷远，并且不需要接触，所以可以对一些埋藏较深的桩基进行检测；其次是对道路桥梁外部的环境要求比较低，只需要通过红外线对桩基的热量进行检测；另外就是测量的精度很高,温度分辨率可以达到0.1度；最后就是其检测的模式是多变的，不仅可以在静态的检测过程中使用，还可以在动态过程中使用，可以满足多种检测的需要。

道路桥梁工程是我国公路工程中的一项很重要的工程，因为道路桥梁和人民的生活息息相关，所以其施工的质量直接影响人们的日常生活，也对地区的经济可持续发展有着影响。在进行道路桥梁的施工中，应该做好工程的每一步，要加强对工作人员的培训，提高工作人员的整体素质；在道路桥梁施工中，桩基础又是其中非常重要的一环，更应该引起十分重视。在完成桩基础施工工作以后，要及时检测，检测中发现的质量问题要及时进行解决，以确保整体施工的质量。通过加强对桩基础的检测来提高我国在道路桥梁工程建设方面的水平，进一步促进我国经济的持续发展。

第五节　道路桥梁检测数据结合 BIM 技术

随着 BIM 技术的不断推广，越来越多包括道路、桥梁及管网的市政基础设施项目实现或部分实现了信息模型创建。2016 年上海发布了道路桥梁相关的 BIM 应用标准，至此一个市政基础设施的信息化革命拉开了序幕。利用 BIM 模型信息处理和分析方面的优势，将检测数据导入模型中，对于道路桥梁的各阶段管理都有着很大的应用空间。本节通过对市政道路桥梁设施检测数据的归纳分析，结合 BIM 技术的特点，对应用方法和应用场景进行研究和探索。

一、道路桥梁检测技术的应用

（一）无线电检测技术

无线电检测技术是用无线电对正在建造的建筑物及其设备进行检测，这项工作已经成为无线电管理中的一个很重要的方向。在道路桥梁检测中经常用到无线电检测技术，它可以快速又准确地检测出道路桥梁是哪些地方出现问题的，然后专业人员就可以根据具体的情况来采取有效而准确的措施，以保证道路桥梁不会出现故障，这样一来，车辆可以顺利来往，方便了人们的出行，也对人们的安全做出了保障。

（二）冲击波检测技术

道路桥梁建设是一个全面性的过程，要考虑的因素比较多，检测频率比较频繁，主要目的是避免道路桥梁正是运行过程中出现问题。在建筑物的内部检测中，检测人员要从多个角度进行检测，保证检测的全面性，做好各个检测环节的协调工作，在不影响整体结构的前提下进行检测。目前我们知道的检测方法比较多样，但冲击波检测技术的实用性最高，这种技术是根据建筑结构内部波动情况判断的，当建筑物的内部结构出现损坏，冲击波经过就会产生较大幅度的信号波动，装置接收到反馈的信号，会进行分析，然后找出建筑内部缺陷位置，工作人员就可以制订相应的解决方案。冲击波检测技术可以忽略建筑深度因素，对建筑结构进行全面的检测，具有良好的应用优势。

（三）红外线热成像技术的使用

道路桥梁施工的过程中，不同地区的地貌形式、施工条件都对施工有一定的影响。专业人员在确定图纸之后，还需要进行实地考察，根据不同的情况再次修改图纸。然而，想要更好地了解地貌地势便离不开红外线热成像技术。前面提到的地支雷达监测技术，可以看到地表下的形态，而且这里的红外线热成像技术可以更好地分析出各种材料。红外线热成像技术是指通过红外线的照射可以获得物体的材料信息。红外线热技术在遇到物体后，通过各种分析可以得知物体的表面温度和其他情况，经过大数据的比对，可以显示出该材料是何种材料。在道路桥梁施工的建设中，运用了红外线热成像技术后，专业人员可以更好、更快地得知内部情况。

二、检测数据与BIM技术的结合应用

（一）数据载体

BIM信息模型主要包含几何数据和非几何数据两类，几何数据是模型内部几何形态和外部空间位置数据的集合，可以简单地理解为形状和位置的数据；非几何数据是除了几何数据以外的所有数据。按相关规范来讲，道路桥梁的非几何数据主要包含材质信息、地质信息、物理参数、现状信息、周边信息、绿化信息、工艺信息和指标信息等。检测数据是一种典型的非几何数据，可以作为BIM信息模型数据内容的一个重要组成，数据的形式可按不同阶段对应不同等级的来导入使用，如LOD100~500。检测数据的载体以Revit软件为例，Revit软件中最基本的构件模型是"族"，可通过对族属性参数的设置，将各检测数据进行输入，作为构件的基本参数，并可以根据使用目的来设计数据组成方式。对于已建模型，数据导入可利用EXCEL宏匹配导入各个分段或结构（或Dynamo软件）来实现数据的批量添加，并形成能与模型联动的数据库资料，方便随时更改或补充。

（二）数据选择

道路桥梁在生命周期内会产生大量的检测数据，哪些检测数据应该导入模型是数据

应用的最基本问题。规划阶段，在新建项目中，以勘探数据为主，主要反映了设施的建设基础条件，可不作为模型数据。但在改建项目中，检测数据是反映标的物的技术状况的最直接依据，相关检测参数主要都是功能性参数，对改造效果和后续运维有着重要的参考价值，应纳入模型数据。设计阶段，将设计技术指标作为检测数据的初始要求进行导入，虽然在上海出台的地方规范《市政道路桥梁信息模型应用标准》中也有相关要求，但相关内容太少，并不能满足未来的数据应用需求，至少应与道路桥梁的养护技术规范中的指标相匹配，足以满足对既有设施的技术评价需求。实施阶段，检测数据主要反映了项目的质量情况，产生大量材料、半成品及成品的检测数据，该阶段应尽量将成品的所有质量检测数据作为模型数据进行导入，一方面可以用于后续的工程验收评价，另一方面这些数据是反映设施运行前的基本技术状态，是评价后续运行情况的重要依据。运维阶段，过程中的定期检测数据能及时反映设施的使用状态，应按期导入模型并及时分析，以用于后续运维决策。另外，由于交通事故或自然灾害等突发事件，所采集的检测数据也应作为运维阶段的数据统一录入。

三、改善试验检测应用措施建议

（一）完善试验检测管理制度

完善试验检测在市政道路工程中的应用制度，可确保检测人员采用规范化的操作流程进行作业，降低质量问题的出现概率。（1）明确市政工程中试验检测的工作流程、工作细则，掌握规范试验检测操作步骤、操作内容、操作要求。（2）建立完善的工程质量控制体系和试验检测机构，保证相关资质、试验标准和规范、操作技术等文件齐全。（3）健全试验检测工作制度，如技术文件保密制度、检测人员制度、责任落实制度等，确保检测人员严格按照设计要求开展每一道检测程序，整理每项检测工作的数据结果，确保检测工作规范实施。

（二）做好道路原材料试验检测

在进行原材料试验检测时，仍以水泥为例，具体检测过程中注重做好以下几点：一是注意控制好水泥的比重与容量。一般而言，水泥比重控制在 3∶1 左右；水泥容量通常为 1 300 kg/m³。二是注意加强对水泥粗细度的检测。通常而言，水泥颗粒越细，后续硬化速度越快，早期的水泥强度也就越高。三是注意水泥凝结时间的检测。具体包括初凝时间与终凝时间，其中前者是指水泥从开始加水搅拌到自身失去塑性的时间，后者是指水泥开始进行加水搅拌到完全失去塑性并开始具备强度的时间。不同类型的水泥初凝与终凝时间也有一定的差异，比如普通硅酸盐水泥的初凝时间在 45 min 左右，终凝时间在 12 h 左右。四是注意做好水泥强度试验检测，要求检测标准与国家相关标准相符。五是注意做好水泥体积安定性试验检测。水泥体积安定性具体是指水泥在硬化时，体积产生变化的均匀度。如果水泥中含有较多的杂质，在实际进行硬化时，体积本身会产生严重的不均匀形变，因此水泥体积安定性也是一项非常重要指标。六是注意做好水泥水化热试验与检测。水泥在硬化过程中，自身会不断放热，做好该项指标的检测对后续裂缝控制有着重要的作用。

（三）掌握道路与桥梁的施工关键环节，有效解决施工中出现的各种问题

俗话说"牵一发而动全身"，道路桥梁施工同样如此。由于道路桥梁施工中涉及诸多环节，一旦其中一个环节未达到施工标准，将严重影响整体工程的效果，甚至造成一定的安全隐患。举例来说，在对道路桥梁开展技术检测时，经常会发现道路桥梁出现开裂的现象，所以应该对道路桥梁开裂这一问题进行预防。施工部门应尽力解决一些较为明显的安全隐患，确保道路桥梁的安全性能，然后再对可能出现的开裂情况采取措施，保证道路与桥梁的整体安全。

四、实际应用中的注意事项

（1）在桥梁的实际应用过程中，我们可以根据桥梁使用的时间、桥梁本身的材料以及桥梁上的交通情况承受能力等确定适合检查桥梁的周期。一般的桥梁每三年检查一次即可，特殊的桥梁需要保证一年检查一次的频率。而对于那些刚投入使用的新桥梁，也需要一年检查一次，检查两年即可，需要进行全方位的大检查。在检查过程中，如果发现有第三等级、第四等级和第五等级的桥梁，就需要对它进行定期检查，并且修缮。对于特殊的桥梁来说，也需要采用特殊的方式方法来进行定期检查，不同的桥梁在使用过程中侧重点不同，所以要根据桥梁本身的使用情况，对磨损程度可能比较大的重要构件进行详细检查，不同的部件也可以制定不同的检查周期。（2）不同的桥梁，因地理环境的不同、使用方法的不同等都会存在不同程度的磨损。每个桥梁在使用很久后，重要构件都会有不同程度的磨损。因此，工作人员需要根据桥梁的功能、工作情况等对不同的重要部位制定不同的检查周期的方式。（3）还可以根据桥梁的作用和各个部件，将桥梁的部件分为重要部件和一般部件。重要的部件检测频率要高一些。重要部件指的是在桥梁使用过程中使用次数比较多，影响桥梁质量的部件。当然一般部件也需要定时检查，检查周期可以稍微短一些。（4）上文所说的定期检查都属于目测的外观检查。这样检查虽然可以更加全面地看到桥梁的各个部位、各个零件的磨损情况，但是我们也应该注意一些比较特别的关键部位，如桥梁上比较薄弱的部位，以及影响桥梁承重的部位，还有

一些可能被酸碱腐蚀到的部位。这些部位也是检查中的重中之重。

道路桥梁运行的稳定性直接关系着行驶车辆的安全，有着非常重要的作用，在施工过程中，需要对道路桥梁进行全面的检测，做好每个检测环节的对接工作，根据不同的桥梁结构选择合适的检测技术，使用质量达标的材料，制订科学合理的施工方案，最大限度保证道路桥梁的施工质量。

第六节　道路桥梁工程原材料试验检测技术

一、道路桥梁工程试验检测的主要内容

（一）路基土方石填筑

在道路桥梁工程在正式开始前，对路基土方填筑质量进行多角度的检测是极为重要的。之所以较为重视此项原材料检验工作，是因为其直接影响着路基最终呈现的质量，可以对施工材料的密度产生一定的影响。如果在施工过程中无法保证路基的实际质量，势必会造成整个道路桥梁工程质量的严重下滑。所以，相关技术人员在执行工作任务的时候需要对其中的各项检测内容加以足够的重视，运用先进的技术评估路基各项指标数据，并将检验结果与国家有关规定指标进行对比。

（二）桥涵结构物检测

桥涵结构在每个道路桥梁工程中都占据着极为重要的地位，此种结构的呈现方式以及应用原料的质量将会直接影响桥体的稳定性和抗洪性能。桥涵结构在建造的时候需要应用到钢材原料，还需要用到水泥材料等，这些材料的质量对于桥体今后的实际表现起着决定性的作用。因此，构建桥涵结构前必须对所用原材料的实际质量进行多方面的检验，严禁施工现场出现质量不合格的原材料。只有这样才能够最大限度保证桥涵结构的实际质量。为此，施工人员应该积极应用先进的检验技术对应用钢材的硬度等数据信息加以精细化的检测，只有这样，施工人员在使用原材料的时候才能够知晓选用何种品牌，让原材料的使用更加富有保证。

（三）路面路基检测

道路桥梁在实施中需要用到沥青混合物，还需要根据实际情况选择最为适合的集料或者无机结合料完善工程质量。这些原料的选用都会直接影响到铺设路面的质量。为了让路面具有较强的紧实度和密度，施工原材料质量的检验工作是极为必要的，在原材料

正式投入使用前必须对其质量进行精准记录,并将检验结果和工程既定参数进行比对,只有当原料中的各项数据都符合规定的时候方可投入使用。

二、试验检测技术在道路桥梁工程中的应用

(一)原料质量检测

针对道路桥梁而言,在开展各项施工工作前首先需要做的就是对原材料的质量进行检验。在检验原材料质量的时候,工作人员应该注意两个方面的问题:其一,由于混凝土材料的物理性质会随着时间的推移而不断产生变化,技术人员在使用相关原材料的时候要把控好时间节点。其二,在检验材料质量的时候需要技术人员对道路桥梁工程的各个环节有足够清晰的认知,了解到何种工作在整个工程中是最为核心的,并根据施工的实际需求灵活更改原本的检验程序。

首先,土的筛分试验工作在实施的时候需要及时对土的颗粒进行分析,这样才能够对原材料的指标具有更加深刻的认知,根据土的性质对其进行分类,对每种原料土的颗粒大小进行分析,尤其是粗颗粒数据的表现是极为必要的,这项数据能够直接显示出土尺寸的具体情况。在试验结论得出后,应该对土的其中两项指标加以记录:一是土的总体构成成分,二是土的实际尺寸。这些因素都能够直接彰显出土的总体性质。

其次,对原料土实施击实试验。此项实验原理是利用水分子的密度等物理性质对原料土的含水量进行检验,继而确定最为适合的含水率。尤其是对于现场实压度而言是极为重要的参考指标。

再次,所有结构施工均采用商品混凝土,与搅拌站商定会混凝土强度等级、坍落度、要求使用的水泥品种、混凝土性能要求、外加剂和掺和料的品种、掺量、掺入方式等,严格要求配合比参数。混凝土浇筑完毕后,应在 12h 内加以覆盖,并浇水养护;混凝土浇水养护日期,掺用缓凝剂或有抗渗要求的混凝土不得少于 14 天,在混凝土强度达到 1.2MPa 之前,不得在其上踩踏或施工振动。

最后,还需要对水泥原材料的质量进行检验,对其所具有的稠度和凝结时间进行检验,这样才能够确定水泥的稳定性。技术人员要在最短的时间内了解到水泥的各项数据,这样才能够确定水的加入量,再将其灌入模具中,而后再将其放置到养护箱中,并确定水泥的放置时间,需要明确的是此时设定的开始时间便是水中添加水泥的时间。加入水后,首先应该将其维持在三十分钟内。随后再利用维卡仪测定好凝结参数,保证水泥能够成为最终凝结状态,此时需要迅速进行重复测试,当两侧所获得的数据结果均相同的时候,便可以确定此时水泥已经进入终凝状态。

水泥种类多样，一定要根据施工当地的气候、地理环境等因素选用优等质量的品质水泥，另外结构钢筋要做拉伸试验和弯曲试验，以及重量偏差的检测。进口钢材必须做钢材化学分析试验。钢筋的性能直接影响到结构的使用年限，不得忽视，否则在加工过程中，易发生脆断、焊接性能不良和力学性能显著不正常的现象。

（二）结构性能检测

在开展道路桥梁工程的过程中，当利用到试验检测技术的时候，应该全方位地提升对结构性检测的关注度，通过此种方式强化道路桥梁工程的实际质量，提升检测准确。在开展结构性能检测工作的过程中，技术人员同样需要做好以下两项工作：首先，需要科学精准地应用两种试验检测方法，分别是动力试验和静力试验，这样便可以完成对桥梁的实际结构的精确检测分析，明确其具体的结构性能。其次，在开展结构性能检测的过程中，技术人员还需要有意识地应用包括红外线检测或者超声波检测在内的传统无损检测技术。此类技术虽然并不具备良好的精准性，但是却能够避免对桥梁工程造成损伤影响，可以被广泛地应用在道路桥梁检测的过程中，切实有效地保障道路桥梁工程的稳定建设与发展，从根本上提升施工质量，为地方建设发挥更为坚实的支撑作用。

（三）拆分阶段检测

道路桥梁施工的每个环节和每个部分都是存在差异性内容的，所以在开展质量检测工作的时候，应该尽可能地将所有阶段拆分开来，通过此种方式进行检测的结果将会更为具体明确。相关技术人员在进行不同阶段的技术检测的过程中，有必要将检测信息作为核心对象，精准地处理各种数据内容，提升检测效率。而后，在进行针对第二阶段的道路桥梁检测工作的过程中，需要尽可能地将基准确定为建模处理和信号处理，此外在进行拆分阶段检测的过程中，技术人员应该灵活应用多元化动态检测技术和传感器技术，为后续项目检测提供更为充足的数据支撑，保障试验检测效果的最终正确性。

总而言之，原材料试验检测技术研究我们一定要重点重视，它是质量控制的基础，伴随现代社会的飞速发展和国家经济水准的日渐提升，我国道路桥梁建设已经取得相应的成果，其能够在相当大的程度上促进多地区的连接，为地区经济建设提供更为良好的支撑作用。但是从其他角度来看，由于我国道路桥梁建设工作尚处于发展的关键阶段，我们的桥梁已经创下世界多个第一，但是我们不能满足现状，要在道路桥梁的技术发展中寻求新的突破，找到新的质量控制要点，这就要求我们在试验水平上踏上更高的台阶，所以必须综合应用各种先进科学的管理技术，做好针对所有方面的监督管控，而试验检测工作作为管理质量的重要内容，自然也是无法忽略的，其从属于保证原材料和相应施工环节能够满足实际标准的重中之重，进而为工程质量的提升带来帮助，为现代人的日常出行提供充足的便利性，保障人们的生命财产安全，更加高效地配合我国经济高速发展，为道路交通行业的稳定建设奠定坚实的基础。

第十二章 道路与桥梁检测方法的实践应用研究

第一节 道路综合检测车在公路检测中的应用

一、道路综合检测车在公路检测中的应用意义

（一）提高数据的准确性

传统的公路检测以手动检测为主，人工检测发挥着至关重要的作用，而以人工为主的检测方式面临着两个难以有效克服的问题：首先，精确度问题，人眼以及现有的检测辅助工具，在精确度上存在一定的局限，很容易出现测量偏差，这是客观上无法解决的问题；其次，专业技术能力问题。人工检测对检测人员的专业能力有着较高的要求，一般而言，检测人员的专业性越高，相应的测量数据也就越准确，相反，如果检测人员专业性偏低，数据测量的准确性自然也偏低，这是主观层面的问题。对此，道路综合检测车的应用能够有效克服这一问题。道路综合检测车采用激光检测仪，具有很高的准确性与精确度，能够有效克服手动测量的问题与不足，提高数据测量的精度。不仅如此，自动检测车的测量为自动化测量，依托于固定程序而开展，只要从源头上保证固定程序的科学性与标准，就能提升测量结果的准确性。

（二）提高数据的完整性

在传统的手动测量中，一直面临着测量覆盖范围不广的问题。手动测量多采用定点检测以及抽样检测的方式，虽然能够借助样本的选择与优化来尽可能提高样本数据的代表性，但毕竟无法和全面测量相比，且手动测量夜间作业缺乏有利的条件。对此，道路综合检测车有着很大的应用价值。道路综合检测车可以对行驶路面进行高速、全面的测量，且检测车的运行路程完全不受限制，这极大地拓展了道路综合检测车的覆盖范围，对检测质量的保障起到了很好的作用。不仅如此，道路综合检测车克服了人工测量中无法夜间作业的问题，在相同的测量时间段内，道路综合检测车的测量覆盖范围更加广泛，这也是其相比于手动测量的优势所在。

（三）提高检测的效率

公路检测具有工作性质单一、工作目标明确、工作量大的特点，传统的手动检测方式需要多个人员参与，不仅工作效率偏低，且耗费的成本较大。借助道路综合检测车可以有效地提升检测效率。道路检测车以自动检测为主，极大地减少了检测所需要的人员数量。通常情况下，一个驾驶员、一个记录员以及一辆检测车便能满足检测活动的全部需要。

二、公路检测

（一）车辙检测

车辙是道路交通工具在路面行驶后留下的压痕，是判断路面变形程度的主要指标。道路综合检测车的出现为车辙的检测提供了更为便捷有效的检测方式，能够有效克服传统手工检测的不足。车辙检测以沥青路面为主，道路综合检测车行驶在所要检测的路面上，其内置设备会对路面的变形程度开展检测，主要包括红外激光发射器以及多目CCD相机。红外激光发射器是车辙检测中最主要的工具，借助红外激光发射器所发射出来的激光，能够对发生形变的沥青路面进行有效的取点分析，从而计算出车辙的具体深度，反映路面形变的情形。手动测量与检测车测量的平均值有一定的误差，但误差范围均在 3 mm 以内，且测量数据表明，LRUT 的测量数值中，检测车的测量结果显著偏高，而在 RRUT 的测量数值中，则手动测量的结果显著偏高。

（二）构造深度检测

路面表面构造深度是路面表面质量判定中的主要参考指标，在很长一段时间均被称作路面纹理深度。构成深度以检测路面表面粗糙程度的主要参考，指特定面积下路面表面凹凸不平的开口的平均深度，在评判路面宏观粗糙度以及路面的抗滑性能、防水性能中有着重要的参考意义。传统的检测方式为手工铺砂法，道路综合检测车的应用有效地提升了路面构造深度的检测效果。与车辙检测的基本原理相似，路面构造深度的检测同样依赖于检测车内部设备的道路图像采集。首先，检测车借助专业的设备，在高照度的条件下采集道路图像，然后将采集得来的道路图像上传到智能识别系统中，借助智能识别系统来确定道路构成深度。案例路段的检测结果显示，手动测量的结果与检测车测量的结果并没有显著的差异，且检测车测量的结果轻微地低于手动测量的结果，这可能和案例路段本身就相对平整有一定的关系，在相对粗糙的路面上，道路检测车的精确度要显著地高于手动测量，二者之间的误差也将更大。

（三）平整度检测

路面平整度是路面检测中的重要内容，也是反映路面质量的主要指标。路面平整度指路表面纵向的凹凸量的偏差值，简单来说，便是路表面相对于理想平面的竖向偏差。纵断面剖面曲线的平整性是判定路面平整度的主要参考内容，曲线越平滑，表明路面越平整，反之，则表明路面平整度越低。检测车对路面平整度有着很好的检测作用，并且，相比于传统的人工公路检测而言，检测车采用的是无接触方式。因为检测车前后车轮上设置有激发测距计以及加速度计，能够有效地完成车轮痕迹平整度的测量工作。IRI 是国际上主流的平整度指数，以四分之一车在速度为 80 km/h 时的累积竖向位移值为 IRI 值，能够准确地反映出路面平整度。因此，在路面平整度的检测中，操作人员以测量结果为基础，借助国际平整度的计算方法与公式求出 IRI 的具体数值。操作人员在案例路段的检测与计算中，直接计算了偏差的数值。从测量计算的结果可以看出，无论是采用手动测量的方式，还是采用道路综合检测车的方式，均能将测量结果的误差控制在 10% 以内。

道路综合检测车相比于传统的手动检测方式而言，具有很大的优势，不仅可以提升道路数据检测的完整性，也能提高数据检测的精确性，是全面优化道路检测工作的重要技术手段。因此，在未来的路面检测中，道路综合检测将发挥更为重要的作用。对此，国家一方面要加强道路综合检测车各重要设备的研发工作，提升综合检测车的性能，另一方面则要构建道路综合检测车的数据库，有效优化道路综合检测车的作用。

第二节　道路综合检测车在高速公路检测中的应用

在高速公路建设和养护阶段，需要对路面平整度、构造深度等多项指标进行检测。以往的检测方式多以人工为主，借助水准仪、直尺等测量仪器，效率较低且精度不高。

道路综合检测车是一种集光电技术、3S 技术、大数据技术等于一体的智能设备，在车辆运行过程中自动获取路面影像和提取特征数据，通过后台处理得出相应的计算结果或分析结论，方便检测人员更加直观、全面地掌握高速公路的各项指标，为道路管理提供了决策依据。本节对道路综合检测车应用情况进行了研究，以为同类工程提供参考。

一、道路综合检测车的应用优势

（一）显著提高公路检测效率

在道路检测车普及应用前，公路检测主要是由技术人员利用辅助仪器进行现场测量。由于设备落后导致检测效率不高、结果误差较大，对公路养护的指导意义不强。相比之下，道路综合检测车的应用大幅提升了检测效率，目前一些先进的检测车可以保持80km/h 的速度匀速行驶，且检测结果精确。在数据处理方面，人工检测完毕后，需要手动整理检测数据，包括分类、计算和分析，需要耗费较多时间。而检测车可以在检测过程中实现对数据的同步处理，完成检测后即可输出计算结果，效率更快且避免了计算错误。

（二）数据获取方便，检测精度较高

公路检测指标的数据越丰富、越准确，在此基础上计算所得的检测结果越具有参考价值。手动测量的数据可能因为工作人员的疏忽大意导致填写不规范，或是因为操作不当导致数据误差较大。而道路检测车能够最大限度地避免此类问题。例如，目前主流的检测车均搭载了激光检测装置，数据获取更加方便，且原始数据的精确度更高，克服了因为检测人员业务能力或责任意识不强导致的测量误差，使得检测数据的可靠度更和检测结果的参考价值更高。

（三）全天候检测，不损伤路面

人工检测模式下，为了提高检测效率只能采取抽样检测，以少数样本的检测结果近似代替整条公路的实际情况。如果样本数量少或者取样点的选择不科学，将会对检测结果的代表性产生直接影响。而使用道路检测车可以进行全路段检测，保证了所得结果的可靠度。除此之外，检测车可以全天候运行，不需要封闭道路，不影响正常的车辆通行；采用非接触式检测，不需要破坏路面进行取样，保证了路面的完整性。

二、道路综合检测车在公路检测中的应用

（一）路面车辙检测

车辙是高速公路使用过程中较为常见的一类病害，通过检测车辙深度可以判断公路的强度和承载力，从而为路面养护和车辙修复提供必要的数据支持。道路综合检测车的车辙检测原理如下：找到有车辙的路段，以车辙的两个端点为起点，分别向两侧延长一定的距离，将该距离作为检测路段；将道路综合检测车布置在检测路段的一端，启动检

测车，加速度达到 40km/h 后，匀速完成整个路段的检测；在检测车运行期间，安装在车上的红外机关发射器与高精度 CCD 相机会捕捉路面各个点位的参数，然后根据这些点位的位置信息、高度信息等，综合计算后得出车辙深度。

（二）构造深度检测

构造深度可以直接反映路面粗糙度。对于高速公路而言，如果路面过于粗糙，会影响行车舒适度；如果路面过于光滑，会导致刹车制动距离增加，影响行车安全。道路综合检测车的构造深度检测原理如下：先确定检测段长度，为了提高检测结果精度，可以选择 2 组及以上检测路段，以 120m 路段和 240m 路段为例，将检测车布置在路段的一侧，运行之后利用构造深度测定仪采集路面影像，将所得数据信息、图像信息等保存在数据库中，经计算机处理后得到路面构造深度。

（三）路面平整度检测

在高速公路验收及日常养护中，需要进行平整度检测。平整度除了影响行车舒适度和安全性外，与路面积水和路面使用寿命也有一定关系。道路综合检测车的平整度检测原理如下：首先选取长度为 120m 和 240m 的路段各一条，测量车从路段的一端开始行进，在测量车的前轮和后轮分别安装加速度计和激光测距器以获取车轮痕迹平整度数据，参考国际平整度相关计算方法可以求出最终的路面平整度。

三、道路综合检测车的应用前景

从近几年的应用效果来看，道路综合检测车的应用优势显著，但是也存在一些缺陷。例如，多数情况下只适用于一些路面状况较好的高速公路，而在乡镇土路和被泥土、浮石污染的水泥路上则无法使用；对路面沉陷数据的采集不全面，影响了检测结果的可信度。因此，今后需要通过技术创新和工艺改良，使道路综合检测车可以更好地发挥作用。

（一）完善路面破损检测技术

现阶段，在受到泥块、石块污染或者残留水渍的路面进行检测时，需要安排工作人员先清洁路面，然后才能使用检测车进行检测。这种情况下，可以通过编写测量程序，让检测车对破损路面数据进行自动校正，然后把校正后的数据与破损前道路的初始数据进行对比，从而获得较为准确的检测结果。近年来，随着乡镇二级公路养护任务的加重，将改进后的路面破损检测技术配备于道路综合检测车上，能够为乡镇道路的管理和养护提供大力支持。

（二）创新路面沉陷数据收集技术

沥青路面发生沉陷后，如果沉陷面积较大、陷入较深，则无法通过道路综合检测车来获取沉陷区域的参数。在一些使用年限较长、地质条件较差的地区，高速道路出现路面沉陷的情况较为常见。因此，需要重视路面沉陷数据收集技术的创新，如引入 3D 建模技术，通过构建沉陷区域的 3D 模型，帮助工作人员掌握沉陷范围、陷入深度等基本参数，为沉陷路面的修复提供数据支持。

（三）建立和维护综合数据库

大数据时代，构建市内甚至省内统一的道路综合检测数据库，将各地公路检测数据全部上传至该数据库，通过数据资源的整合、共享，促进高速公路检测结果的分析和利用。同时，基于人工智能的道路检测与分析系统还可以利用数据库中的海量数据进行深度学习，对提高检测结果的精度大有裨益。除了构建数据库外，还要做好数据更新和维护工作，从而进一步提升检测车的应用价值。

在公路养护与管理中，新技术、新设备的应用不仅节约了公路检测的人工成本和时间成本，而且提高了检测数据的精确性，为编制公路管理计划和开展公路养护与维修工作提供了参考。现阶段，道路综合检测车已经得到广泛应用，具有显著的应用优势，但仍需针对检测车在实际应用中存在的一些不足重点进行技术创新和工艺改良，从而使道路检测车的功能更加丰富，应用价值得到进一步提升。

第三节　MALA 地质雷达在城市道路检测中的应用

在城市化迅速发展背景下，由于城市道路的建设需求大，使用的要求也不断提高，保障城市道路的建设质量就成为比较关键的因素。城市道路施工工艺以及车辆碾压和材料应用等相应的因素，都会对城市道路的质量产生影响，造成各种病害发生，这对居民日常出行也会造成直接影响，所以对城市道路检测工作的开展方面是比较重要的，只有运用科学的检测技术，才有助于提高道路检测的质量，为实际检测工作的顺利开展打下坚实基础。

一、城市道路缺陷状况以及常见检测方法

（一）城市道路缺陷状况

城市道路的缺陷问题原因是多方面的，交通负荷量过大，使得交通拥挤堵塞，对路

面结构会形成很大的破坏。城市化发展背景下，保障城市道路的质量安全越来越重要，为能有效提升道路的建设质量，要对道路缺陷的发生原因进行了解，从而才能有助于在预防方面有针对性地实施。城市道路的缺陷类型多样，而出现缺陷的问题也是多样的，路基不密实的缺陷问题是比较重要的缺陷类型，主要是路基开挖和施工时，机械扰动以及生产质量没有得到有效控制，造成了扰动，这就造成大范围地层发生松散以及塌陷的问题。

另外，顶部脱空的问题也是比较常见的，这一缺陷问题主要是地下工程施工扰动所致，或者是路基在压实的时候存在局部不均匀沉降造成，对这一缺陷问题要充分重视，避免受到该因素影响对道路的质量产生很大程度的威胁。道路塌陷的缺陷问题，主要是地表路基以下的岩土体在单独自然以及人为或是两者作用下结构产生陷落，在地面形成塌陷坑，这一缺陷问题对人身安全也会造成很大威胁。

（二）城市道路缺陷常见检测方法

为保障城市道路的安全，需要在对道路的缺陷检测过程中加强方法的科学化选择，只有在选择合适的检测方法的基础上，才能真正为城市道路检测的质量控制打下基础。道路的检测采用无损检测的方式是比较关键的，这也是首选的检测方式，无损检测的方法中有电法以及磁法等检测的技术，但这些检测技术的应用都有着各自的优势和不足。如以下常用的道路缺陷检测方法的应用：

1. 电法常用检测方法

城市道路缺陷检测的过程中，选择无损检测采用电法检测的技术是比较常见的，这一检测技术的应用能有助于获得精细的大尺度城市内部隐伏缺陷，如结构以及断层产状等都能进行有效检测。此方法施工效率比较高，二次观测以及对低阻体比较灵敏，现场布置也比较迅速，能结合具体的需要通过多种电极布设的方式，二次开发软件相对比较常数。这一检测的方法有不同的类型，如高密度电法以及电阻率层析法等。但该检测技术在实际应用中也有着一些不足，主要体现在观测的结果过多造成故障率增大，研究中存在尺寸效应问题。

2. 磁法常用检测方法

城市道路检测中采用磁法的方式也是比较多的，这一检测方法的主要优势就是能粗略了解深部的地质结构特征，尤其是大尺度的断裂识别能发挥积极作用，能对确定城市地质区块便捷，以及识别城市内大型大构造等发挥积极作用。该检测方法也有着不同的技术类型，如 EH4 电磁法以及（CSAMT）、MT 大地电磁法等等，这一检测技术的应用也存在着一些不足之处，主要体现在浅部地质结构特征以及小规模构造分别能力差上，检测的精度有限。

二、MALA地质雷达在城市道路检测中的应用原理及实践

(一)MALA 地质雷达应用原理

城市道路的检测过程中对 MALA 地质雷达的应用，是按照相应技术原理开展的，MALA 地质雷达应用中是向地下勘探的目标进行发射高频脉冲电磁，进行探测目标体，这样在电磁波介质中传播的时候，路径和电磁场强度等受到介质电性性质和几何形态的因素影响，接收到的介质界面反射波的幅度以及旅行时间等结合之下进行分析介质结构。电磁波传播和介质电性之间有着紧密的联系，介质电性有电导率 μ 以及介电常数 ε，电导率 μ 影响电磁波穿透深度，介电常数 ε 对物体中传播的速度产生影响，电性界面是电磁波传播速度界面，不同地质体的电性是不同的，不同电性地质体分界面会有不同回波。

MALA 地质雷达的应用过程在雷达天线的作用下，能对隐蔽目标全断面扫描，获得垂直二维剖面图像，工作过程中系统在天线的作用下向地下发射电磁波，信号在介质内部传播，遇到介电差异大的介质界面发生反射，以及折射等。两种介质的介电常数差异通常是比较大的，反射电磁波能量大，反射回的电磁波被和发射天线同步移动接收天线接收，雷达主机进行精确记录反射回的电磁波运动特征。采用信号技术进行处理，这样才能有助于形成全断面扫描图，在此的基础上工作人员能对雷达图像判读，能对地下的目标物状况进行了解，对道路的状况能进行相应的了解。

(二)MALA 地质雷达在城市道路检测中的应用实践

城市道路检测工作的开展过程中，要注重在应用 MALA 地质雷达的时候做到科学合理，严格按照技术应用的要求进行落实，从整体上保障 MALA 地质雷达的应用质量，从以下应用实践方面加强重视：

1. 注重布线测量工作的实施

城市道路检测过程中采用 MALA 地质雷达进行检测，前期的准备工作要完善，能够保障现场的布线测量工作和实际工作的要求相适应，才能真正为后续的各项工作开展打下坚实的基础。布线测量工作的实施中，对于现场探测范围要明确，探测区域覆盖现场的隐患以及探测的深度等要明确，结合拟建的标段工程特征以及相应的管控对象岩土工程特征，进行针对性布置，在布置的时候按照最小工作量达到最佳管控的效果目标开展。地质雷达法的布置应用通常结合异常点类型以及空间位置，通过井字形布置原则进行落实，纵横分布两条测线，完善管控探测的各项工作，原则上布置四条测线，测线布置要能结合现场的状况做好相应调整，只有在布线测量工作方面加强质量控制，才能为

后续的正式检测以及成果的精确获得打下基础。

2. 注重探测成果的有效处理

MALA 地质雷达在道路检测中应用的时候，要注重在成果的处理分析环节加强质量有效控制，如在原始数据的处理环节是比较关键的点，保障这一环节的处理质量效果，才能有助于为道路的检测结果的准确获得打下基础。原始数据的处理需要应用 Reflexw 软件，能有助于采集数据高效处理，在处理的时候要注重按照相应的操作步骤实施，去直流漂移，以及信号深部振幅常数偏移，然后进行静校正切除，找到时间零点，增益操作过程中主要是就图像深部信号放大处理。然后水平噪声去除，将水平信号去除，对于有直达波信号和固定源干扰要注重将其调整成一致的信号，设置 100 值，值越小水平信号去除的效果就越好。整体平均去除水平信号能力弱。然后要注重采用巴托沃斯带通滤波的操作方式，去除整个信号频段范围没有用的频段信号，高截频以及低截频选择，做好噪声的消除工作。通过在检测的成果处理环节保障其质量，有助于从整体上提高道路检测中 MALA 地质雷达应用的效果，从整体上提升道路检测的质量水平。

3.MALA 地质雷达应用案例

为说明 MALA 地质雷达在道路检测当中的应用效果，通过 MALA 地质雷达的应用案例的效果进行说明。某交通道路施工中，路面发现有明显沉降的缺陷，需要物探测量对沉降原因做好相应分析工作，并能准确判断。现场发生沉降位置是在车道的中间，只能是通过平行于车道布线的方式，采用 MALA 地质雷达的方式，天线频率 250MHz，足底探测的深度在十米左右，检测的时候按照车道方向发生地面沉降位置水平进行布置等间距四条测线，测线长度每个 20 米，结合现场测得的数据进行处理，通过相应的处理效果图能发现，距离起点 15m 的前后有长度 5m 的异常区域，这一区域电磁波的反射信号值是最多的，呈现近似水平带状的分布，有多次反射信号，能够推断是地下脱空。钻孔验证存在空洞问题，最终采用灌浆处理的方式进行应对。

城市道路检测过程中通过对 MALA 地质雷达的应用，有助于通过直观的图形分析的方式，对地下的状况进行了解，对于道路缺陷的问题在准确分析的基础上针对性应对，通过对 MALA 地质雷达的有效应用，从而有助于提高道路处理的质量。

第四节　探地雷达在道路无损检测技术中的应用

在我国，高速公路的发展速度随着经济建设水平的快速提升而较为迅速，评价公路后期维护的路况质量以及检测新建公路质量的工作量也日益攀升。公路建设越来越快，对检测手段的要求也越来越高，显然以往的技术已经无法满足需求。而探地雷达虽出现得较晚，但是在探测浅层地下目标上其技术较为新兴，与需求相符。

一、概述

我国的公路网随着近年来快速公路的建设而初具规模。但是，对公路的路面维护质量决定了公路的使用寿命。而路面维护需要系统的路面状况数据支撑，因此，对公路状况进行科学的检测便显得尤为重要。以往的检测方式不仅会在不同程度上损坏路面，而且无代表性、效率低下。探测雷达的发射电磁波采用无载波的毫微秒脉冲，瞬时扫频是其显著特点，在不同土壤频率范围内，它的频谱具备全穿透以及全覆盖的能力，可以更好地探测地下目标；探测回波在宽频谱的作用下使得目标电测特性较为完整且不会丢失，从而做到有效识别目标。

与以往的检测方法相比，探测雷达的作用显著，包括灵活方便的操作、较高的分辨率、连续的探测进程、较低的探测费用以及较快的探测速度等。探地雷达（GPR）这种新型的检测方式便应运而生。此种检测技术如今应用较为广泛，其精确度高且高效、无损。上海市政曾引进一台探地雷达，但是该设备与一般的检测仪大不相同，其专业技术较强且用户的开放性不高。因此，对于探地雷达的应用较为有限，未将该设备的作用发挥到极致，工程人员还未能很好地解释图像并处理数据。如果将探地雷达充分应用在道路工程上，那么以下大量的工作便可快速开展：改造与评定旧路、勘察与收集设计资料、切实把控施工质量、探测病害隐患、研究检测设备的应用技术、监察与仲裁工程质量的事故原因以及对路面的材料和结构进行深入研究等。

二、利用探地雷达技术来检测识别异常的公路

（一）探地雷达工作原理

雷达检测车以一定速度在路面上行驶，路面探测雷达发射电磁脉冲并在短时间内穿过路面，脉冲反射波被无线接收机接收，数据采集系统记录返回时间和路面结构中的不连续电介质常数的突变情况。路面各结构层材料的电介质常数明显不同，因此电介质常数突变处也就是两结构层的界面。根据测知的各种路面材料的电介质常数及波速，可计算路面各结构层的厚度或给出含水量、损坏位置等资料。

（二）探地雷达无损测试技术

首先需要对正常的雷达图像进行仔细探讨，之后再分析问题路面的雷达图像。层次分析是路面结构的显著特点，而层与层之间的建筑材料也不尽相同。从测试结果可以发

现，正常的路面层中信号强度大致相同，在图像中差别不大；雷达异常图像中会以水平线形来展示色谱图或者是波相同相轴，这是对正常路面基层探地雷达检测图像的判别标志。其中近水平的、平缓、负峰的色谱线条特点与路面基层的上下界面一一对应，色谱也均匀分布在其内对应的剖面上。路面基层除了上述特征外，部分近水平、断续的、平缓、微弱、平峰的色谱线或同相轴会呈现在分层铺筑的界面处，项目的质量会随着图像越弱越窄而越优秀。若图像宽且强则代表了界面中有夹层或是太过松散。

三、在公路检测中探地雷达的应用

（一）调查公路裂缝

雨水通常会随着公路裂缝渗透到公路中，从而使公路路基以及路面受到损毁，影响道路的正常使用。在调查公路裂缝时，探地雷达主要分析探讨的是反射波同相轴。在现实中进行公路裂缝检测时应将天线中心频率设置在大约1000Hz。为了确保得到精准的检测结果，需要在相同的速度下对路面规模以及宽度相对一致且较为稳定的天线频率进行持续测试。

（二）雷达对地层空洞的探测

与以往的公路施工相比，现阶段的施工更为复杂，道路的总体质量与路面的施工品质息息相关。路面因尚存的不同干扰因素而问题不断，如面层破损以及基层缝隙等。路面结构也会随着问题的出现而发生改变，最终改变结构与结构之间的布局情况。以此为背景，当对比正常区域的路面与雷达所释放的电磁波时，问题便很容易显示在剖面图之上。

四、在公路检测上应用探地雷达技术

雷达无损测试不会对目标产生不良的影响且拥有极快的检测速度。此类检测方式以及装置不仅可以有效降低工作人员的工作量以及工作强度等，而且在结果的获知上也较为便捷与直观，从某种程度上促进了管理工作向新时期发展，意义显著。对桥梁路面开展评价与无损检测的研究，将在对道路改造方案的优化上、对路面长期使用性能的深入认识上、对路网维护水平的提升上、对路面设计的改造上以及对道桥施工质量的把控上意义较为深远。道路的施工品质因此技术的存在而获得显著提升，道路的使用期限也获得了延长。在道路检测活动中将其合理运用，项目的潜在问题便可以在第一时间获知，道路也因此免于过早受到损坏。

（一）探地雷达无损测试的定位和勘查

声波脉冲在传感器的作用下可以快速穿过道路的结构层面传播出信号，与此同时设备会获知材料表层的发射信号，这是其原理。此类信号的介点数值不尽相同，数据的表现形式便是持续截面。与其他方法相比，它的风险系数较低，电磁脉冲会在使用期间释放出来，然后通过天线传递。而在传递的进程中一旦遇到界面，冲击波会出现折射现象且保存在设备之中。此时，频率较高的电磁波在天线发射装置的作用下会传递到介质中，设备在通过差别明显的介质时会接受部分被反射的电磁能，其他的电磁能会接着传递。表面和反射面的距离可通过对反射波的传播速度以及时间的分析来获知，介质的属性也可依据反射波的波形以及振幅来获得。此方法拥有较高的安全指数、较为广泛的应用区间以及较快的测试速度等。正因为如此，在众多条件不好的区域也可以发现它的身影。

（二）测试路面的密实度及厚度

电磁脉冲由雷达发生，在穿透道路表面时速度较快，无线接收机在完成接收脉冲反射波后，出现在路面结构中的不连续电介质常数以及返回的时间等便会由数据采集系统记录。路面的结构层众多且结构层之间的用料也不尽相同，电解质的数值也会随之改变。在两个结构层的接触面电解质数据会发生突变，路面的厚度以及结构层的含水量也可因获取的电解质速率以及数值等信息而获知。一般来讲，路面采样的频率和雷达测试速率息息相关。由实践可知，在测试含水率以及厚度时路面雷达的存在意义重大。在地下介质中释放合乎强度规定的电磁脉冲，然后对采集的地域波值进行详细论述，如传递的幅度等，可将介质的方位以及构造等分析出来，雷达的幅度以及剖面相位会在大量积水处以及密度较低的介质处发生变化。

探地雷达将发射天线送入地下的形式是宽频带短脉冲和高频电磁脉冲波，在传播时脉冲遇到的介质面不尽相同，那么天线便会接收部分雷达波释放的能量。相信此项检测工作在未来会随着科技的不断进步而开展得更加到位，从而得到广泛的应用。总而言之，雷达检测技术在未来的发展道路上一定会更上一层楼，而无损检测装置的发展也将更加安全。

第五节　雷达检测技术在桥梁检测中的应用

一、雷达检测技术简介

道路检测技术应用的目的就是要确保道路桥梁工程建设施工结束后，可以达到交通运行的标准，满足当前的社会应用要求。当前雷达检测技术开展道路桥梁的质量检测，是比较常见的一项技术，使用效果也比较好。雷达检测技术主要是通过宽带高频电磁波来实现道路桥梁的混凝土结构勘探和扫描，穿透力是非常强的。高频电磁波在工作中，主要使用的振波范围是 100～1 000 MHz。道路工程的检测环节，电磁波震源以振荡的方式形成了电脉冲电磁波幅，然后使用天线实施固定，就能够产生符合人们使用需要且有固定角度的电磁波发射方式，一般情况下可以将其分成如下两个部分：其一，路基下穿透；其二，空气与路面之间形成反射弧的状态。

二、雷达检测技术要求

结合当前我国的雷达检测技术使用情况做出分析，主要应用的是 1-4 套雷达，这些雷达的内部组成是比较复杂的，比如检测车、操作系统、数据采集系统、电源等多个部分；在数据采集环节，应用的是显示器、采集设备、测距仪、打印机等等。雷达检测设备在具体的工作中，是利用计算机与其他的外设的一些检测元件形成稳定的联系，然后利用单片机实施控制，最终可以获得准确的检测结果，然后以检测结果作为基础，能够确定出合适的解决问题的方案。而对后台操作系统来说，具体的作用就是数据处理与分析，能够实现历史数据查询，然后将数据录入系统内。道路工程建设中进行检测，技术人员能够随时进行检测车行进速度的控制，由于电磁波有着较高的特殊性，所以很多情况下该工作在 3 h 左右。利用处理系统和远程控制系统联合作用，可以快速地掌握所要探测的数据信息，然后将道路的剖面图和三维图直接显示在显示器中，利用这些操作给工作人员处理施工的问题起到一定的促进作用。

三、实例分析

（一）工程概况分析

本节以某桥梁桩基础距离地表 17 米底部使用地质雷达来实施喀斯特发育检测作为

案例进行分析，具体就是通过地质雷达检测中的点测方式，在检测中需要按照检测实施点测，在点测中要进行两圈运行，从外到内逐步进行。

（二）现场检测及使用设备

地质雷达（GPR）在进行检测的过程中，所应用的地质雷达检测技术主要的目的就是利用该技术掌握介质特性、工程标准等，然后明确具体的线路布置、标尺设定，以最佳的观测方式、选择合适的测量技术等，能够保证各项数据能够准确地记录。当前应用比较普遍的双天线地质雷达检测方式就是剖面法与宽角法，下面将做具体的分析。剖面法是发射天线（T）和接收天线（R）根据系统设定的固定间隔距离来按照规定的线路实施同步移动检测，反射与接收天线在移动一次后就能够得到一项数据记录。在发射与接收天线同步移动的过程中，能够获得一个个的记录组合形成的探地雷达时间剖面图。横坐标就是天线在衬砌表面测线的位置，纵坐标则是雷达脉冲从发射天线经过衬砌位置上的界面反射出来的接收天线双程走时。该方式在检测完成之后，能够准确地掌握测量位置上的下部衬砌表面的各个反射面所产生的变化形式。

地质雷达技术实施桥梁衬砌表面质量检测时，应用的是其内部构造与围岩部位的电性差异所得到的检测结果。因为衬砌的位置上构造和围岩中都包含固、液、汽三相，不同材料的内部结构是不同的，然后就形成了不连续的雷达波反射界面。在雷达波向下传播过程中，在经过这些界面的情况下，会形成不同方式的反射，能量也会发生变化，被吸收或者衰减，而检测之后主要是掌握波形、波阻变化方面。通过分析和掌握回波的特征变化，能够真实地反映出衬砌内部构造与围岩特点，还能够了解病害问题。进行检测时，主要是把雷达天线直接紧贴衬砌表面，然后沿着天线连续移动，利用打标的方式来确定位置，雷达主机的作用就是准确记录各个测量点的时间、深度、振幅值等数据，然后形成连续雷达剖面。本节所举案例的桥梁衬砌表面检测应用的是美国·GSSI公司生产的 SIR—2000 型便携式地质雷达，该设备为当前世界中所应用的技术水平最高的瞬态无载波脉冲雷达，能够实现大范围的检测，分辨率也比较高，有着较强的穿透力，同时可以实现快速、精准的成像与数据处理，能够直接实现全部透视扫描，从而可以掌握被检测物体的缺陷、地质条件、空洞等方面，有着较高的检测效果。本节桥梁中所使用的天线是 400 MHz 整体式屏蔽天线。

（三）数据采集

首先信号采集环节，要保证桥梁的桩基侧面的平整度达到标准的要求，能够确保天线在探测环节可以根据需要移动，同时移动的过程中都会和被测表面是紧密贴合的，能够保证信号采集顺利实施。其次，信号采集环节，要随时根据检测工作的需要来干扰信号的记录，能够保证信号达到有效性，此外，干扰信号记录时应该明确其与测线的位置关系，能够明确其对检测产生的影响。最后，在天线移动的过程中，应该根据技术标准实施必要的打码操作，以确保其位置的精确度合格。需要注意的是，在进行数据采集的环节，对于获取的数据要进行二次复核，保证数据的采集具备针对性及完整性。

（四）数据处理

从桩基底位置上的岩体有着较高复杂性分析，具体就是在介质中进行电磁波反射与吸收方面会存在一定的差异，同时外部因素会造成干扰和影响，进而导致信号接收的过程中，雷达波在振幅与波形的判断中并不能达到准确性的标准，所以此时会在信号的处理结束之后，才能掌握必要的信息。首先应该根据需要加入必要的增益调节。基于此，应该在系统中设置自动或者手动的方式来实现增益控制，利用这种方式能够准确地吸收介质，然后有效地抑制和消除杂波的影响。这种情况之下，增益点的主要作用就是其能够实现放大倍数，主要是反映在记录线的不同时段，能够确保信号可以明确地反映出来。但是点与点的增益是利用线性变化所能够体现出来的，就能够有效地避免反射中出现类似强反射的情况。针对于增益所发生的变化应该做好措施进行平滑度的控制，使得增益达到稳定性的标准，能够确保信号输出符合要求。

其次应该采取措施进行滤波的处理。因为信号反射环节，高频信号与低频信号都会对反射信号造成一定程度的干扰和影响，因此，这就要结合实际所产生的滤波来实现高低频信号的处理，然后避免造成信号干扰严重的情况。一般情况下，滤波主要包含垂直与水平滤波的形式。垂向滤波通常也会分为高、低通两种形式，高通频率是利用天线频率的 $1/5 \sim 1/6$，如果信号在这个参数值以上，就表示信号通是非常顺利的。而低通频率来说，能够将其设定为天线频率的 $2 \sim 3$ 倍，只要是保证其低于该参数范围内，就能够顺利地通过。对于水平滤波来说，是利用水平平滑与具体背景提出方式，这样会给环境、仪器的背景等方面产生一定的抵御性。需要注意的是，在进行雷达检测技术应用的时候，在数据处理阶段，需要根据桥梁项目的实际情况，合理地对数据进行整理归档分析，从而保证数据的真实性以及符合性满足相关检测要求。

（五）雷达图像分析

地质雷达剖面图像是进行地质雷达信息解释和分析的基础条件，只有准确地进行雷达图像的判定，才能保证最终的结果更加真实和准确，也是保证桥梁工程检测结果准确性符合要求的基础条件。要想保证雷达剖面图中识别与掌握准确的反射波，就要通过介质中相应的电信号差异来实现。而在实际中，雷达剖面图的识别就是利用相应的同相轴来进行确定的，在实施断裂带的识别中，是应用在剖面图中明确了一条走势相同的曲线，但是在软弱岩层或者岩溶洞的条件下进行判断是依据大范围内比较小的抛物线来进行的，并且此时的波形与周边环境都会有明显的差异。在雷达图像的判断与读取环节，会存在有异常信号的影响，此时应该综合进行各个方面的分析，了解地质信息，同时能够根据各个方面的信息综合分析与判断之后得出最终的结论，使得检测结果更加真实和准确，满足当前的工程检测标准和要求。

（六）检测结论

在本节的桥梁中进行雷达检测，总计检测了 5 条线，总计检测的线路长度达到了 327 米。地质雷达检测完全是按照我国的国家标准和行业规范来进行的，同时也考虑到该桥梁的设计方案要求，具体的检测结论主要是如下几个方面：

（1）桥梁工程的衬砌厚度检测电枢合格率应该在 90% 以上才能判定符合标准。

（2）桥梁的钢架符合《桥梁工程施工验收质量验收标准》，其中 DK481+726-DK481+760 钢架分布不能达到均匀性的标准，其他的各个部分均达到技术标准要求。

（3）桥梁衬砌背后回填密实度检测点数误差不足 10%，可以达到技术标准要求。

四、注意事项

（1）因为雷达检测主要是通过电磁波来实现的，所以检测介质的介电常数会给检测结果产生直接的影响，比如检测介质内的含水量有着明显差异，也会导致介电常数变化比较大，直接导致晴天、雨天的检测结论一致，甚至偏差可以超过 20%，所以检测中确定含水率是极为重要的参数，要引起足够的重视。

（2）天线的选择是非常重要的工作，要结合具体的检测桥梁实际情况确定合适的天线，不仅可以保证检测的数据精度合格，还能够保证检测的工作效率，以达到道路桥梁检测的标准和要求。

综上所述，桥梁工程的建设施工环节，最为重要的就是工程质量的管控，这不仅关系着企业的经济效益，同时还会影响人们的生命健康。因此，要加强道路桥梁的质量控制。探地雷达是技术非常先进的现代检测技术，是当前工程领域中极为重要的技术，同时也是无损检测技术的分支，所以被广泛地使用到工程领域内。基于此，要做好雷达技术的研发和应用，为我国基础设施建设质量提升和顺利实施提供基础，促进经济与社会的稳步发展。

第六节 桥梁结构检测技术的要点及应用

贵黄公路花鱼洞大桥改造工程中,旧桥为桁式组合拱桥,建成于1991年,主跨150 m,在后期运营过程中出现大量病害,进行过两次加固处治,但受结构形式影响,加固效果不明显,病害持续发展,桥梁整体状况呈五类,最终决定拆除重建。

新建桥型采用钢管混凝土拱桥,采用新建钢管拱辅助拆除桁式组合拱,由于旧桥病害严重,拆除施工风险高,施工中必须选取合适的监测检测技术措施严密监测结构响应,并将监测结果反馈分析,优化施工方案,有效地提高了施工的安全性,并展示了桥梁检测工作的重要地位。

一、公路桥梁检测技术的重要性

公路桥梁的施工是一项复杂的工程且必不可少的工作。公路桥梁的检测技术是保证桥梁质量与安全的重要保障,桥梁公路检测技术的重要性体现在以下几个方面:第一,确保公路桥梁的施工质量。对施工的各个环节进行检测,可以打造出高品质的桥梁工程。第二,降低施工成本。桥梁的构成复杂,及时完成各方面的检测,发现病害、问题,及时处理,避免增加处治成本。第三,提高施工效率。对施工中的桥梁进行检测,可以帮助施工人员更好地掌握施工质量,给后续的施工任务提供指导方向,提高施工效率。

二、检测技术在公路桥梁中的具体应用

桥梁检测技术不断发展,检测手段由最初的人工经验判断发展为智能化设备定量分析,并形成针对不同桥梁结构的检测技术。具体如下:

(一)声波透射检测技术

在公路桥梁工程项目中,声波透射检测技术应用较为普遍,能够符合各工作环节检测工作的需求,再加上声波透射检测技术自身的特点,得到了建设单位及技术人员的认可。它现场操作简便,检测到的信息数据具备较高的完整性与全面性,工作人员只需对声波透射检测技术特点、操作流程等进行全面掌握,即可满足桥梁检测的工作要求。在实际应用声波透射检测技术过程中受人为因素影响,导致检测工作无法开展。比如,声波透射检测技术检测工作所应用到的测量仪器必须完好无损,避免因设备破损影响检测结果质量,还需在准备工作中对易损仪器预留备选设备,一旦在检测前或检测过程中发

现了仪器损坏，还可选择备用仪器，确保检测工作顺利实施。在实际应用声波透射检测技术过程中，需要注意的是结构龄期控制。通常情况下，公路桥梁工程的龄期会控制在7～8 d，目的就是确保检测信息数据的准确性，避免对数据分析结果造成影响。

（二）光纤传感检测技术的应用

（1）光纤传感器检测是一种新兴的无损检测技术，它具有灵敏度高、使用寿命长等特点，被大量地应用于桥梁检测工作中。目前，光纤传感器无损检测多用于大跨径桥梁和超长隧道等大型公路结构工程项目，主要用来弥补传统检测技术精度低、使用寿命偏低的缺点。（2）光纤传感器检测技术适用范围很广，可以基于多种检测指标，输出准确的检测结果，大大降低了无损检测技术的操作难度，提高无损检测的效率。

（三）图像自动监测技术的应用

图像无损技术在公路桥梁检测中的应用主要体现在全息影像技术中，且取得的成果十分显著。该技术主要是借助激光或者红外线全息成像技术，获取公路桥梁结构的相关检测信息，具备强大的参数信息分析和处理功能，也可以借助计算机程序建立图像化模型，搭建公路桥梁构件模型，分析结构受力状况与变异状态，能够实现连续性自动化实时监测，在桥梁检测监测领域具有很大的发展空间。

（四）探地雷达技术的应用

探地雷达技术的基本原理，是借助电磁回声来对公路桥梁结构进行检测。在实际应用中，检测时需设置好发射器与接收器的参数，控制好能量放射效果。相关研究表明，反射信号由不同的介电常数构成，当能量经过脉冲作用后，能够取得桥梁的材料和结构状况，得到完整准确的桥梁内部检测结果。探地雷达技术在实际应用中易受很多因素的干扰，若桥梁所处区域的温度偏低，或者湿度较大，都会导致误差增大，影响技术应用的效果，在实际应用中需依靠测量人员的检测经验综合判断。

（五）红外线热成像技术的使用

红外线热成像技术是指通过红外线的照射可以获得物体的材料信息。公路桥梁在施工的过程中，专业技术人员在确定图纸之后，还需要进行实地勘察，对设计图纸中的不当之处提出修改意见，想要更好地了解地貌地势便离不开红外线热成像技术。该项技术可以看到地下形态，并能分析出各种材料的特性。其基本原理为：红外线热技术在遇到物体后，通过各种分析可以得知物体的表面温度和其他情况，经过大数据的比对，可以显示出该材料是何种材料。在公路桥梁施工的建设中，运用了红外线热成像技术后，专业人员可以更好更快地得知结构内部情况。

（六）静载荷试验检测技术

在公路桥梁检测工作中应用静载荷试验检测技术，主要用于桥梁承载能力检验评定，确定桥梁结构的技术状况。首先计算得到结构在设计荷载下的内力状况，然后拟定试验荷载，计算得到桥梁结构理论响应参数值，并采用与计算荷载相一致的试验荷载进行加载，测定桥梁结构的实际响应结果，通过对比实测值与理论值判断结构承载能力状况。为了确保检测信息数据的准确性，可进行多次试验，把每次试验检测到的信息详细记录与储存，结合多次试验信息数据对此分析，有效减小检测信息数据误差。该检测技术能够直接反映结构的承载能力状况，检测结构真实可靠，是评定桥梁结构实际承载能力最有效的手段之一。

（七）动力特性分析技术的应用

桥梁结构动力特性分析技术是运用信息化数据传输功能，在不同模式下，对能够反映桥梁技术状况的数据信息进行分析和处理。在动态信号传输环节，对照波长、频率以及周期变化情况，能够实现对不同公路桥梁不同位置的检测，明确桥梁结构的动力特性。该技术能够针对公路桥梁所具备的独特性质进行理论化分析处理，并且对分析结果进行整合。目前在公路桥梁检测中，动力特性分析技术常用的传感器包括速度传感器、位移传感器、加速度传感器等，这些传感器可以被应用到桥梁动荷载检测中，结合检测得到的波形进行积分化处理，形成位移波形图，最终也能够被转化成频谱图。通过对频谱分析技术的应用，能够得到桥梁结构的自振频率，确定桥梁的动态特性。不同传感器有着不同的发生频率，利用动力特性分析技术能够很好地了解不同公路桥梁不同部位的动力特性，为公路桥梁整体的运营管理和检修维护提供可靠支撑。

检测技术对公路桥梁的重要性主要体现在提升工程质量、严控成本费用、提升工作效率等方面，应突出检测技术应用必要性。而在公路桥梁建设的具体应用阶段，还需考虑工作内容与功能需求，对检测技术合理选择，准确掌握公路桥梁的各项情况，提高桥梁施工质量，能够对公路桥梁建设与发展产生积极影响，提升整体技术水平。

第七节　基于图像处理技术的无人机在桥梁检测中的应用

一、概述

（一）研究背景

为了延长桥梁寿命，提高桥梁的安全性，对桥梁检测方法和技术的研究必不可少。桥面的裂缝、拱起、坑洞、剥落及梁体裂缝等是桥梁检测的重要内容。传统的检测方法基于人工视觉检测，辅助搭建脚手架、挂篮，或者使用专门的桥梁检测车，人力、物力、财力耗费较大，检测效率低，还会妨碍交通运营。在此背景下，随着无人机技术的发展，将无人机应用于桥梁外观检测，对桥梁各部位进行数据采集，利用数字图像处理技术和深度学习方法等人工智能技术，进行分析处理，可以有效地提高桥梁外观检测水平，降低检测成本，提高检测效率。

（二）研究目的及意义

消除桥梁外观检测传统方法的弊端，利用无人机采集图片及数据，再进行图像识别及分析处理，高效、准确地反映桥梁外观的真实状态。

（三）创新点

无人机采集图像后，通过计算机图像识别系统高效准确处理图像，准确对桥梁裂缝、凸起等病害识别和测量。

二、无人机桥梁检测的现状及前景

（一）桥梁检测现状

随着我国科技的不断进步，对公共设施建设的规模渐渐扩张，各方面的建筑工程都有很大的进步，尤其是桥梁建筑，桥梁数量增多的同时也需要对其进行定期保养。据相关数据统计，目前需要进行维护和保养的桥梁已经占我国已建成桥梁总数的 40% 左右。如果没有进行定期检测维护保养，不利于延长桥梁的使用寿命，有病害不能及时解决，严重时导致桥梁坍塌，后果不堪设想。故为了维护桥梁寿命，保证桥梁安全，对桥梁检测的方法及技术的研究和创新极为重要。

桥梁检测主要是检查和评估桥梁的外观和结构。其外观检测传统方式要用肉眼观察以及依靠桥梁检测车、三脚架、望远镜登高车、桥塔检修吊台等辅助工具。对于桥梁病害的检测还会用到光学裂缝测宽仪、裂缝卡片等专业仪器。随着科技的进步和发展，渐渐使用无人机、机器人等进行检测。

（二）无人机的应用现状及前景

无人机技术最早出现于 1914 年的第一次世界大战中，随着人们对其认识的增加，对无人机技术的开发也是越来越精深，应用范围也是越来越广、越来越细致。无人机在工程监理中应用广泛，代替人工巡检，省时省力，且无人机小型轻便，可以从空中巡视施工盲区、死角等人力不及之处，直观反映施工动态，为项目提供更高效、直观的决策信息，有效地促进了项目现场管理。

国内在利用无人机进行桥体的外观检测已取得重大突破，对桥梁外观检测是桥梁检测的重要组成部分，着重检测桥梁病害及其具体位置，并检测桥梁外表的蜂窝、孔洞、掉角、剥落和裂缝等病害面积占总面积的比重，利用图像提取系统和基于图像处理技术的病害检测程序，并根据图片呈现的信息，结合 GPS、飞行轨迹和照片时序等信息确定病害的实际位置，计算出图像中每像素对应的实际长度，从而得出病害的实际缺陷面积或长度，且这种理论方法已经成功地运用于实践。对于裂缝十分细微，仅凭肉眼观察难以发现，在常规检测中很容易被忽略的情况，采用基于图像处理技术的桥梁外观病害检测算法，能有效地检测出来。通过现场无人机数据采集后，将图像等数据下载，利用视频和图像处理软件，分析并确定发生病害的具体位置和病害尺寸等。

（三）无人机检测桥梁的优点

检测桥梁高效。无人机可以直接检测到难以到达的预期位置并且可以重复多次采样关键细节，且检测时间比手动检测要短得多。

安全性高。不需要搭架等大型设备去检测桥座、桥腹等危险部位，检测人员的安全得到了保障。无人机搭载高清相机，提高桥梁细节部位检测的精确性。

检测成本低。节约人力物力，无须中断交通，不会对桥梁周边的环境产生影响。

（四）无人机检测桥梁的缺点

对使用无人机的人员要求较高，需要对无人机操作有一定的专业性。

无人机避障技术需要一定提升，偶尔会受到环境影响如 GPS 信号缺失等问题。

对后期图像识别技术要求高，需要优化桥梁图像分析的算法并探索利用神经网络识别、分析数字图像的可行性。

三、传统桥梁检测问题

传统的桥梁检测方式很难直接检测到预期位置，而需要借助一些措施，操作十分困难。首先，对于某些危险场所如桥座、桥腹等，传统方式对于人员都有一定的安全隐患；考虑到地形限制，涉水高空桥梁的传统检测，安全性也极低。其次，有些桥梁具有特殊的结构，如悬索桥、大跨、高墩桥梁、斜拉桥以及拱桥的斜拉桥钢索、桥梁底部、高塔柱顶等部位进行检测时，存在检测盲区，在视线能力之外，而传统的检测必须搭架或吊篮进行检测，方法十分局限，效率也非常低。

传统桥梁检测都为人工检测，通常使用肉眼直接观察，主观性会影响观测结果，或者使用桥梁检查车、双筒望远镜、裂缝观测仪等工具去检测桥梁是否有裂缝、开裂破损、氧化腐蚀等病害。然而对于轻微病害，当桥梁出现轻微损伤甚至在阴暗处时，无法近距离观察，细节常常会被忽略，检测精度不高，效率太低。另外，传统的桥梁检测裂缝通过敲击或者听声来辨别，无法精确到病害具体位置，存在很大的局限性。

传统桥梁检测以人工为主体，每个人工的技术、能力存在差异，在检测的途中，人工有一定的风险，无论是时间还是精力，都得不偿失。首先，在进行桥梁检测时需要封闭道路，中断交通，对周边群众、城市造成影响。检测时间长，耗费很多人力物力，安全性也极低。其次，传统检测占用时间较长，容易受天气影响。

四、解决对策

（一）无人机全方位巡航解决桥梁检测盲区问题

传统桥梁检测方式主要是利用桥梁检测车、登高梯等简单检测平台和桥底检修通道进行，不管是何种检测平台，都只能检测到桥面、一定高度的桥上构件、通道范围内的桥底。如果利用无人机进行全方位的巡航，将会大大缩小桥梁检测盲区范围。

无人机的传感器系统可实现无人机按照事先预设路线进行巡航，传感器系统由加速度计、陀螺仪、电子罗盘、气压计、GPS等高精度设备组成，保障无人机按规划巡航、飞行过程中进行姿态调整以及防止撞击外物，可行性高且安全稳定。无人机按照指定路线巡航，可在近桥面、桥梁上部一定高度如桥梁拉索位置，桥底部如桥墩、桥腹、桥底座等位置巡航作业，从上到下全方位、由近及远全范围拍摄桥梁照片和视频录制。

不仅是在桥梁上空、桥梁两侧、道路上部、斜杆四周初步勘察，无人机在全方位巡航中可以近距离作业拍摄细部病害位置，比如检查螺栓有无松动、钢结构涂层是否缺陷和锈蚀、焊缝是否开裂、桥面是否有裂缝和坑槽、是否需要修补等。

（二）无人机结合数字图像处理技术解决桥梁检测精度问题

在传统桥梁检测中，对于裂缝等病害通常采用肉眼观察或者人工辅助测量仪器进行测量，不仅精度不高而且人工作业难度大，诸多因素影响检测结果。将无人机传回的照片应用图像识别技术，能实现自动识别桥梁病害种类，确定病害的精确位置，测量裂缝宽度等诸多功能，精度高误差小。

首先对无人机采集到的桥梁病害的数字图像，进行灰度转换、锐化、边缘检测、去噪、直方图修正等处理，得到增强效果良好的图像，完成图像预处理。

其次利用卷积神经网络，设计科学、高效的图像识别算法，完成裂缝的识别及裂缝宽度测量，实现桥梁裂缝的自动识别与检测，显著提高桥梁检测的精度与效率。

（三）无人机作业解决传统桥梁检测的时间限制和人工限制

传统桥梁检测只能在适宜条件下进行人工作业，应用无人机则可以突破这些限制。无人机设置定时巡航进行桥梁检测，形成固定周期巡检，可以及时发现桥梁问题，减少桥梁封闭检查时间。无人机搭配计算机系统，只需要少量人员进行无人机操作和后期桥梁结果分析，大大减少桥梁检测的工作量。

由以上分析可知，即使传统桥梁检测有许多难点弊端，但无人机检测方式的应用使其问题迎刃而解。无人机检测不仅可解决检测盲区的问题，降低危险性，提高效率，更解决了传统桥梁检测的人力物力问题。无人机结合数字图像处理技术，大大提高了桥梁检测精度。

设想未来深入的研究可以实现无人机从地面起飞后在区域内向不同方向飞行自动寻找桥梁位置进行巡航检测，由此可以形成一种多无人机全区域桥梁检测系统，完成检测后将自动寻找下一个待检测目标，无须工作人员到达桥梁地点并进行设备迁移，使用更加快捷高效。

参考文献

[1] 王立平，魏现国，王立英. 我国公路桥梁的现存问题及解决措施 [J]. 价值工程，2011，30(10)：90.

[2] 陈捷. 浅议如何加强工程施工技术管理 [J]. 中国高新技术企业，2009(6)：164-165.

[3] 张新和，张皓，陈阳. 浅析公路桥梁施工安全控制技术 [J]. 中小企业管理与科技（下旬刊），2012(10)：134-135.

[4] 公路桥涵施工技术规范 (JTG/T F50—2011)[S]. 人民交通出版社，2011.

[5] 公路工程质量检验评定标准 (JTGF80/1—2004)[S].

[6] 杨文成. 浅析公路桥梁施工技术与管理 [J]. 城市建设理论研究：电子版，2013(21).

[7] 王强，张方. 注浆施工技术在公路桥涵路基加固及防渗工程中应用 [J]. 价值工程，2011，30(22)：90.

[8] 侯登峰. 公路桥涵路基加固及防渗工程中注浆施工技术 [J]. 山西建筑，2012，38(22)：218-219.

[9] 沈静. 灌注桩后注浆施工技术的应用 [J]. 湖南交通科技，2010，36(2)：114-116.

[10] 李方甫. 高速公路路基桥涵施工容易忽视的质量问题 [C]// 长治 - 晋城高速公路总结大会专辑. 2014.

[11] 李斯道. 公路桥涵施工中需注意的问题及解决措施 [J]. 市政桥梁工程科技创新，2003(5).

[12] 吕兆锋. 公路桥涵养护与管理的技术措施 [J]. 民营科技，2015(2)：102.

[13] 林艳. 农村公路桥涵工程的养护及管理问题 [J]. 科技展望，2015(21)：35.

[14] 张之文. 浅谈公路桥涵养护与管理应采取的措施 [J]. 科技视界，2015(22)：295.